戦国史研究叢書17

戦国大名武田氏の外交と戦争

小笠原 春香 著

岩田書院

戦国大名武田氏の外交と戦争　目次

第二部　大名間の戦争

凡　例

『愛知県史』資料編10中世3、資料編11織豊1、資料編12織豊2…愛10、愛11、愛12＋史料番号
『静岡県史』資料編7中世三、資料編8中世四…静7、静8＋史料番号
『上越市史』別編1上杉氏文書集一、別編2上杉氏文書集二…上越＋史料番号
杉山博・下山治久編『戦国遺文　後北条氏編』一〜六（東京堂出版、一九八九〜二〇〇〇年）…戦北＋史料番号
柴辻俊六・黒田基樹・丸島和洋編『戦国遺文　武田氏編』一〜六（東京堂出版、二〇〇二〜二〇〇六年）…戦武＋史料番号
奥野高広『織田信長文書の研究』（吉川弘文館、一九八八年）…信長文書＋史料番号
奥野高広・岩沢愿彦校注『信長公記』（角川ソフィア文庫、一九六九年）…『信長公記』
竹内理三編『増補続史料大成19　家忠日記』（臨川書店、一九八一年）…『家忠日記』（第六章では『日記』）
酒井憲二『甲陽軍鑑大成』（汲古書院、一九九四年）…『甲陽軍鑑』および『軍鑑』

序章　戦国大名の外交と戦争に関する研究と課題

一　戦国大名の外交と戦争に関する研究状況

戦国大名は、中世後期から独立的な領国支配権力として日本各地に存在し、時に周辺勢力との抗争を展開することでその領国を維持していた。戦国期とは、応仁の乱や明応の政変が起きた十五世紀後半から、織豊時代に突入する十六世紀後半を指し、足利将軍家の後継者争いを発端として畿内の政治情勢が不安定になったことで、地域権力の台頭が進み、戦国大名が登場した時期というのが、一般的な理解であろう。戦国大名について杉山博氏は、「守護大名とは違って、日本の歴史はじまって以来、はじめて一国内の土地と人民とを一元的に支配した権力である」と述べている(1)。

戦国大名は、その名が示すとおり、地域紛争を繰り返しながら領国を支配・拡大していった。杉山氏は、「戦国大名の研究は明治初年以降、学者・研究者によるよりは、軍人・政治家の手によって進められ、陸海軍の両大学で戦略・戦術の教材として戦国争乱の歴史は用いられた」と述べている。その成果は、明治・大正年間に編纂され、『日本戦史』(2)として刊行されるに至る。この『日本戦史』の編纂に携わった渡邊世祐氏は、「武家政治の特徴は武力により国民を統一するにあつたのであるが、政治の中心となるべき将軍の威力がなくなつては既にその意味は全く喪はれたのである」とした上で、「諸大名は武力によつて相対立して、家族の団結に力を致し、家の子郎等と固く結びて実力の充実に専念した」と、戦国大名の本質を説いている。[3]

『日本戦史』の刊行によって、各地の戦国大名による軍事行動の経緯が明らかになると、戦後はその個別研究が行われるようになった。中でも高柳光寿氏による成果は、戦前に行われていた研究に用いられた史料の批判を行った上でなされたもので、やがて通史として広く知られるところとなった。[4] その後、戦国大名による軍事行動は、通史や政治史の中で数多く述べられ、それらに付随するかたちで戦国大名間の和睦や同盟といった外交面についても言及されるようになる。一方、戦国大名の領国支配に関する議論も、一九六〇年代以降に活発化する。戦国大名が地域権力として台頭し、その権力をいかに行使して領国を支配したのか、その実態を解明するために、多くの検討がなされた。

戦国法の形成から「国家」論を提唱した勝俣鎮夫氏は、戦国大名の支配理念を象徴的に示す言葉として「国家」を挙げ、戦国大名がその存続を至上目的としていたと述べている。[5] 戦国大名を「分国における最高の主権者」として位置づけ、主従制的支配権としての「家」と、統治権的支配権としての「国」の複合体である「国家」を大名が支配したという見解である。[6] また、勝俣氏は、戦国大名成立の第一歩は、その領国内に割拠する国人領主を家臣化していくことであったとしながらも、国人領主の独立性が強く残っていたことから、多くの大名は力による服属化が困難で、その独立性を残さざるを得なかったとしている。家督相続をめぐる内乱に関しては、内乱の規模が大きければ大きいほど、勝者として生き残った側の大名権力が強化されるのは、敗者の側の家臣を力によって服属化させることができたからであると述べている。勝俣氏の指摘は、戦国大名の成立が、周辺の地域領主の服属と内乱の征圧によって実現するというもので、戦国大名が軍事・戦争を積極的に行うことの意義を示すものである。勝俣氏は、「国家」論を提唱するにあたって、戦国大名の「国家」が、近世の大名や近代国家の前提となりうるものであるとしたのである。

こうした見解が出される一方で、室町期から存在する守護の立場に着目し、「地域国家」を否定し、戦国期守護という概念を提唱したのが、今岡典和・川岡勉・矢田俊文氏である。[7]戦国期守護論は、室町期からの連続性を重視し、戦国期が幕府守護体制の変質過程と位置づけ、戦国大名は室町将軍体制の枠内に留まるとしたものであるが、これに対し丸島和洋氏は、支配関係が錯綜して戦国大名論が困難だった畿内近国と、室町幕府との関係が比較的強く残存していた西国を中心に戦国期守護論は議論され、その範囲は基本的に「室町殿御分国」にとどまるものであったと指摘し、戦国期の武田氏権力の基盤が守護権の延長線上で説明しうるものなのか、検討を加えている。[8]丸島氏は、武田氏が永正～大永年間より独自の判断に基づいた国外出兵を行った際、守護職を前提としていないことから、守護職の裏づけを必要としなくなった権力を守護と評価し続ける必然性は低いとしている。よって、戦国期の武田氏を守護として評価するよりは、戦国大名という自立的な地域権力、「地域国家」として位置づけた方が妥当であると述べている。丸島氏の見解は、戦国大名の特質を検討する上で極めて重要な指摘である。戦国大名という自立的な地域権力が乱立したことによって各地で戦争が頻発したのであれば、戦争が引き起こされる要因を検証することによって、戦国大名権力の実態に迫ることができるものと考えられる。

戦国大名が、その領国を拡大させるにあたり、対外勢力との戦争をたびたび繰り返したことは周知の事実である。そして、戦争は大名が対外勢力と接する機会を生み出し、その中で停戦や和睦、あるいは軍事協力を目的とした同盟の成立など、近代国家間で展開される外交さながらの対外交渉が展開されるようになった。丸島氏は著書の中で、戦国大名を一つの「地域国家」と呼び、他大名との交渉を「地域国家」との主権者による外交権の行使、という意味で大名間の交渉を「外交」と呼ぶと述べており、本書でも丸島氏の見解を継承したい。[9]では、戦国大名の戦争はどのような過程で引き起こされ、外交が行われるのであろうか。

戦国大名の外交と戦争の関連について、本格的な議論がなされるようになったのは、藤木久志氏によって戦国大名による戦争・和平・同盟の政治的機能に関する研究が発表された、一九八〇年代に入ってからであろう[10]。藤木氏は、戦国の争乱が「国郡境目相論」であったと指摘し、「戦国大名間の戦争が領土紛争という性格をおびていたとすれば、戦争から平和へとむかい同盟が成立するには、かならず領土紛争に何らかの解決策が講じられていなければならないはずである」と述べている。さらに藤木氏は、戦国大名の同盟が攻守軍事協定・相互不可侵協定・領土協定・縁組の四つの要素から成立し、中でも領土協定が重視されていたと指摘し、領有権の実現が戦国大名の自力次第であったために領土協定が不安定であったとしている。その背景には、国分によって獲得した領域に領有権を実現しうるかどうかは当事者の自力・実力に委ねられる、「手柄次第」という中世的な特徴を持つ協定の原則が存在していたという。そして、戦国大名間の平和実現と境界領域での領有権の確定は、講和である「和与」と領土協定である「国分」で実現されていたと指摘した。この藤木氏の見解によって、戦国大名間における同盟成立の過程が概略的に示されることとなった。

一方で、藤木氏の指摘により、大名間の戦争が起きる場所として領国の境目に注目が集まるようになった。境目に関する研究は、その多くが境目地域で生活する民衆やその村落の自力救済に関する論考であったが[11]、こうした状況に対し則竹雄一氏は、戦国の争乱の特徴とされた「国郡境目相論」そのものの研究はほとんどないとした上で、駿河富士・駿東郡域を素材とした検討を行った[12]。則竹氏は、「境目相論」の発生は、境界領域の支配権の掌握そのものというよりも、同盟関係の破綻による大名間の抗争に起因し、それが抗争領域としての境目を生み出したとしている。また、「境目」については、領国間の境界線を示すものではなく、大名間の抗争が展開する国半分や郡といったある程度の領域を表すと位置づけている。

そのほか、戦国大名間における抗争の要因について検討した池享氏は、戦国大名は自立的国家権力であると位置づけ、戦国大名が領国を確定していく過程で境目紛争が起き、独自の内的発展を否定された家臣団が領地拡大を外部に求めることによっても抗争は引き起こされると述べている。⒀池氏は、戦国期の将軍の政治的位置についても言及しており、全国的性格を持つ政治主体であるはずの将軍が国家間での支配領域の確定・安定化のための役割しか果たしていなかったと指摘している。

こうした「国郡境目相論」について、境目を城郭の位置から考察し、戦場となりうる地域の特徴について論じたのが松岡進氏である。⒁松岡氏は、境目における戦争と城との関係について検討を行い、境目はほぼ一郡程度の領域であり、主城を核として永久築城と臨時築城が機能分担を伴いながら重層的に城館群が配置されていると指摘している。また、戦場となる境目について、河川・山といった地理的側面から考察した盛本昌広氏の成果もあり、⒂大名の戦争を検討する上で「国郡境目相論」は欠かせない要素となっている。

「国郡境目相論」の提唱によって注目されるようになった境目であるが、この境目には一定領域において自立的な地域支配を行っていた領主がいた。この存在について本格的な議論を展開したのが、黒田基樹氏である。⒃黒田氏は自立性の高い地域領主を国衆と位置づけ、彼らが戦国大名と同質の権力を持ち、自己の支配領域において「地域的公方」化した存在であったと指摘している。また黒田氏は、本国内における国衆は譜代家臣化していく存在であり、それ以外の外様国衆が戦国大名と関係を持つ際は、国衆側が軍事的奉公を行い、大名が国衆の地域支配を保護するという双務的な関係にあったと述べている。黒田氏の指摘する国衆の自立性は、境目で多くみられる事例であり、彼らの存在が時に大名間の戦争を引き起こしていたことが想定される。大名の戦争と国衆の関係について黒田氏は、戦国大名にとって戦争は国衆の帰属をめぐる抗争であり、境目における国衆間の紛争を公正に処理することによって、領国の平和を確立しようとしたと指摘している。[17] 大名に帰属した多くの国衆は、領国の境目に存立していたことから、対外勢力からの攻撃に晒される危険性が極めて高かった。そのため、国衆は大名に帰属して軍役を果たす代わりに、自己の支配領域が対外勢力に攻撃を受けた際、大名に救援を求めたという。

こうした国衆の存在は、大名間の外交にも大きな影響を与えている。大名の使者が交渉相手のもとに無事に到着できるかどうかは、その路次の安全確保にかかっており、国衆の支配領域を使者が通過することも多かった。この点について丸島和洋氏は、国衆が安全な迂回路の手配を行うために国外勢力と交渉を持つ必要があったと指摘しており、[18] 国衆が大名の外交の行く末を左右する存在であったことが明らかにされている。以上のような黒田氏や丸島氏の指摘は、大名間の対立に注目が集まることが多かった中で、大名の視点のみならず、あらゆる地域領主の立場から戦争を捉えなければならないことを示すものであり、より多角的な見地から戦国期の戦争を明らかにする必要があろう。

また、注目すべきは戦国大名や国衆のみではない。戦国期は各地で地域権力が台頭した時期ではあるが、足利将軍もまた健在であった。しかし、明応二年(一四九三)に将軍足利義稙が細川政元によって廃位され、政元に擁立された義澄が将軍に就任する明応の政変が起きて以降、畿内の情勢は常に不安定であった。義稙を廃位した細川氏はやがて分裂して一族で争い、その間に三好氏が台頭するなど、将軍は畿内を追われる状況に追い込まれた。[19] そのような中、各地の大名に連絡を取り、戦争の和睦仲介を行うことで自身への協力を求めていたのが足利義輝である。義輝は、永禄八年(一五六五)に三好氏の襲撃を受けて死亡するが、永禄十一年に織田信長と共に上洛した足利義昭も、各地の大名に協力を求めるべく、停戦を試みている。近年では、戦国期の将軍と戦国大名の関係に注目した研究が進められるようになり、将軍による停戦令に関する検討も行われている。

将軍に関する研究の中で、戦国期における将軍の政治的位置を「天下」という概念から検討を加えたのが神田千里氏である。[20]神田氏は、将軍の管轄領域が「天下」に相当し、その範囲が全国ではなく京都を中心とした畿内に限定されていたことを明らかにしている。そして、戦国大名の領国を表す「国」とは区別された領域を指す「天下」の語があることに注目し、イエズス会宣教師ルイス・フロイスが、京都を含む五畿内を「日本の君主国」と呼び、その君主を「天下の主君」と呼んでいたと指摘している。さらに神田氏は織田信長と将軍足利義昭についても言及しており、信長が称した「天下布武」も、将軍義昭の五畿内平定を前提としたものであるとしている。[21]

一方、将軍と戦国大名の関係に着目したのが山田康弘氏である。山田氏は、将軍の管轄領域は世論を構成する場としての特徴を有していたことから、主に調停役として、将軍が戦国大名の外交戦略上において有用な「カード」として機能していたと指摘している。[22]そして、将軍と大名は互いに補完しあう関係にあったものの、大名は将軍の上意によりその行動を完全に規律されることはなかったとしている。[23]

将軍足利義輝・義昭は、各地の戦国大名に対し、みずから和平の仲介役を申し出て、和平が成立した際には将軍へ協力するよう要請していた。この点について神田氏は、将軍は大名間の抗争を、将軍に奉公すべく諸大名が上洛することに対する障害とみなし、抗争の停止を将軍への奉公と一体のものとみなす論理に基づいていたと述べている。[24]この神田氏の説を受けて、大名側から将軍の停戦令について考察し、戦国期の地域権力間戦争と将軍との関係、停戦令の性質・意義について検討したのが柴裕之氏である。[25]柴氏は、永禄年間における今川・松平間の抗争に対する足利義輝の停戦令を事例とし、今川氏から独立した松平氏が戦争を開始するにあたり、将軍義輝との政治的関係を求めており、対する今川氏がそれを回避するために将軍と交渉を行っていたことを明らかにしている。柴氏の指摘は、大名が戦況を優位にするために将軍との関係を有効に利用していたことを示すものである。また、将軍の停戦令が時に大名間の戦争を停止させることがあったことからも、将軍と大名の利害関係についてより多くの検討を重ねる必要があろう。

以上のような、対外勢力や将軍との外交関係に着目した研究に加え、大名間の外交を担当した取次と呼ばれる存在に着目した研究も進められている。丸島和洋氏は、大名の外交には家中での発言力・規制力を持つ一門・宿老が取次を担当するとともに、大名の信頼の厚い側近も取次を務めることも多く、大名の真意を相手に伝える役割を担ったと指摘している[26]。取次は、豊臣政権でも確認される存在であり、今後も研究の進展が待たれる分野である。

以上、戦国大名の外交・戦争に関する研究史を概観してきた。大名の外交・戦争は、通史や政治史の中で語られることが多かった。しかし、大名領国が自立した地域権力として「国家」とみなし得るという見解が示されて以降、戦国期の騒乱は「国家」間の戦争と捉えられ、その中で大名は、周辺勢力との和睦・同盟を模索するにあたり、外交を展開していたと考えられるようになった。そして「国郡境目相論」を中心とした議論が展開され、戦争が起きる場所として境目が注目された。

しかし、個別大名研究が進展し、大名の軍事行動や外交の推移が明らかにされる一方、個別大名の検討に終始する傾向が多くみられるようになった。外交・戦争は、複数の大名や国衆らとの間で展開されるものであり、周辺の政治情勢の変化とも密接に関わるものである。よって、大名がなぜ外交・戦争を行ったのかを明らかにするためには、多角的な見地から大名間の外交・戦争を考察する必要性がある。また、大名の外交相手は大名に限らない。国衆をはじめとした周辺勢力はもちろんのこと、時には将軍と外交上の接点を持つこともあった。こうした外交相手の多様さも、大名の外交・戦争の特質を明らかにする上で、考慮しなければならない点であろう。

本書では、甲斐武田氏を事例として、戦国大名の外交・戦争が展開された背景やその実態について明らかにするとともに、なぜ地域権力たる大名が対外戦争を展開する必要があったのか、検討を行うことを目的とする。武田氏は、もとは甲斐を本国とする守護であり、信虎が当主の時に甲斐統一を果たし、戦国大名へ発展したと考えられている。武田氏は、将軍との友好関係を保持しながら、甲斐を拠点として対外戦争を展開し、領国を拡大していった経緯がある。また、信玄期には、武田領国が飛躍的に拡大したことに加え、将軍足利義昭を奉じて上洛した織田信長との接点が生まれ、勝頼期には増大した織田権力への対抗がみられることから、武田氏を研究対象とすることで、戦国大名の外交・戦争と権力について、あらゆる視点から検討することが可能であると考える。

次に、武田史研究における外交・戦争に関する研究史を整理し、その課題について確認していくこととしたい。

二　武田氏研究における外交と戦争

ここでは、武田氏の外交・戦争に関する研究について整理したい。まず、信虎期の外交に関する研究であるが、信虎と北条氏の関係については黒田基樹氏が[27]、今川氏との関係については平野明夫氏[28]がそれぞれその推移を整理している。信虎が家督を継いだ永正四年(一五〇七)の段階では、武田家中で内訌が起きており、甲斐は周辺の有力国衆を巻き込んだ戦乱状態に陥っていた。そのため、北条・今川両氏もたびたび甲斐へ侵入し、武田氏を脅かしていたことが、両氏の論考によって明らかにされている。甲斐を統一してからの信虎外交については、丸島和洋氏がその概要をまとめており、丸島氏は信虎の外交について、一方の敵との和睦が成立すると別の方面に出兵するという攻撃的な性格を有していたと指摘している[29]。

信虎に代わり晴信(信玄)が当主となると、領国の拡大に伴ってより多くの外交が展開されるようになり、武田氏の外交・戦争に関する研究は信玄期のものが大半を占める。信玄期の外交を検討する上で欠かすことができないのが、甲相駿三国同盟(三国同盟)である。三国同盟は、天文二十三年(一五五四)に武田・北条・今川三氏の間で婚姻とともに成立した軍事同盟で、相互的な不可侵および軍事協力を約したものであった。従来、この同盟は三氏の当主が駿河善得寺(静岡県富士市)で会談し、成立した同盟であると言われてきたが[30]、磯貝正義氏がこれを否定し、二氏間の同盟が段階的に成立したことで結果的に三国同盟へと発展したと指摘した[31]。その後、甲相関係については柴辻俊六氏[32]、甲駿関係については小和田哲男氏[33]、相駿関係については池上裕子[34]・久保田昌希氏[35]らによってその成立過程が整理され、同盟が成立したことによって三氏の領国が飛躍的に拡大し、比較的長期にわたって維持された同盟であったことが明らかにされた。

三国同盟の成立は、東国の政治情勢を大きく変化させた。武田氏の場合、信濃への侵出がめざましく、天文〜永禄年間の五度にわたり北信濃で行われた越後の長尾景虎(上杉謙信)との衝突は、川中島合戦として著名である。この川中島合戦について詳細な検討を行ったのが、平山優氏である[36]。平山氏は、川中島合戦を武田・上杉間の軍事衝突としてのみ捉えるのではなく周辺勢力の動向にも検討対象を広げ、北信濃の国衆の動向や飛騨で起きた国衆江馬氏の内乱に武田・上杉両氏が介入していたことなどが川中島合戦に大きく影響していたと指摘している。平山氏の成果は、周辺地域におけるあらゆる情勢が複雑に交錯することで大名間の抗争が引き起こされることを明らかにしたもので、大名の外交・戦争を考察する上で多角的な分析が必要であることを示した内容となっている。

武田氏は信濃の他にも西上野や東美濃へも領国を拡大させたが、今川義元が戦死した桶狭間合戦、今川家臣の反乱である遠州忩劇によって武田・今川間の同盟関係は動揺し[37]、永禄十一年(一五六八)に武田信玄が駿河へと侵攻を開始したことにより、三国同盟は崩壊した。信玄は駿河侵攻を決行した理由として、今川氏と上杉氏の結託を挙げているが、この点に着目したのが、長谷川弘道氏である[38]。長谷川氏は、武田氏に不信感を抱いた今川氏真が武田氏に対抗すべく、上杉氏との同盟成立を画策していたことを明らかにしている。このほか、丸島和洋氏は武田・今川間の外交関係を検討する中で、永禄三年の桶狭間合戦以降、今川家中では信玄の誠意を疑う動きが存在していたと述べている。『甲陽軍鑑』に桶狭間合戦の詳細な記述があるのは、武田氏が今川氏に援軍を派遣していたからで、今川家中で信玄への疑念が生じたのも、援軍の働きが不十分であったと捉えられていた可能性を指摘している。[39]

また、武田氏の駿河侵攻に関する研究として、武田軍の軍事行動を整理し、武田氏が駿河を制圧する過程を詳細にまとめたのが前田利久氏である。[40] 一方、武田氏と敵対した北条氏の駿河における防衛体制を論じた黒田基樹氏の成果もあり、[41] 三国同盟崩壊の過程と駿河侵攻の経緯は、その大半が明らかにされている。さらに、武田氏からの侵攻を受けた今川氏に着目した研究も多く、懸川城（静岡県掛川市）に籠城していた際の氏真の動向に着目した長倉智恵雄氏[42]や小和田哲男氏[43]の研究や、北条氏に保護された後の氏真や戦国大名今川氏の滅亡について検討した久保田昌希氏[44]らの成果がある。

以上のように、三国同盟に関する研究蓄積は非常に多い。しかしながら、武田・北条・今川三氏に焦点を当てた研究がその大半を占めており、東国の政治情勢に重点を置いた議論が中心となっている。三国同盟が崩壊した永禄十一年は、織田信長が将軍足利義昭を奉じて上洛した年であるとともに、三河の徳川家康も武田氏に呼応して遠江に侵攻を開始するなど、武田領国の以西における政治情勢が大きく変化した時期でもある。このことから、西方の勢力と武田氏の関係をふまえた議論を行う必要があると考える。

一方で、元亀三年（一五七二）より開始された武田氏の遠江侵攻に関しては、信玄の上洛、あるいは西上作戦と関連させた多くの研究がある。[45] 中でも、戦前に発表された渡邊世祐氏の論考では、信玄が遠江侵攻を開始するにあたり、あらゆる勢力との外交を展開していたことが明らかにされており、信玄の軍事行動を検討する上で、その起点となる成果である。渡邊氏は「信玄の西上計画」と題し、「信玄は多年争覇の志を有し、西上を計画し信濃を略して美濃に進まんとしたりしも織田信長のあるあり、三河に入らんとするに徳川家康がゐたので容易に進み得なかつた。然るに駿河・遠江の今川氏は、氏真が暗愚であつたので先づこれを略して、その基礎を固めんとして、家康と駿河・遠江の分割を約して氏真を追うた。それから北条氏と同盟が完全に出来たので安心して家康を敵とすることとなり三河侵入を計画した。（中略）そして着々三河の諸城を降し京都及び近畿の諸寺諸氏に連絡を求め、連合を約して家康・信長を制し一挙に西上を企て争覇を事実にせんとした」と述べている。渡邊氏は、信濃を攻略した段階で信玄は美濃侵攻を視野に入れていたとしており、かなり早い時期から信玄が織田・徳川両氏との敵対を想定していたと捉えている。一方、信長について渡邊氏は、「信玄を無二の友として援助を約してゐたが、裏面では家康を援けて信玄に抗争せしめその防御を怠らなかつた」とし、信長が家康を支援して信玄と戦わせ、自身の防御としていた点を指摘している。

こうした渡邊氏の説を受け、元亀年間における信玄の軍事行動に関して、戦後もっとも多くの議論がなされているのが、信玄の遠江侵攻の目的についてである。信玄が信長包囲網に加担して、将軍足利義昭の要請に応じて上洛をしようとしたとする上洛説と、徳川領国侵攻が最大の目的であり、上洛は目指していなかったとする局地戦説とに分かれた議論が展開されている。

従来、武田氏の遠江侵攻は、元亀二年から始まったとされてきたが、二〇〇〇年代に入り、この説は鴨川達夫氏によって否定されている[46]。鴨川氏は、元亀二年発給とされていた遠江侵攻に関する複数の史料の年代比定を行い、武田氏の遠江侵攻の開始年を、元亀三年であるとした。また鴨川氏は、信玄の攻撃目標は遠江ではなく、別働隊に担当させていた東美濃方面、すなわち織田領国であったと述べている。この鴨川説を受けて、より詳細に武田氏の遠江侵攻について検討を行ったのが、柴裕之氏である[47]。柴氏は、鴨川氏が年代比定を行った文書の内容が『当代記』の記述と合致することを明らかにするとともに、徳川氏に味方していた奥三河の国衆を味方にすべく、信玄が遠江侵攻を決行したと指摘した。そして、信玄の攻撃目標はあくまで遠江および奥三河といった徳川領国であると結論づけ、織田領国を目標としていたとする鴨川説を否定している。信玄の攻撃目標に関しては、本多隆成氏も織田領国であるとする一方[48]、柴辻俊六氏が武田氏の遠江侵攻は元亀二年開始であると主張するなど[49]、現段階においても議論が続けられている。

元亀四年、信玄は遠江侵攻の途上で死去し、子勝頼が武田家当主となった。勝頼は、信玄の路線を引き継ぎ、織田・徳川両氏との敵対を続け、特に徳川領国に対しては積極的に出陣した。その中で引き起こされたのが、天正三年（一五七五）に起きた長篠合戦である。

長篠合戦は、武田軍が織田・徳川連合軍に大敗を喫し、多くの武田家重臣が死亡したことで知られる[50]。また、二〇〇〇年代には、多数の鉄砲隊を有する織田・徳川連合軍と騎馬隊中心の武田軍との一戦であったという通説を否定する研究がみられるようになった[51]。しかし、最近では平山優氏が『甲陽軍鑑』や『甫庵信長記』などの分析を行い、武田氏に「騎馬衆」が存在していたこと、敵陣への突撃は正攻法であったこと、鉄砲撃ちの「三段」が三列の輪番射撃であったことなどを明らかにし、合戦における織田・徳川軍の備えは革新的ではなく、武田軍が敗北したのは兵力および武器装備の差によるものであったと指摘している[52]。また平山氏は、武田氏滅亡の要因として、長年同盟関係にあった北条氏との決裂を挙げており、注目すべき見解である。

長篠敗戦後、勝頼は増大する織田権力と対抗しながら武田領国を維持しなければならなかったため、織田氏と敵対する勢力との友好関係を積極的に構築しようとした。東国においては、敵対関係にあった上杉氏の内訌（御館の乱）に介入したり[53]、常陸佐竹氏との同盟（甲佐同盟）を成立させたりするなど[54]、信玄期とは異なる外交を展開していたことが明らかにされている。

長篠の敗戦で奥三河の拠点を失った勝頼は、駿遠国境に位置する高天神城（静岡県掛川市）の防備を固め、徳川氏との交戦に及んだ。天正年間における武田・徳川間の対立に関する研究として、武田氏発給文書の分析から武田氏と徳川氏の軍事行動について整理した大塚勲氏[55]、城郭の位置関係から両氏の対立について検討した小川隆司氏[56]の成果などがある。高天神城をめぐる攻防戦は、天正五年から同九年までと長期にわたっている。この間、勝頼は先に挙げたような外交を展開していることから、戦争が長期化する中で、勝頼が戦況を好転させるためにどのような策を講じたか、考察する必要があろう。

また、信虎・信玄・勝頼期を通じた武田氏の京都外交に関する成果として、柴辻俊六氏の論考がある[57]。柴辻氏は、信虎期から武田氏は公家との交流が頻繁であり、それが信玄の代にも継承されるが、その大多数が綸旨の下賜で、寺社関係のものであるとしている。幕府との関係については、信玄期に緊密性が保たれ、その多くが将軍足利義輝・義昭側からの働きかけによるもので、そのほとんどを信玄は無視したと述べている。柴辻氏は、信玄がこうした態度を示した理由として、不安定な将軍の立場を反映した助力要請や調停勧告に応じなかったためとしているが、将軍と戦国大名の関係は近年見直されている点であり[58]、大名が地域権力を維持する上で将軍との関係をどのように活用していたのか検討する余地がある。

一方、武田氏の戦争と国衆との関係に注目した研究も行われている。黒田基樹氏は、武田氏へと離反した朝比奈信置や、高天神城主小笠原氏助の政治的位置に関する検討を行っており、戦時に帰属先を変える国衆の実態について明らかにしている[59]。この他にも、武田氏の軍事行動と奥三河情勢の関連性について検討した柴裕之氏[60]や、北遠江の天野氏の動向をまとめた鈴木将典氏の論考がある[61]。近年、大名の戦争の要因として、境目に存立する国衆が注目されてきていることから、武田氏においてもより多くの事例を挙げた上で、大名の戦争と国衆の関わりについて明らかにしていくべきであると考える。

三　本書の視角と課題

以上、武田氏に関連する外交・戦争の研究史を概観してきた。歴代の当主に分類してその特徴を述べるとするならば、次のようになろう。

信虎期は、残存史料が少ないため、信玄・勝頼期に比べると研究成果が少ない。しかし、武田家中の内訌や甲斐統一の過程で、北条・今川両氏が甲斐に侵入していた経緯は明らかにされており、大名領国が対外勢力から軍事介入を受ける事例として注目される点である。また、信虎期は武田氏が甲斐を本国として対外戦争を開始する時期であり、戦国大名が対外勢力と戦争をしなければならなかった要因や、地域権力として発展する武田氏の特質を明らかにするためにも、信虎期の戦争と信玄期の戦争がどのように変化していくのか、検証する必要があろう。

信玄期は、武田領国が飛躍的に拡大した時期であり、信玄が当主であった期間も信虎・勝頼よりも長いため、最も研究史が厚い。武田領国が拡大した最大の契機は三国同盟の成立である。そのため、北条・今川両氏との外交関係に言及した研究や、長年にわたって対立関係にあった上杉氏(長尾氏)に関連した研究が大半を占める。これは、武田領国が拡大した範囲が東国であったことも要因の一つであると考えられる。しかし、信玄が展開した外交相手に着目すると、その範囲は東国のみにとどまらない。信玄は、足利将軍や石山本願寺、尾張の織田氏や美濃の斎藤氏とも外交交渉を行っていた。これは、武田領国の維持・拡大のために、畿内や美濃・尾張といった武田領国よりも西に位置する勢力との外交を展開する必要があったことを意味する。将軍と大名の関係に関する研究は近年進められているものの、武田氏に関連する研究はいまだ途上の段階にある。信玄期における外交・戦争に関する研究の課題は、武田領国より以西の勢力との外交をどのように位置づけるかという点にあるものと思われる。

一方で、元亀三年(一五七二)に行われた信玄の遠江侵攻に関する議論は、近年活発化している。遠江侵攻に関しては、長年にわたり上洛説と局地戦説に分かれた論争が続けられてきた。しかし、二つの説に分かれた議論が果たして有効であるかどうかについては、見直す必要があろう。元亀三年は、武田氏が駿河を制圧し、徳川領国への侵攻が可能となった時期であると同時に、織田氏に敵対する勢力が多く存在し、将軍義昭と信長が不和になった時期でもある。武田氏の遠江侵攻は、そのような中で行われた軍事行動であるため、信玄があらゆる状況に対応できるよう配慮していたと考えるべきであり、上洛・局地戦といった概念に捉われない議論を進める必要があると考える。

勝頼期は、近年もっとも研究が進められている時期と言って良いであろう。勝頼は長篠で織田・徳川連合軍に大敗し、戦国大名武田氏を滅亡に追いやったとして、信玄と比較して評価が極めて低い傾向にあったが、これに異を唱えたのが平山優氏である(62)。平山氏は、勝頼が信玄の意向を引き継いで対外戦争を行っていたこと、信長や上杉謙信といった同時代の人物から「油断できない人物」として捉えられていたことなどを挙げ、勝頼期の政治史を改めて検討する必要があると説いている。平山氏の指摘は極めて重要であり、勝頼が信玄の作戦を継承した上で外交・戦争を展開していたことを考慮しなければならず、今後の勝頼期研究の課題であるとも言えよう。また、勝頼は増大する織田権力に対抗しうる体制を整えなければならなかった。勝頼期の武田氏の軍事行動については明らかにされている点が多いが、織田権力との対峙という観点からの議論は、今後展開されていくべき主題であろう。信玄期と勝頼期で武田氏の外交・戦争の意義・性質がどのように変化するのか、周辺勢力の動向と政治情勢をふまえた上で比較検討をしていくべきであると考える。

武田氏は、室町幕府の守護という立場から、戦国大名へと転じ、対外戦争を繰り返して領国を維持・拡大した。藤木久志氏が指摘するように、(63)大名間の戦争は外交関係の悪化や同盟の破綻によって起きることが多い。そうであるならば、大名にとっての戦争は外交の一手段としてみなすことができよう。戦争を回避し、停戦・和睦する際も外交は行われるが、戦争は双方の意向に相違があった末に起きるものであり、戦争と外交は表裏一体であると言える。

そこで問題となるのが、戦国大名がなぜ戦争を恒常的に繰り返し、外交を展開したのか、という点である。戦国大名は自立的な地域権力として領国支配を行っていたが、その中で外交・戦争がどのような有効性を持っていたのか、その解明こそが本書の目的である。

武田氏は、信虎期の内訌・甲斐統一を経て、信玄期には広域にわたって領国を拡大し、勝頼期は織田権力との敵対と、対外戦争と外交を繰り返した。守護から戦国大名へと変化し、領国支配を行う中で、武田氏にとっての外交・戦争の意義もまた、変化したものと想定される。その過程を明らかにするためには、武田氏の外交・戦争を段階的に検証していく必要がある。その手段として本書では、まず信虎が内訌を治めて甲斐統一を達成する過程を整理し、対外勢力との外交関係を追うことで、戦国大名として武田氏が台頭した時期の外交・戦争の特徴を明らかにしていきたい。その上で、信玄期に成立した三国同盟を中心に、武田領国の拡大に大きな影響を与えた諸勢力との同盟について考察していく。

そして、もう一つ欠かすことができないのが、織田信長との関係である。武田氏が織田氏と外交上で接点を持ったのは信玄期であるが、信玄期における武田・織田間の外交関係を検討した専論は少なく、その事実関係を整理する必要がある。信長が将軍足利義昭を奉じて上洛し、畿内で勢力を伸ばした背景には、武田氏との同盟が存在していた。

しかし、元亀年間にこの同盟は破綻し、武田氏は勝頼期に突入した後も織田氏と敵対を続けていくことになる。そのため、武田・織田間の関係を整理することで、信玄期から勝頼期にかけての武田氏の外交・戦争にどのような変化が生じたのか、明らかにできるものと考える。織田権力が増大することにより、勝頼は武田領国の維持に苦戦することとなる。武田氏の権力の推移を追うためにも、武田・織田間の外交関係は重視すべき問題である。

また、戦国期は大名のみならず、国衆や土豪といった大名よりも小規模な領主層も各地に点在しており、大名と密接な関わりを持っていた。領国の境目に存立する彼らの動向によって大名間の戦争が引き起こされた点は、黒田基樹氏が指摘するところである[64]。その実例として、本書では東美濃遠山氏や郡上遠藤氏、高天神城小笠原氏などを挙げ、国衆が大名間の戦争にどのような影響を与えたのかを検討していく。これらの国衆は、織田氏や徳川氏とも密接な関係を保持していたため、武田氏と織田・徳川氏の外交関係を検証する上でも重視すべき存在である。そして、外交・戦争の視点から大名と国衆を比較した場合、地域権力としての性質にいかなる差があるのか、検討していくこととしたい。

註

（1）杉山博『日本の歴史11　戦国大名』（中央公論社、一九六五年）。以下、杉山氏の見解は同書による。
（2）参謀本部編『日本戦史』（元真社・偕行社、一九一一・一九二四年）。
（3）渡邊世祐「群雄の争覇」（国史研究会編輯『岩波講座　日本歴史』、岩波書店、一九三四年）。
（4）高柳光寿『戦国戦記』一～四（春秋社、一九五八～一九六〇年）。
（5）勝俣鎮夫「戦国大名「国家」の成立」（同『戦国時代論』、岩波書店、一九九六年。初出一九九四年）。

（6）勝俣氏の「国家論」に対しては、「国家」の論拠となった北条氏の史料を検討した久保健一郎氏が批判しており、「国家」文言は北条氏の支配の容体としての用法が一般的で、「御国」文言は公儀を超越する国家としての主体性を示す用法が一般的であることを指摘している（久保健一郎「後北条氏における公儀と国家」、同『戦国大名と公儀』、校倉書房、二〇〇一年）。また、則竹雄一氏は、「戦国法」では支配理念としての国家が強調されてきたが、のちには実体として大名支配を「国民国家」とされるように力点の相違がみられるとし、支配理念がそのまま支配実体と言えるかどうかは問題が残るとしている（則竹雄一『戦国大名の権力構造』、吉川弘文館、二〇〇五年）。

（7）今岡典和・川岡勉・矢田俊文「戦国期研究の課題と展望」（久留島典子・榎原雅治編『展望日本歴史11　室町の社会』、東京堂出版、二〇〇六年。初出一九八六年）。

（8）丸島和洋「室町～戦国期の武田氏権力―守護職の評価をめぐって―」（同『戦国大名武田氏の権力構造』、思文閣出版、二〇一一年）。

（9）丸島和洋『戦国大名の「外交」』（講談社選書メチエ、二〇一三年）。

（10）藤木久志「戦国大名の和平と国分」（同『豊臣平和令と戦国社会』、東京大学出版会、一九八五年。初出一九八三年）。

（11）藤木久志『戦国の作法』（平凡社、一九八七年）、同『戦国を見る目』（校倉書房、一九九五年）、同『新版　雑兵たちの戦場　中世の傭兵と奴隷狩り』（朝日新聞出版、二〇〇五年。旧版一九九五年）等。また、境目地域の村落が自衛を目的として、双方の大名に年貢を納める「半手」「半納」に関する研究も行われるようになった。代表的なものとして、秋山伸隆「戦国期における半納について」（『芸備地方史研究』一二五・一二六合併号、一九八〇年）、同「戦国大名領国の「境目」と「半納」」（同『戦国大名毛利氏の研究』、吉川弘文館、一九九八年。初出一九八〇年）、峰岸純夫「東国戦国期の軍事的境界領域における「半手」について」（『中央史学』一八、一九九五年）、黒田基樹『百姓から見た戦国大名』（筑摩書房、二〇〇六年）、村田精悦「戦国期における軍事的「境目」の考察―相模国津久井「敵知行半所務」について―」（『戦国史研究』六二、二〇一一年）等がある。
（12）則竹雄一「戦国期「国郡境目相論」について」（同『戦国大名の権力構造』、吉川弘文館、二〇〇五年。初出一九九九年）。
（13）池享「大名領国制の展開と将軍・天皇」（同『戦国期織豊期の武家と天皇』、校倉書房、二〇〇三年）、同「中近世移行期研究の新視点」（『宮城歴史科学研究』六一、二〇〇六年）。
（14）松岡進「戦国期における「境目の城」と領域」（同『中世の城と考古学』、新人物往来社、一九九一年）。
（15）盛本昌広『境界争いと戦国諜報戦』（洋泉社歴史新書y、二〇一四年）。
（16）黒田基樹「戦国期外様国衆論」（同『戦国大名と外様国衆』、文献出版、一九九七年）。
（17）黒田基樹「宣戦と和睦」（同『中世移行期の大名権力と村落』、校倉書房、二〇〇三年。初出二〇〇〇年）。
（18）丸島和洋「武田氏の外交取次とその構成」（前掲『戦国大名武田氏の権力構造』、初出二〇〇二年）。
（19）室町幕府将軍については、榎原雅治・清水克行『室町幕府将軍列伝』（戎光祥出版、二〇一七年）を参照。
（20）神田千里『日本の中世11　戦国乱世を生きる力』（中央公論新社、二〇〇二年）。
（21）神田千里『織田信長』（ちくま新書、二〇一四年）。
（22）山田康弘「戦国期における将軍と大名」（『歴史学研究』七七二、二〇〇三年）、同「戦国期大名間外交と将軍」（『史学雑誌』一一二―一一、二〇〇三年）。
（23）山田康弘『戦国時代の足利将軍』（歴史文化ライブラリー、吉川弘文館、二〇一一年）。
（24）神田千里「織田政権の支配の論理」（同『戦国時代の自力と秩序』、吉川弘文館、二〇一三年。初出二〇〇二年）。

(25)　柴裕之「今川・松平両氏の戦争と室町幕府将軍」(同『戦国・織豊期大名徳川氏の領国支配』、岩田書院、二〇一四年。初出二〇〇五年)。
(26)　丸島　前掲註(9)・(18)。
(27)　黒田基樹「武田信虎と北条氏」(柴辻俊六編『武田信虎のすべて』、新人物往来社、二〇〇七年)。
(28)　平野明夫「武田信虎と今川氏」(前掲『武田信虎のすべて』)。
(29)　丸島和洋「武田信虎の外交政策」(前掲『武田信虎のすべて』)。
(30)　杉山　前掲註(1)等。
(31)　磯貝正義「善徳寺の会盟」(同『甲斐源氏と武田信玄』、岩田書院、二〇〇二年。初出一九六九年)。
(32)　柴辻俊六「戦国期の甲・相関係」(同『戦国大名領の研究―甲斐武田氏領の展開―』、名著出版、一九八一年。初出一九七九年)。
(33)　小和田哲男「今川・武田両氏間の同盟・非同盟」(同『小和田哲男著作集第一巻　今川氏の研究』、清文堂出版、二〇〇〇年。初出一九八九年)。
(34)　池上裕子「戦国期における相駿関係の推移と西側国境問題―相甲同盟成立まで―」(『小田原市郷土文化館研究報告』二七、一九九一年)。
(35)　久保田昌希「今川氏と北条氏―駿甲相同盟の政治的前提―」(同『戦国大名今川氏と領国支配』、吉川弘文館、二〇〇五年。初出二〇〇一年)。
(36)　平山優『川中島の戦い』上・下(学研M文庫、二〇〇二年)。
(37)　久保田昌希「「遠州忩劇」考―今川領国崩壊への途―」(前掲『戦国大名今川氏と領国支配』。初出二〇〇〇年)。

(38) 長谷川弘道「永禄末年における駿・越交渉について―駿・甲同盟決裂の前提―」(『武田氏研究』一〇、一九九三年)。
(39) 丸島和洋「武田氏から見た今川氏の外交」(『静岡県地域史研究』五、二〇一五年)。
(40) 前田利久「武田信玄の駿河侵攻と諸城」(『地方史静岡』二二、一九九四年)、同「戦国期薩埵山の戦い」(清水市教育委員会『薩埵山陣場跡その現況遺構確認等分布調査報告書』、二〇〇二年)。
(41) 黒田基樹「北条氏の駿河防衛と諸城」(同『戦国期東国の大名と国衆』、岩田書院、二〇〇一年。初出一九九六年)。
(42) 長倉智恵雄「今川氏真の懸川籠城と小田原衆」(同『戦国大名駿河今川氏の研究』、東京堂出版、一九九五年。初出一九八六年)。
(43) 小和田哲男「武田信玄の駿河侵攻と今川氏真」(静岡県地域史研究会編『戦国期静岡の研究』、二〇〇一年)。
(44) 久保田昌希「懸川城開城後の今川氏真と北条氏」(前掲『戦国大名今川氏と領国支配』。初出一九八八年)、酒入陽子「懸川開城後の今川氏真について」(『戦国史研究』三九、二〇〇〇年)、前田利久「後北条氏庇護下の今川氏真について」(『地方史静岡』二九、二〇〇一年)等。
(45) 渡邊　前掲註(3)、渡邊世祐『武田信玄の経綸と修養』(更級郡教育会、一九二八年。のちに新人物往来社から一九七一年に復刊)、奥野高広『人物叢書　武田信玄』(吉川弘文館、一九五九年)、高柳光寿『戦国戦記　三方原の戦』(春秋社、一九五八年。後に同社から一九七七年に復刊)、なかざわしんきち『甲斐武田氏―その社会経済史的考察―』下巻(甲斐史学会、一九六七年)、磯貝正義『武田信玄』(新人物往来社、一九七〇年)、染谷光廣「武田信玄の西上作戦小考―新史料の信長と信玄の文書―」(『日本歴史』三六〇、一九七八年)、須藤茂樹「武田信玄の西上作戦再考」(『武田氏研究』三、一九八八年)等。
(46) 鴨川達夫『武田信玄と勝頼―文書にみる戦国大名の実像―』(岩波新書、二〇〇七年)。

(47) 柴裕之「武田信玄の遠江・三河侵攻と徳川家康」(前掲『戦国・織豊期大名徳川氏の領国支配』。初出二〇〇七年)。
(48) 本多隆成『定本　徳川家康』(吉川弘文館、二〇一〇年)。
(49) 柴辻俊六「武田信玄の上洛戦略と織田信長」(同『戦国期武田氏領の地域支配』、岩田書院、二〇一三年。初出二〇〇九年)。
(50) 高柳光寿『長篠之戦』(春秋社、一九六〇)、太向義明『長篠の合戦』(山梨日日新聞社、一九九六年)、宇田川武久『鉄砲と戦国合戦』(歴史文化ライブラリー、吉川弘文館、二〇〇二年)。
(51) 鈴木眞哉『鉄砲隊と騎馬軍団　真説・長篠合戦』(洋泉社歴史新書y、二〇〇三年)、谷口克広『戦争の日本史13　信長の天下布武への道』(吉川弘文館、二〇〇六年)、藤本正行『長篠の戦い　信長の勝因・勝頼の敗因』(洋泉社歴史新書y、二〇一〇年)等。
(52) 平山優『敗者の日本史9　長篠合戦と武田勝頼』(吉川弘文館、二〇一四年)、同『検証　長篠合戦』(歴史文化ライブラリー、吉川弘文館、二〇一四年)。
(53) 須藤茂樹「甲・越同盟の一考察」(『史学研究集録』一五、一九九〇年)、丸島和洋「武田勝頼の外交政策」(柴辻俊六・平山優編『武田勝頼のすべて』、新人物往来社、二〇〇七年)等。
(54) 丸島和洋「甲佐同盟に関する一考察―武田勝頼を対象として―」(前掲『戦国大名武田氏の権力構造』。初出二〇〇〇年)。
(55) 大塚勲「武田・徳川攻防の推移」(同『駿遠中世史雑考』、旭出版、二〇〇六年。初出一九九八年)。
(56) 小川隆司「武田・徳川両氏の攻防と城郭」(『藤枝市史研究』二、二〇〇〇年)。
(57) 柴辻俊六「戦国期武田氏の京都外交」(同『戦国期武田氏領の形成』、校倉書房、二〇〇七年。初出二〇〇二年)。

(58) 神田　前掲註(21)・(24)、山田　前掲(22)・(23)等。

(59) 黒田基樹「武田氏の領国支配と朝比奈信置」(同『戦国期東国の大名と国衆』、岩田書院、二〇〇一年。初出一九九五年)、同「遠江高天神小笠原信興の考察」(同。初出一九九九年)。

(60) 柴裕之「三河国衆奥平氏の動向と態様」(前掲『戦国・織豊期大名徳川氏の領国支配』。初出二〇〇六年)、註(47)。

(61) 鈴木将典「戦国期の北遠地域と遠江天野氏・奥山氏」(同編『論集戦国大名と国衆8　遠江天野氏・奥山氏』、岩田書院、二〇一二年)。

(62) 平山優「武田勝頼の再評価―勝頼はなぜ滅亡に追い込まれたのか―」(網野善彦監修『新府城と武田勝頼』、新人物往来社、二〇〇一年)、同「同時代史料からみた武田勝頼の評価」(萩原三雄・本中眞監修『新府城の歴史学』、新人物往来社、二〇〇八年)。

(63) 藤木　前掲註(10)。

(64) 黒田　前掲註(17)。

第一部　大名の外交・同盟

第一章　武田信虎と今川・北条氏

はじめに

永正四年(一五〇七)二月、武田信虎(当時は信直、大永元年に改名)は父信縄の病死を受け、武田家の家督を継いだ。信虎は、それまで内乱状態にあった甲斐を統一し、武田氏が信濃へ侵出する足がかりを築いたことで知られるが、信虎期の研究は史料的制約もあることから、信玄期や勝頼期に比べるとその成果は少ない。だが、二〇〇〇年代に入ると、武田信虎に関する専門書や『山梨県史』の通史編が刊行され、信虎の動向や甲斐国内の情勢などが次第に明らかにされてきた。信虎を扱った論考としては、信虎の領国支配に迫った柴辻俊六氏や、明応～永正年間における武田氏の内訌を明らかにした秋山正典氏、信虎の生年について検討した秋山敬氏、信虎の神社政策について論じた大木丈夫氏等の成果がある。信虎期の研究は着々と進められてきており、今後も成果が待たれる状況にあると言えよう。

武田氏が戦国大名として領国支配を展開していくのは、甲斐統一を成し遂げた信虎期からであることは、先の研究でも指摘されている点である。甲斐が統一され、領国が拡大していくにしたがって、武田氏は対外勢力と衝突し、時には和睦でもって戦闘を回避するなど、外交を駆使していくことになる。信虎の外交については、丸島和洋氏がその概略をまとめているほか、平野明夫氏や黒田基樹氏も今川・北条両氏と信虎の関係について検討を行っている。

そこで本章では、信虎期における武田氏の外交を明らかにする上で、最大の難敵であった今川氏や北条氏との関係に着目し、武田氏が領国を拡大するにあたり、周辺勢力とどのような関係を維持し、外交を展開していったのか検討することとしたい。検討する範囲は、信虎が家督を相続する前後から、天文十四年(一五四五)の第二次河東一乱までとし、信虎が駿河へ追放されるまでの武田氏の動向を追うこととしたい。

一　武田氏の内訌と信虎の家督相続

信虎が家督を相続する以前の武田氏は、激しい内訌を繰り返しており、それが原因となって今川・北条氏からの軍事介入を受けていた。『勝山記』[10]には、「此年(延徳四・明応元年、一四九二)六月十一日、甲州乱国ニ成リ始テ候也」と、『王代記』には「兄弟相論」と記されており、武田氏の内訌によって甲斐国内が戦乱状態にあったことがわかる。信虎の祖父信昌は、家督を嫡男信縄に譲って隠居したものの、のちに信縄と対立して信縄の弟油川信恵を支持したため、やがて信縄・信恵間で軍事衝突に至った(『勝山記』『王代記』等)。合戦勃発時、信縄は東郡の栗原氏を敗走させ、その栗原氏が河内(山梨県南部、富士川下流域)の有力国衆である穴山信懸を頼っていることから、穴山氏は信恵方であったと考えられる[11]。

穴山氏が拠点とする河内は駿河に隣接していることから、信懸は駿河の今川氏親と接点を持っていたようで、同年九月九日、今川軍が甲斐に侵攻する事態を引き起こした(『年代記』)。この点について秋山敬氏は、郡内(山梨県東部、富士五湖方面)のことを主として記録する『勝山記』[12]に駿河勢の出張記事がみられないことから、今川軍は穴山氏の領域である河内路を利用したのではないかとしている。黒田基樹氏は、信縄による河内攻めの報復として、信懸が今川氏に支援を要請し、今川氏もこれに応えたのではないかとしている。そして、信昌・信恵方が今川氏と結ぶことによって信縄に対抗したのではないかと述べている。[13]武田氏の内訌は、対外勢力の介入を許すほどであり、まさに武田氏は危機的状況に置かれていたと言える。また、黒田氏は、穴山氏が永正十八年（一五二一）に今川氏へ人質を提出していることから、事実上、穴山氏は今川氏に従属していったのではないかと述べている。黒田氏の説に従えば、穴山氏は独自に今川氏と友好関係を構築していたことになり、自立した地域領主である国衆としての行動を取っていたことが看取できる。一方で、信昌・信恵方とも好を通じていることから、穴山氏は双方から今川氏への仲介を依頼されていた可能性が高い。いずれにせよ、『年代記』にみられる今川氏による軍事介入は実際に行われたようで、その結果からか、明応二年（一四九三）になると信縄は敗戦を繰り返し、厳しい状況に追い込まれた。

だが、明応三年には信昌・信恵方が敗北し、次第に戦況は信縄方優位に傾きつつあった（『勝山記』）。そのような中、同四年八月になると、今度は相模の北条氏（伊勢宗瑞、本章では北条で統一）が甲斐郡内に侵入し、籠坂峠（山梨県山中湖村と静岡県小山町の境）に布陣した。『勝山記』には、「此年八月伊豆ヨリ伊勢入道甲州へ打入リ、カコ山ニ陳〔陣〕ヲハリ、サレトモ和段ニテ引返ス」とあり、すぐさま北条軍が撤退していることから、武田家の内訌に介入するための軍事行動ではなかった可能性が高い。

当時の北条氏は、伊豆に本拠を置いていた堀越公方足利茶々丸と対立しており、[14]明応四年、茶々丸は北条軍の攻撃によって伊豆を追われ、武蔵北部の関東管領山内上杉氏を頼っていた。一方の北条氏は、山内上杉氏と対立する扇ヶ谷上杉氏と同盟しており、今川氏もまた扇ヶ谷上杉氏と結んでいた。そして、今川氏と北条氏は、伊勢宗瑞の姉（北川殿、桃源院殿）が今川義忠室であったことから、非常に密接な関係にあった。そのため、北条氏も今川氏と連動して、信昌・信恵を支持していた可能性はあるが、甲斐に侵入した際の北条軍は積極的な攻勢をみせていないため、武田氏の内訌への介入が目的ではなかったように思われる。北条氏の甲斐侵入は、茶々丸との対立と関連していたようで、翌年、その実態が明らかになっていく。

明応五年になると、武蔵に逃れていた足利茶々丸が、吉田(山梨県富士吉田市)を経由して富士に向かった。『勝山記』には、「此年北条ノ君武州ヨリ甲斐国都留郡吉田正覚庵へ移リ玉イテ富士へ御出テ」とある。この富士について黒田基樹氏は、御厨地域(静岡県小山町・御殿場市)ではないかとしている[15]。茶々丸の動向を察知した北条軍がこれを追跡していることから、前年から行われた一連の北条氏の甲斐侵入は、逃亡した茶々丸の追跡が目的であったと推察される。

その後、北条氏に追い詰められた茶々丸は、明応七年八月に自害した(『王代記』)。茶々丸が自害した経緯について黒田氏は、信昌・信恵が今川・北条両氏から支持されていたことから、信縄が茶々丸を支持していた可能性を指摘し、信縄が信昌・信恵と和睦する際の条件として、甲斐に逃亡していた茶々丸の引き渡しを求められたのではないかとしている。しかし、信縄と北条氏との和睦は一時的なものにすぎず、北条氏の甲斐侵入は文亀二年(一五〇二)九月にも行われており、信縄が吉田にて北条軍を撃退している(『勝山記』)。以後、天文年間に至るまで、信縄は北条氏とたびたび戦闘を繰り返していく。

一方、信縄と信昌・信恵との対立は、明応七年に太平洋沖で大地震が起きたことを契機に、和睦が成立した(『勝山記』)。そして、永正二年九月に信昌が、同四年二月に信縄が死去したことにより、信縄の子信虎が家督を継ぐこととなった(『甲陽日記』)。しかし、信虎は父が対立していた叔父信恵への対応に迫られることになり、家督を相続したとはいえ、不安定な立場に置かれていたのである。

二　信虎の甲斐統一

永正五年（一五〇八）十月、武田信虎は父信縄と長年にわたり対立していた叔父信恵とその子弥九郎・珍宝丸、信恵弟の岩手縄美らを滅ぼした（『勝山記』『甲陽日記』）。これにより、明応年間より続いた武田氏の内訌は終結したが、信恵が戦死した二ヶ月後、信恵方だった郡内の小山田弥太郎が国中（甲府市を中心とする山梨県中西部）に侵攻してきたため、信虎はこれを撃退し、弥太郎は討死した（『勝山記』）。翌年、信虎は郡内まで進軍して河口（山梨県河口湖町）を焼き払い、永正七年に弥太郎の子小山田信有（越中守）を降伏させた（同）。小山田氏が降伏したことで、信虎の勢力は郡内にまで拡大した。この際、信虎の妹が信有に嫁いだとみられ、この女性は天文元年（一五三二）に死去している（同）。

しかし、小山田氏がみな信虎に降伏したわけではなかった。『勝山記』に「工藤殿・小山田平三殿ニラ山へ御出仕候」とあるように、信虎に降伏せずに北条氏の韮山城（静岡県伊豆の国市）に逃れた者もいたのである。この点に関し丸島和洋氏は、反信虎派との内訌自体が、国外勢力の軍事介入を招きかねないものであったと述べている⑯。

小山田氏が降伏した際、北条氏のもとに出仕した一族がいたことからもわかるように、国衆は決して一枚岩ではなく、家中が帰属先をめぐって分裂することも多かった。今川領国に近い河内を本拠とする穴山氏も家中で意見が分かれていたようで、永正十年には、穴山信懸が子清五郎に殺害される事件が起きた（『勝山記』）。信懸の跡を継いだ信風は今川氏に帰属する立場を取り、西郡の大井信達も今川氏に帰属し、今川氏御一家瀬名一秀の娘を嫡男信業の室に迎えたという（「今川系図」）⑰。黒田基樹氏は、『山梨県史』通史編の中で「この頃の甲斐の三分の一程度が今川氏の領国となっていたことを意味している」と述べている。

甲斐国内の多くの国衆が帰属先に今川氏を選んだということは、信虎に国衆を帰属させるだけの権力がなかったことを意味する。永正十二年十月、信虎は大井氏の富田城(山梨県南アルプス市)を大軍で包囲したが、城周辺の地理を把握していなかったために深田に馬が入ってしまい、大将格の武将を含め多数の戦死者を出した。その後、駿河から今川軍が甲斐へ進軍し、甲駿国境を封鎖する事態となった(『勝山記』『年代記』)。今川氏の軍事行動は、信虎が富田城攻略に苦戦したことを受けて行われたとみられ、またしても信虎は今川氏の甲斐侵入を許したのである。

永正十三年九月、信虎と大井・今川氏との合戦が激化した。『勝山記』には、「未タ大井殿ト御屋形様ノ取合弥ヨ強盛ナリ、駿河ト此国ノ取合未タ不息」とあり、信虎が大井氏や今川氏と敵対していた様子がうかがえる。今川軍の攻勢に対し、信虎は万力(山梨県山梨市)で迎撃したが苦戦を強いられ、本拠川田館(同甲府市)へ戻れず、恵林寺(同甲州市)に籠もった。優勢を誇った今川軍は、曽祢(同甲府市)に勝山城を築き、長期戦の構えを見せた(『甲陽日記』)。一方、今川軍の別働隊は河口湖方面へと進軍したが、翌十四年正月、小山田家臣の小林尾張入道がこれを撃退している。それでも今川軍本隊は信虎と対峙していたが、遠江で斯波氏の攻勢が強まったため、今川氏親が和睦を申し入れ、三月に駿河へと撤退した(『勝山記』)。これを機に、信虎は大井氏と和睦し、信達女(瑞雲院殿)を正室に迎え、二人の間には翌年女子(定恵院殿)が生まれた。八月になると、信虎は躑躅ヶ崎館(同甲府市)の建設を開始し、十二月には移住している(『甲陽日記』)。おそらく、今川軍に苦戦したことを受けて、川田館での防衛体制に不安を覚えたのであろう。

永正十五年、小山田氏と今川氏の間で和睦が成立し、郡内が今川軍の侵攻を受ける危険性は低くなった(『勝山記』)。同十七年には、大井・今井氏が反乱を起こすが、信虎はこれを鎮圧して彼らと和睦している(『勝山記』『甲陽日記』)。信虎は、小山田・大井・今井といった有力な国衆を帰属させ、甲斐統一を図っていったのである。

そして永正十八年(大永元・一五二一)四月、信虎は朝廷に働きかけ、従五位下・左京大夫に叙せられた(「後柏原天皇日記」)。左京大夫については、丸島和洋氏が当時の守護・国衆が四大夫(左京大夫・右京大夫・修理大夫・大膳大夫)任官を望む風潮が生まれており、そうした中で信虎は自身の権力が先代までとは異なるものと認識し、官途を改めることで、それを明示的に明らかにしたのであろうと述べている[18]。丸島氏の指摘は極めて重要であり、武田氏が室町期の甲斐守護という立場から、自立した地域権力として発展していく時期が、まさに信虎が左京大夫に叙せられた時期に該当するということになろう。また、今回の任官は、朝廷側が信虎を、甲斐を治める者として認識したことを示している。家中の内訌や近隣の有力国衆との抗争を経て、朝廷から任官を受けたことにより、信虎の甲斐統一は国外にも知れわたることになったのである。

信虎の勢力が強まってきたことを受けてか、同年七月、穴山信風が今川氏に提出していた人質(八郎)が、甲斐へと帰還した。『勝山記』には、「当国屋形様ノ御意テ御帰候」とあり、信虎の命によって人質が甲斐へ戻されたことがわかる。穴山氏は、今川氏への帰属をやめ、信虎に従う意志を示したのである。

穴山氏の動向を知った今川氏親は、同年八月、重臣福嶋正成率いる部隊を穴山氏の本拠がある河内へと侵入させた。これに対し信虎も河内へ進軍し、今川方の富士氏に勝利したが、大島(山梨県身延町)で敗北したのを契機に、今川軍の甲斐侵入をさらに許してしまった。大井氏の本拠である富田城が今川軍によって落城したことを受け、懐妊していた信虎室の瑞雲院殿は要害山(同甲府市)へと避難しており、躑躅ケ崎館が緊迫した状況に置かれていた様子がうかがえる(『甲陽日記』)。

十月に入ると飯田(同)で戦闘となり、ここでようやく信虎は今川軍に勝利し、追撃戦に出た。十一月、上条河原(同甲斐市)にて武田・今川両軍は激突し、福嶋正成一門が討死し、今川軍は大敗を喫して駿河へ撤退した(『勝山記』『甲陽日記』)。今川軍を撃退したことにより、信虎は穴山氏を帰属させることに成功した。上条河原の合戦の際には、要害山に避難していた瑞雲院殿が男子（のちの信玄）を出産している（『甲陽日記』）。また、大永二年に信虎は身延山久遠寺と富士山を参詣し、河内と郡内を含む甲斐一国が信虎によって統一されたことを周辺勢力に知らしめた（『勝山記』）。こうして、武田氏は甲斐を本拠とする自立した地域権力として、さらに勢力を拡大していくのである。

ここで、武田氏と国衆間の婚姻について整理してみたい。先にも述べたように、信虎の正室は大井氏出身の瑞雲院殿であり、永正十二年に大井氏と和睦した際に婚姻した。[19] 信虎は、大井氏と同様に敵対関係にあった今井氏からも側室（西昌院殿）を迎えており、国衆は信虎に帰属した際、一族の女性を信虎と婚姻させることでその意志を示していたものと考えられる。一方、永正七年に小山田信有と和睦した際は、信虎が妹を信有に嫁がせている事例もあることから、[20] 信虎が国衆を帰属させるために一族の女性を嫁がせることもあった。信虎は、国衆に軍事的圧力をかけて降伏を促しつつ、国衆と婚姻関係を結ぶことで関係を強化し、甲斐統一を進めたのである。

帰属させた国衆の中でも、特に小山田・大井・穴山の三氏は信虎に重視されていたようで、天文年間には、室である信虎妹を亡くしていた小山田信有に大井信達女（瑞雲院殿の妹）、大井信為（信達の孫で瑞雲院殿の甥）には信虎女（亀御料人）、穴山信友にも信虎女（南松院殿）がそれぞれ嫁いでいる（『勝山記』『甲陽日記』等）。穴山信友と南松院殿の間には嫡子信君が生まれるが、信君室となったのは信玄女（見性院殿）であった。武田氏と婚姻関係を結んだ三氏は、国衆という立場にありながらも、一門に準ずる存在となったのである。小山田・穴山氏に関しては、拠点が相模と駿河にそれぞれ隣接していたことから、北条・今川両氏との外交において取次役を務めるなど、重要な役割を果たしていく。信虎は甲斐を統一する中で、国衆らと婚姻を結ぶことによって彼らを味方に取り込み、国外へと侵出していったのである。

三　武田氏の国外侵出

甲斐を統一した信虎であったが、敵対関係にあった今川氏や北条氏に対抗しうる体制を整える必要があった。そこで信虎が画策したのが、山内・扇ヶ谷両上杉氏との同盟である。かつては扇ヶ谷上杉氏が北条氏と組んで山内上杉氏と対抗していたが、やがて扇ヶ谷上杉氏と北条氏の関係が悪化したため、信虎が甲斐を統一した頃には両上杉氏は連携して北条氏に敵対していた。信虎はそこに着目したのである。

大永四年(一五二四)二月、北条氏綱の攻撃を受けた扇ヶ谷上杉朝興が援軍を要請してきたため、信虎は猿橋(山梨県大月市)に兵を集めると、相模奥三方(相模原市緑区)に進軍した。三月には山内上杉憲房と和睦するために武蔵秩父郡(埼玉県秩父市)に進軍してしばらく在陣すると、七月には北条方の岩付城(さいたま市岩槻区)を攻撃している。十月、形勢が不利になった北条氏が和睦を申し入れてきたため、信虎はこれに応じた(『勝山記』『甲陽日記』)。しかし、北条氏との対立はこの後も続き、同五年三月に信虎は津久井城(相模原市緑区)を攻撃したが落とすことができずに撤退している。同六年には籠坂峠を越えて梨ノ木平(静岡県小山町)に進軍し、北条方の軍勢を撃破した(『勝山記』)。以上のように山内・扇ヶ谷両上杉氏との同盟は、武田氏にとって北条氏との軍事衝突を助長させる結果となったのである。

北条氏との戦闘で苦戦した信虎は、大永七年に今川氏と和睦し、甲斐国内にその旨を早馬でもって告知した(『勝山記』)。今川氏との和睦が成立したことで武田氏は北条氏の戦闘に集中することが可能となるため、信虎は甲斐国内の分裂を防ぐためにもこのような告知をしたものと考えられる。今川氏では当主氏親が死去し、若年の子氏輝が家督を継いで、母である氏親室(中御門宣胤女、寿桂尼)が後見となっていた[21]。氏親を亡くした今川氏も、武田氏との戦闘を回避したい状況にあったのである。しかし、享禄二年（一五二九）には小山田氏が遠江の今川関係者と通じて離反しており（同）、依然として今川氏の動向には警戒せざるを得なかった。

大永七年六月、信虎は信濃前山城（長野県佐久市）の伴野貞慶から援軍を要請されたため、佐久郡に出陣した。しかし、伴野氏が敵対勢力と和睦してしまったため、七月には引き返している（『勝山記』）。この際の軍事行動が、武田氏の信濃侵出の足がかりとなっていく。

享禄元年八月には、信虎は大永五年より武田氏の庇護下にあった諏訪大社下社の金刺氏を復帰させるため、信濃諏訪郡に侵攻した。その際、武田軍は諏訪頼満・頼隆軍と境川（長野県富士見町）で戦闘に及び、敗北している（『勝山記』）。同四年になると、家臣の飯富・栗原・今井氏が諏訪氏と結んで離反したため、河原部（山梨県韮崎市）で武田・諏訪軍が激突した（同）。この合戦で信虎は勝利するが、諏訪氏との敵対は決定的なものとなり、厳しい状況に追い込まれていく。

そこで信虎は、扇ヶ谷上杉氏との同盟を強化すべく、婚姻を画策した。まず、享禄三年、山内上杉憲房の室（上杉朝昌女）が信虎に召し出され、天文二年（一五三三）には嫡男晴信（以下、信玄）と扇ヶ谷上杉朝興女を婚約させた（『勝山記』）。朝興女が信玄に嫁いだのは翌年のことであったが、『勝山記』には「此ノ年霜月当国ノ屋形源大良殿（信玄）上様河越ヨリ御越候て、一年御座候て、クワイニン（懐妊）被食死去メサレ候」とあり、彼女が嫁いだ一年後には懐妊の末に亡くなったことがわかる。

扇ヶ谷上杉氏との同盟強化は、朝興女の死去もあって成果が上がらず、逆に今川・北条両氏からの攻勢を活発化させる結果となり、武田氏の窮地は続いた。享禄三年四月、北条氏綱は甲斐へ侵攻し、矢坪坂（山梨県上野原市）で小山田勢を破った（『勝山記』）。天文三年には、今川・北条両軍が甲斐へ侵攻しており（『年代記』）、信虎の外交が武田氏に危機的状況を招いたことがわかる。

天文四年四月、武田・今川両軍は万沢（山梨県南部町）で戦闘に及んだ。万沢での戦闘は、武田氏が今川軍の甲斐侵入を許したことを示しており、信虎はまたしても今川軍に苦戦を強いられたのである。これに対し、北条氏綱が今川軍の支援を目的として山中（同山中湖村）まで進軍してきたため、小山田勢が迎撃した。しかし、小山田勢が大敗を喫したため、北条軍は吉田（同富士吉田市）まで進軍し、周辺をことごとく放火した（『勝山記』）。武田氏は今川・北条両氏に挟撃され、窮地に立たされたのである。

ところが翌年、今川氏輝が死去したことにより、武田氏は難を逃れた。氏輝の死後、後継者をめぐって二人の弟が敵対し、駿河が戦乱状態になったのである。この花蔵の乱と呼ばれる今川家の内訌は、武田氏にも大きな影響を与えることになる。今川氏から幾度も軍事介入を受けた武田氏は、花蔵の乱を契機に、今川氏へ接近するのである。

四　花蔵の乱と武田氏

天文五年（一五三六）三月、駿河の今川氏輝と弟彦五郎が没した。『甲陽日記』には「十七日今川氏照・同彦五郎同時ニ死ぬス」と記されているが、『勝山記』は死去した日を四月十日としている。死去した日付が若干異なるものの、氏輝と彦五郎が同日に亡くなったのは事実であろう。

二人の死から二ヶ月が経過した同年五月、氏輝の後継をめぐって、弟である梅岳承芳（のちの義元）と玄広恵探（母が福嶋氏）が対立し、花蔵の乱が勃発した[22]。両者が対立するまでの過程については先行研究で明らかにされているので、ここでは花蔵の乱と武田氏との関連について検討していくこととする。

まず、花蔵の乱の経緯について、『勝山記』の記述をもとに確認していきたい。『勝山記』には、「去程ニ其ノ年《天文五年》ノ六月八日花蔵殿《恵探》、福嶋一門皆ナ相模ノ氏綱ノ人数カセメコロシ被申候、去程善得寺殿《義元》屋形ニナヲリ被食候」とあり、玄広恵探と恵探に味方した福嶋氏が北条氏綱の軍勢によって討死し、義元が駿府館に入ったことがわかる。北条軍が恵探らを滅ぼしたことから、北条氏綱が義元方に味方したことが推察される。こうして義元は還俗し、家督を継いだのである。

同年七月になると、義元の斡旋によって三条公頼女（円光院殿、三条夫人）が武田信玄のもとに嫁いでおり（『甲陽軍鑑』）、武田・今川間の関係が急速に親密化していた様子がうかがえる。そして、天文六年二月には、義元のもとに信虎女（定恵院殿）が輿入れしている（『勝山記』）。長年にわたって敵対関係にあった武田・今川両氏は正式に和睦し、婚姻関係を結ぶことで同盟を成立させたのである。こうした動きに対し、警戒心を強めたのが北条氏綱であった。この経緯について『勝山記』には次のように記されている。

〔史料1〕『勝山記』（天文六年）

此年弐月十日当国ノ屋形様《武田信虎》ノ御息女様駿河ノ屋形様《今川義元》ノ御上ニナヲリ被食候、去程ニ相模ノ氏縄《北条氏綱》色々ノサマタケヲ被食候へ共、成リ不申候て、ツイニハ弓矢ニ成候て、駿河国ヲキツ《興津》マテ焼キ被食候、去程ニ武田殿《信虎》モ須走リ口へ御馬ヲ出シ被食候、

この記述で注目したいのが、定恵院殿が義元に嫁いだことに対する氏綱の動向である。「色々ノサマタケヲ被食候」とあるように、氏綱は義元に対して武田氏と友好関係を結ばないよう妨害活動をしていた様子がうかがえる。そして、今川・北条間で抗争が起き、北条軍が駿河興津（静岡市清水区）で火を放ったため、武田軍は須走口（静岡県小山町）まで進軍したという。このことから、花蔵の乱後、武田・今川両氏が和睦し、北条氏と敵対していたことがわかる。河東

一乱と呼ばれる一連の軍事衝突については、次節にてふれることとする。

今川・北条間の外交関係は、義忠・宗瑞が当主であった頃から良好であった。また、花蔵の乱が起きる前、今川氏親女（瑞渓院殿）が北条氏康に嫁いでいたため、[23]婚姻関係もあった。瑞渓院殿の母は、義元と同じく寿桂尼である。

一方、武田氏は明応年間より今川・北条両氏から幾度も軍事介入を受けており、さらに両氏は信虎の父信縄と対立していた勢力に味方していたため、信虎とは長年にわたり敵対していた。そして、関東で北条氏と敵対していた扇ヶ谷上杉氏と武田氏は同盟関係にあった（『勝山記』）。そのため、北条氏からすれば、今川氏が武田氏と同盟を結ぶことは都合が悪かった。それを回避するため、氏綱は両氏の婚姻に対し、妨害活動を行ったのであろう。また、氏綱からすれば子氏康の正室が瑞渓院殿であり、義元と同母兄弟であったことも、干渉を行う上での口実となりうる要素であったと想定される。

花蔵の乱後の甲駿同盟の成立と今川・北条間の対立に関しては、先行研究において多くの議論がなされてきた。小和田哲男氏は、今川氏輝と彦五郎が同日に亡くなっている件や、『甲陽軍鑑』にみられる武田信玄と三条公頼女の婚姻が今川義元の斡旋によって成立した点から、義元の家督交代と親武田への転換は、義元の側近である太原崇孚（雪斎）と信虎が密かに結んで起こした「演出」だとしている。[24]前田利久氏は、北条氏はかつて伊勢宗瑞が領有していた富士・駿東郡域の回復を意図して義元に軍事的支援を行ったため、その北条氏の軍事行動が「過剰な行動」として義元に受け止められたのではないかとしている。[25]久保田昌希氏は前田氏の説を支持するとともに、北条氏の軍事行動で義元の家督継承が決定的になったことで、義元の対北条関係おける政治的位置の低下が懸念され、親武田氏へと外交転換をしたのではないかと述べている。[26]一方で有光友學氏は、北条氏による義元側への支援があったかどうか再検討する必要があるとし、花蔵の乱に対する北条氏の軍事介入が、今川氏が武田氏と同盟を結んだ直接的な要因となったわけではないと主張している。[27]

前田氏と久保田氏が指摘する北条氏の「過剰な行動」の論拠は、『勝山記』にみられる「花蔵殿、福嶋一門皆ナ相模ノ氏綱ノ人数カセメコロシ被申候」という北条氏の軍事行動や、史料1に見られる「サマタケ」である。北条軍が駿東郡まで進軍して恵探と福嶋氏を滅ぼした点を考慮すると、義元が自力で家中の内訌を解決する前に北条氏の介入を許した、あるいは義元が北条氏の支援を必要とした、ということになろう。義元からみれば、北条氏は母を同じにする妹瑞渓院殿の嫁ぎ先であるため、北条氏に協力を求めてもおかしくはない。ところが、花蔵の乱後、義元は北条氏と敵対する武田氏との同盟を選択したのである。この義元の選択は、『勝山記』にみられる北条氏の軍事行動と「サマタケ」に起因すると考えられる。

その点をふまえて史料1の「サマタケ」について考えてみたい。甲駿同盟が成立するにあたり、氏綱による「サマタケ」が起きていた。つまり、北条氏が今川氏に政治的干渉を行ったことが、今川・北条間の対立につながったということになる。これは、北条氏の軍事介入によって花蔵の乱に勝利して家督を継いだ義元が、その後も北条氏から干渉を受けたことで、危機感を抱いたということになろう。この点について久保田氏は、義元の家督継承が北条氏の軍事介入によって決定的になり、義元が対北条関係での政治的位置の低下を危惧したため、外交転換を行ったと述べている。久保田氏の説に付言するならば、義元が北条氏の軍事介入に危機感を抱いた可能性を指摘することができよう。義元にとって妹の嫁ぎ先である北条氏は、本来同盟関係にあるべき間柄である。しかし、義元が北条氏と断絶して武田氏と同盟したということは、北条氏が義元の信頼を失う行動に出たことを意味している。おそらく義元は、北条氏の軍事支援を受けたものの、そのことによって北条氏から恩を受けた形となり、家督を継いだ後に過剰な干渉を受ける可能性を懸念したのであろう。「サマタケ」と表現されるほど、北条氏の行動は今川氏を乗っとりかねないものであったと考えられる。こうした北条氏からの介入を退けるために、義元は武田氏との同盟を画策し、信虎女の定恵院殿を正室に迎えることにしたものと考えられる。

では、一方で信虎はどのような意図で定恵院殿を義元に嫁がせたのであろうか。先で述べたとおり、武田氏は長年にわたり今川・北条両氏の軍事介入を受けており、特に今川軍の攻勢にはたびたび苦しめられてきた。たとえ一時的に和睦が成立したとしても合戦は繰り返され、両氏の敵対関係は解消されることはなかった。今川氏は信虎にとって最大の障害であり、克服すべき国外勢力であった。そこで信虎は、花蔵の乱に乗じ、義元に接近することで、今川氏と正式な同盟を成立させようとしたのではないだろうか。花蔵の乱は、武田氏にとって今川氏との外交関係を好転させる絶好の機会であり、同盟相手である扇ヶ谷上杉氏と敵対している北条氏に対抗するためにも、今川氏との同盟は不可欠だったものと考えられる。

以上、花蔵の乱について私見を述べてきた。花蔵の乱が起きたことで今川家中は分裂し、他大名からの介入を受けざるを得ない危機的状況に置かれていた。これは、明応年間に内訌状態だった武田氏と同様の状況であったが、今川氏の場合、北条氏との婚姻および同盟が、逆に内訌への介入を許す要因となってしまった。そして、このことが家督を継いだ義元に多大な危機感を抱かせたのである。義元は北条氏からの介入を回避し、今川家当主としての地位を確立させなければならず、そのために新たな方針を打ち出す必要があった。それが、武田氏との同盟締結、定恵院殿を正室に迎えることだったのである。そして、信虎も度重なる合戦により、今川氏と正式な和睦を成立させたいと考えていた。義元と定恵院殿の婚姻は、まさに武田・今川双方の思惑が合致した末に行われたものだったのである。

花蔵の乱後、武田・今川氏と北条氏は、富士川の東側地域（河東地域）にて抗争を続けた。これが、河東一乱であり、第一次（天文六年二月〜同八年七月）と第二次（天文十四年七〜十一月）に大別される[28]。

五　信虎の駿河追放と河東一乱

天文六年（一五三七）二月から始まった河東一乱は、花蔵の乱の翌年に起きた抗争である（史料1）。北条軍がまず興津まで進軍すると、対する武田軍は須走口まで進軍し、互いに牽制した。両軍のにらみ合いは翌七年に入っても続き、『勝山記』には「此年マテモ甲州ト相州ノ取合不止」とある。しかし、同年中に和談が成立し、第一次河東一乱は終結をみた。『勝山記』の記述には今川軍の出陣に関してはふれられていないため、第一次河東一乱は、武田氏と北条氏の抗争が中心であったと考えられる。第一次河東一乱を経て武田・北条間の対立は深まったようで、『勝山記』天文八年の条に「此ノ年モ未タ両国ノ取相不止」とあることから、和談以降も小競り合いがあったようである。その後は目立った戦闘はなかったようであるが、緊張状態は続いていたと思われる。

そのような中、天文十年六月、武田家中で大きな動きがあった。信濃小県郡への出陣から帰還した信虎が、今川義元を訪問すべく駿河へ出発したところ、信玄が河内に軍を派遣して甲駿国境を封鎖し、信虎を追放したのである。『甲陽日記』には、「六月小丙辰、十四日己巳信虎公甲府御出立、駿府へ御越、至今年無御帰国候、於甲府十六日各存候」とあり、信虎が甲府（山梨県甲府市）を出立したのが十四日であったにもかかわらず、日記を記した駒井政武ら家臣たちがそのことを知ったのは二日後の十六日のことであったことがわかる。この点について平山優氏は、家臣たちの中で信虎の今川氏訪問を知っていた者とそうでない者がおり、駒井は後者に該当し、信虎から信玄に近い人物として警戒されていた可能性を指摘している。[29]また平山氏は、信虎時代に奉行衆といった家政機構の整備が進んだ一方で、彼らが信虎の意向、とりわけ親今川路線に抵抗していた点を指摘し、甲駿同盟が成立したことで、武田家中に強い軋轢が生じていたと指摘している。また、信虎は今川・北条両氏から介入を受けながらも信濃へ出陣して諏訪氏と対立を続けており、こうした強攻策が家臣との対立や領国の疲弊を招いたと考えられる。そして、天文十年に大飢饉が起きたことも重なり、信虎は駿河へと追放されたのである[30](『勝山記』)。

しかし、信虎追放後も信玄は今川氏との友好関係を維持し、北条氏とは和睦していないことから、基本的には信虎時代の外交を維持していく方針であったものとみられる。甲駿同盟を継続した信玄は、天文十一年七月に諏訪頼重を滅ぼし、信濃諏訪郡へ勢力を拡大していった(『勝山記』『甲陽日記』)。頼重には天文九年に信虎女の禰々御料人が嫁いでいたが(『勝山記』)、家督を継いだ信玄が路線を変更し、頼重を攻撃したのである。したがって、信玄が甲駿同盟を継続したのは、信濃侵攻を円滑に行うためであったと推察される。

信玄が武田家当主となった翌七月、相模の北条氏綱が死去し、子氏康が家督を継いだ(『勝山記』)。花蔵の乱後に義元が今川家当主となってから五年後、武田・北条氏でも代替わりが起きたのである。

その後、河東地域での軍事衝突はしばらく見られず、天文十四年四月になると、聖護院門跡道増が将軍足利義晴の内意を受けて今川・北条間の和睦を斡旋すべく、甲府に到着した(『勝山記』『為和集』)。この点について秋山敬氏は、後奈良天皇が書写した般若心経を六十六国すべての一宮に奉納することを立願しており、道増が和睦斡旋のために東国へ下向する予定であったため、甲斐と伊豆の一宮への伝達を割り振られたのではないかとしている。[31]天文八年以降、今川・北条間の戦闘は起きていなかったが、講和は行われておらず、和睦が成立していない状況であった。そのような中、将軍義晴による和睦斡旋が行われることとなり、武田氏が和睦仲介を担ったのである。

しかし、八月になると、今川義元が富士郡吉原（静岡県富士市）へ出陣したことを契機に北条軍と合戦となり、第二次河東一乱が勃発した。今川・北条間の関係が悪化する中、両氏の仲介に乗り出したのが武田氏であった。武田氏にとってこの仲介役は、将軍の期待に応え、今川・北条両氏への影響力を高める絶好の機会となった。『勝山記』には次の記述がある。

〔史料2〕『勝山記』（天文十四年）

此年八月ヨリ駿河ノ義元《(今川)》吉原へ取懸被食候、去程ニ相模屋形《(北条氏康)》吉原ニ守リ被食候、武田晴信《(信玄)》様御馬ヲ吉原へ出シ被食候、去程ニ相模屋形モ大義思食候而、三島へツホミ被食候、諏方ノ森ヲ全ニ御モチ候、武田殿御アツカイニテ和談被成候、去程ニ駿河分国ヲハ取返シ被食候、

八月に義元は吉原（静岡県富士市）へ出陣したと記してあるが、それ以前に北条氏康が吉原で防備を固めていた様子がわかる。そこへ、信玄が仲介のために出陣したのである。信玄の動向を受け、氏康は「大義」を思い、三島（静岡県三島市）へ軍を引いた。文中の「大義」とは、武田氏による仲介が将軍の意向を受けたものである点を示していると思われ、氏康はその点を考慮したのであろう。その後、信玄の仲介によって今川・北条間の和談が成立し、北条氏が河東地域から撤退したことで、今川氏は同地域を奪還したのである。和談の内容については、『甲陽日記』に詳細が記載されているので、その箇所を次に掲げる。

〔史料3〕『甲陽日記』（天文十四年）

十月朔日辛卯、十五日従巳刻半途へ出、板垣《(信方)》・向山《(虎継)》・高白《(政武)》三人連判、氏康《(北条)》陳《(陣)》所桑原方へ越、戌刻帰ル、廿日長窪ノ城見分ニ行、御宿生害、廿四日節、官領・義元《(今川)》・氏康三方輪ノ誓句参候、此義ニ付高白三度雪斎《(太原崇孚)》陣所へ行、廿二日互ニ矢留、廿八日箕輪次郎《(藤沢頼親)》帰陣、廿九日於朝佐陳所談合、境目城ヲ捕立、非分ニ氏康被懸取候ナリ、既ニ義

元落着ノ義ヒルカエラレ候者、晴信則可入馬之事、此間之落着ヲヒルカエシ難タヒ承ナリ、氏康ヲ捨義元へ同意可申事、右此三ヶ条合点申候由、朝佐・雪斎判形ヲスヱ、板垣ト高白へ給リ候間罷帰、戌刻上ル、十一月大、朔日庚申長窪、六日乙丑敵出城、八日義元・晴信互ニ大事ノ義ハ自筆ヲ以可申合ト被仰合、翌九日互ニ自筆御請取渡候ナリ、

十月十五日、武田家臣板垣信方・向山虎継・駒井高白斎（政武）の三名が連判状を携え、氏康陣所の桑原盛正のもとへ赴いた。桑原は北条方の交渉役であろう。二十日、三名は長久保城（静岡県長泉町）へ見分に向かい、城主の御宿氏が自害したのを見届けている。この点について秋山敬氏は、御宿氏の自害は不測の事態だったのではないかとしている(32)。二十二日に停戦となったあと、二十四日、関東管領上杉憲政・今川義元・北条氏康からそれぞれ誓句が届き、駒井が太原崇孚（雪斎）のもとを三度訪れている。この時の和談は、今川・北条間だけでなく北条・上杉間の停戦も含まれていたのである。

しかし、二十九日になると、停戦をめぐっての問題が明るみになった。今川・北条領国の境目の城を、氏康が占拠した状態だったのである。これに対し義元が停戦の話をひるがえす意向を示した場合、信玄はすぐさま出陣すると忠告した。そして、停戦が覆って難儀な状況になった際は、信玄は氏康を捨てて義元に味方すると主張した。これに対し、「朝佐(33)」と太原は判形を据えて文書を板垣と駒井に提出したという。長久保城が開城となったのは十一月六日のことであった。八日には義元と信玄の間で、互いに大事の時は自筆の文書で交渉を行うことを申し合わせ、九日に自筆文書が渡された。これにて、今川・北条間の停戦が成立したのである。『勝山記』の記述を見る限りでは、武田氏は仲介を行っていたものの、今川氏と同盟関係あったことから、中立的な立場というよりは今川氏側に近い立場を取っていた様子がうかがえる。これは、甲駿同盟が大きく影響している結果であろう。それでも北条氏が停戦に応じた

背景には、将軍による和睦斡旋があったのである。

以上のように、武田・北条・今川の三氏が一時的に停戦をしたことで、北条氏は河東地域を放棄した。これにより、今川氏は河東地域を回復したが、その他の富士郡や駿東郡に関してはいまだ北条氏の占領下にあり、軍事衝突が起きる可能性は残っていた。しかし、北条氏は関東での戦闘に重点を置き、天文十五年には河越合戦にて扇ヶ谷上杉氏を滅亡させ、さらに下総にも出陣していたため、今川氏と戦闘に及ぶことはなかった。

こうして、武田氏が仲介となって今川・北条間の停戦が成立したことにより、三氏は外交上で相互的な接点を得た。これが、のちに甲相駿三国同盟の成立へと発展していくのである。

おわりに

武田信虎が家督を相続した際、武田家は内訌状態にあるだけでなく、今川・北条氏といった対外勢力からの軍事介入を受け、甲斐は戦乱状態にあった。また、周辺の有力国衆もまた信虎に反抗することが多く、信虎は彼らを味方にすべく積極的に軍事行動を起こすとともに、対外勢力と交戦することでも彼らの支持を集めようとした。国衆を帰属させることで、信虎は武田家当主としての地位を確立しようとしたのである。そして、小山田・大井・穴山といった有力な国衆と婚姻を結ぶことで関係を強化し、甲斐国内の統一を目指したのである。

甲斐を統一した後の信虎は、信濃への侵攻を開始して諏訪氏を攻撃するとともに、扇ヶ谷上杉氏と同盟し、今川・北条両氏との対外戦争を繰り返した。信虎は、家督相続以来より敵対関係にある両氏と和睦することはせず、今川氏との和睦は、天文五年（一五三六）の花蔵の乱まで待たねばならなかった。『甲陽軍鑑』にみられる、信虎が合戦を続けたことにより甲斐が疲弊し、領民の不満が高まっていたという記述は、こうした信虎の対外戦争の展開に基づくものであると考えられる。

しかし、甲斐を統一したとはいえ、信虎はまたいつ国衆が寝返るかわからない状況に置かれていた。そのような国衆を帰属させるためには、今川・北条氏といった有力な対外勢力に対抗しうる権力を示す必要があったのである。信虎が頻繁に軍事行動を起こした背景には、そういった内情も含まれていたのではないだろうか。とは言え、対外戦争の繰り返しには限界がある。それ故に信虎は駿河へと追放されたのであり、信虎を追放した信玄は、この課題を克服せねばならず、河東一乱での和睦仲介はその足がかりとなり、のちに三国同盟(34)の成立へと発展していくのである。

また、信虎期の武田氏の動向で着目しなければならないのが、内訌である。信虎が家督を相続する前より武田氏は内訌状態にあり、それが対外勢力の軍事介入の機会を生み出していた。そして、対外勢力が介入したことにより、周辺の国衆らが対外勢力に寝返る事態も頻発した。内訌は単なる家督争いにとどまらない、対外勢力に滅ぼされかねない危機的状況であったのである。それは、今川家の内訌である花蔵の乱でも同様であった。ただし、花蔵の乱は武田氏にとって、今川氏と和睦する絶好の機会となった。以上のように、内訌はその家中の問題のみならず、周辺勢力へも多大な影響を及ぼす問題でもあったと言える。

天文二十三年に三国同盟が成立して以降、武田氏は信濃・飛驒・東美濃・西上野と勢力を拡大し、その外交範囲を飛躍的に広めていく。外交範囲が広域にわたる要因は、言うまでもなく領国の拡大であるが、領国拡大のためには、本国である甲斐が統一された状況にあることが必須であった。帰属させた国衆の離反を防ぐためにも、武田氏は領国を拡大し、対外勢力との戦いに勝利する必要があったのである。

註

（1）柴辻俊六編『武田信虎のすべて』（新人物往来社、二〇〇七年）。
（2）『山梨県史』通史編2中世（二〇〇七年）。
（3）柴辻俊六「武田信虎の領国支配」（同『戦国大名領の研究―甲斐大名武田氏領の展開―』、名著出版、一九八一年。初出一九七四年）。
（4）秋山正典「明応～永正期の甲斐武田氏における内訌」（『武田氏研究』三四、二〇〇六年）、同「武田信虎の家督相続」（前掲『武田信虎のすべて』）。
（5）秋山敬「武田信虎の生年について」（『武田氏研究』三五、二〇〇六年）。
（6）大木丈夫「武田信虎の神社政策と在地支配」（『武田氏研究』三六、二〇〇七年）。
（7）丸島和洋「武田信虎の外交政策」（前掲『武田信虎のすべて』）。
（8）平野明夫「武田信虎と今川氏」（前掲『武田信虎のすべて』）。
（9）黒田基樹「武田信虎と北条氏」（前掲『武田信虎のすべて』）。
（10）『勝山記』、『塩山向嶽禅庵小年代記』（以下、年代記）、『王代記』、『甲陽日記』（高白斎記）の記述は、『山梨県史』資料編6中世3上　県内記録（二〇〇一年）に拠る。
（11）前掲註（2）、平野　前掲註（8）。また、国衆穴山氏に関しては、平山優『穴山武田氏』（戎光祥出版、二〇一一年）を参照。
（12）武田氏研究会編『武田氏年表　信虎・信玄・勝頼』（高志書院、二〇一〇年）、秋山敬執筆分。
（13）前掲註（2）黒田執筆分。

(14)　家永遵嗣「堀越公方府滅亡の再検討」(『戦国史研究』二七、一九九四年)。
(15)　黒田　前掲註(9)。
(16)　丸島　前掲註(7)。国衆小山田氏に関しては、丸島和洋『中世武士選書19　郡内小山田氏―武田二十四将の系譜―』(戎光祥出版、二〇一三年)を参照。
(17)　前掲註(2)黒田執筆分。
(18)　丸島　前掲註(7)。
(19)　『戦国人名辞典』(吉川弘文館、二〇〇六年)。瑞雲院殿・西昌院殿・見性院殿は秋山敬氏、南松院殿は平山優執筆分。
(20)　「武田信虎家臣団事典」(前掲『武田信虎のすべて』)。大井氏・小山田氏は黒田基樹氏、穴山氏は平山優執筆分。
(21)　寿桂尼については、久保田昌希「今川氏親室中御門氏(寿桂尼)の生涯」(同『戦国大名今川氏と領国支配』、吉川弘文館、二〇〇五年。初出一九九七年)を参照。
(22)　花蔵の乱に関する論考として、小和田哲男「今川・武田両氏間の同盟・非同盟」(同『小和田哲男著作集第一巻　今川氏の研究』、清文堂出版、二〇〇〇年。初出一九八九年)、前田利久「〝花蔵の乱〟の再評価」(『地方史静岡』一九、一九九一年)、平野明夫「今川義元の家督相続」(『戦国史研究』二四、一九九二年)、久保田昌希「今川氏と北条氏―駿甲相同盟の政治的前提―」(同『戦国大名今川氏と領国支配』、吉川弘文館、二〇〇五年。初出二〇〇一年)等があるほか、有光友學『人物叢書　今川義元』(吉川弘文館、二〇〇八年)でも取り上げられている。
(23)　北条氏康と瑞渓院殿の婚姻は、天文四年と推定されている(下山治久『後北条氏家臣団』、東京堂出版、二〇〇六年)。瑞渓院殿は、天正十八年六月、豊臣秀吉の小田原征伐の際に死去しており、自害の可能性があると指摘されている(黒田基樹『北条早雲とその一族』、新人物往来社、二〇〇七年)。

(24)　柴辻　前掲註(3)。
(25)　前田　前掲註(22)。
(26)　秋山　前掲註(5)。
(27)　有光　前掲註(22)。
(28)　河東一乱に関する論考として、註(3)・(5)、大久保俊昭「「河東一乱」をめぐって」(同『戦国期今川氏の領域と支配』、岩田書院、二〇〇八年。初出一九八一年)、黒田基樹「駿河葛山氏と北条氏」(同『戦国大名領国の支配構造』、岩田書院、一九九七年)がある。大久保氏が、河東一乱が北条氏による旧領回復を目的とした軍事行動であると評価した一方、黒田氏は河東地域が北条氏の旧領であった根拠が見当たらないとし、大久保説に疑問を呈している。
(29)　平山優「武田信虎追放の背景」(前掲『武田信虎のすべて』)。
(30)　追放された信虎は、弘治年間に上洛し、山科言継らと交流している。武田領国へ帰還したのは天正二年(一五七四)のことで、同年に高遠城で死去している。詳細は、丸島和洋「甲斐国追放後の武田信虎」(前掲『武田信虎のすべて』)を参照。
(31)　前掲註(12)。
(32)　前掲註(12)。
(33)　久保田昌希氏は註(22)において「朝佐」の検討を行っており、今川家臣朝比奈氏の可能性を示唆しながらも、北条家臣の朝倉氏(伊豆衆)ではないかとしている。一方、秋山敬氏は註(12)において、「朝佐」を朝比奈氏に比定している。「朝佐」の陣所で話し合われている内容は、北条氏の動向に不満を持つ今川氏を武田氏が諭すというものであり、今川・武田間の談合であると捉えられる。そこで「朝佐」と雪斎が判形を据えて文書を提出したとあるので、ここでの

「朝佐」は朝比奈氏であろう。

(34)　三国同盟は、天文二十一年に今川義元女(嶺松院殿)が武田信玄の子義信に、同二十二年に信玄女(黄梅院殿)が北条氏康の子氏政に、同二十三年に氏康女(早川殿、蔵春院殿)が義元の子氏真に嫁いだことで成立を見た。この経緯に関しては『勝山記』や『甲陽日記』に詳しい。

第二章　武田氏と石山本願寺

はじめに

戦国大名武田氏と石山本願寺(以下、本願寺)は、武田信虎と証如(光教)の間で音信が交わされていたほか(「証如上人書札案」戦武四〇一一、『天文日記』等)、信玄・顕如の正室が三条公頼を父に持つ姉妹であることや(『天文日記』『甲陽軍鑑』等)、永禄年間に入って両者が軍事的に連携するなど、友好的な関係を築いてきた。[1]

武田氏と本願寺の関係を検討した研究として、佐藤八郎氏の論考が挙げられる。[2]佐藤氏は、武田氏と甲斐国における一向宗勢力の関係を武田信重から信虎・信玄・勝頼の代に大別して検討を行い、信玄・勝頼と本願寺顕如の外交の推移について明らかにしている。その中で佐藤氏は、武田信玄は戦国大名のうちで一向宗対策が最も寛容かつ友好的であり、積極的に一向宗を自己の政策実現に利用して大きな成功をおさめたと評価している。

また、佐藤氏の成果を受けて、北条氏を事例として東国の戦国大名と一向宗および本願寺との関係について検討を行ったのが水谷安昌氏である。[3]水谷氏は、北条領国における一向宗勢力が北条氏の対外的戦略によってその立場が変動していたと指摘している。また、北条氏は初代伊勢宗瑞の代より一向宗を禁じていたが、永禄年間頃よりその規制が緩和されており、その背景として本願寺と友好関係にあった武田氏と北条氏の同盟(甲相同盟)が影響していたと述べている。

一方で、本願寺の外交姿勢を論じた研究として、神田千里氏の論考がある。[4] 神田氏は、本願寺が天文五年(一五三六)以降から諸大名の行う武力抗争や幕府の軍事行動に対して原則的に不介入の立場を堅持するとともに、諸大名からの門徒動員にも応じないという、戦闘回避・中立の原則に基づいた外交を展開していたと指摘し、この原則が元亀・天正年間に起きた石山合戦を契機に新たな転換点を迎えると述べている。さらに石山合戦については、信長と本願寺との合戦を全体的な政治状況や諸階層の利害を含めた社会的関係の中で検討を行うべきとし、幕府や将軍の動向も含め、石山合戦を段階的に分けて検討している。

さらに、本願寺の外交を扱った研究として山田康弘氏の論考が挙げられる。[5] 山田氏は幕府・将軍や畿内の政治情勢をふまえた上で本願寺の外交を検討しており、本願寺が外交的孤立の回避や各地の門徒衆の保護を達成するために諸大名と等距離の関係を維持していたこと、その中で将軍や自立志向の強い加賀門徒衆との関係にも配慮していたと指摘している。

この他にも、一向一揆が置かれた政治情勢やそれに対応する本願寺の動向について論じた研究として、金龍静氏の成果がある。[6] 金龍氏は、越中一向一揆について検討し、本願寺が武田・上杉間の抗争に巻き込まれたと述べており、地方で展開していた一向一揆が大名間の戦争に関わることで、本願寺と諸大名の外交関係が変化したとしている。

近年では、長篠合戦後の織田信長と本願寺の動向を整理し、同合戦と石山合戦との関連について指摘をした金子拓氏の論考がある。[7]

以上のように、本願寺の動向および外交に関する論考は多数存在するが、現時点において武田・本願寺間の外交関係に焦点をあてた研究は、佐藤八郎氏の論考のみにとどまると言える。また、佐藤氏は元亀年間における信玄の徳川領国（遠江・三河）侵攻を西上作戦と位置づけて論を展開されているが、二〇〇〇年代に入って信玄の軍事行動に関する新たな見解が示されていることから、それらの研究成果をふまえた上で改めて検討を行う必要があろう。

本章では、武田・本願寺間の外交関係の推移を整理しながら、武田・織田間の対立の過程を改めて重点的に検討していくこととしたい。また、その中で将軍義昭と諸大名・勢力との外交関係についても検討を加えていく。

一　武田・長尾間の抗争と本願寺

先にも述べたように、武田・本願寺間の交流は信虎・証如の代から確認でき、信玄・顕如も正室を通じて友好的な関係にあった。やがて、武田・本願寺間の関係は軍事同盟へと発展するが、まずその過程について論じていくこととしたい。

武田・本願寺が軍事協力する契機となったのが、天文二十二年（一五五三）から始まった武田氏と越後長尾氏（のち上杉氏）との対立である。同年四月、武田軍が北信濃の村上義清への攻撃を開始し、義清が越後の長尾氏のもとへ逃亡すると、八月には長尾景虎が軍勢を率いて信越国境を越え、第一次川中島合戦へと発展した(8)。

永禄三年（一五六〇）二月、長尾景虎は越中に出陣し、神保長職の富山城（富山県富山市）を攻撃した。これは神保氏と対立している椎名氏が、長尾氏挟撃を目的とした武田・神保間の密約の情報を察知し、長尾氏に伝達したことによって行われた軍事行動である。長尾軍の侵攻を受けて神保氏は増山城（同砺波市）へ敗走し、景虎は四月に越後へ帰還した（「福王寺文書」上越二〇五）。この件に対し平山優氏は、武田氏による策謀を未然に防いだことによって長尾氏は越後の防衛に成功したと述べている(9)。

そして同年十月、信玄は北条氏と協力して越後の長尾景虎と対抗するにあたり、越中一向一揆との連携を画策した。

〔史料1〕武田信玄書状写（「富山県仏厳寺文書」戦武七一三）

大坂（本願寺）へ遣候当方之使者、近日其国へ下着之由、先度飛脚来候条越山候、仍長尾上野（景虎）乱入、自茲、北条氏康申合、既令進陣候間、不得退候、如只今者、景虎（長尾）滅亡必然候、幸御門跡（顕如）之御下知之旨、近年申談、節目、御門徒中有相談、此時神保同意、向于越後、被動干戈候様ニ馳走尤肝要候、猶可有山田口上候、恐々謹言、

（永禄三年）十月十七日　　信玄（武田）（花押影）

上田藤左衛門殿

宛所の上田氏は、越中一向一揆の拠点となっていた瑞泉寺（同南砺市）の僧侍頭である。[10] 冒頭の文言から、武田氏が大坂の本願寺に使者を派遣し、その使者が近日中に越中にやってくる予定であったことがわかる。信玄は、長尾氏に対抗するために越中一向一揆を支援し、その布石として本願寺に協力を求めていたのである。さらに、武田・北条両氏が同盟関係にあることや、越中の神保氏が本願寺に同意し、上田氏が長尾氏に敵対することが肝要であるとも述べている。当時、神保氏は長尾氏の仲介によって、越中で対立していた椎名氏と和睦したものの、武田氏と結んで長尾氏に敵対するようになっていた。[11] この史料は、こうした背景のもとに交わされた書状であり、武田氏・本願寺・神保氏・越中一向一揆が連携して長尾氏に対抗していたことが確認される。

次に、武田・本願寺間の交渉の様子がうかがえるのが永禄八年である。顕如は武田氏との同盟関係を再確認するとともに、上杉氏への敵対についても言及している。

〔史料2〕本願寺顕如条書案（龍谷大学所蔵「顕如上人御書札案留」戦武四〇三二）

「鳥子」条々「鳥子」「此御札ニ御判形可給之由望ニテ候つれとも・上野法橋（下間頼充）状有之上ハトノ御理也」

一、対信玄（武田）自今以後別而可令入魂事、
一、長尾輝虎以如何様之題目懇望候共、尽未来不可相通事、
一、越中表之備、信玄申合可成下知事、

已上

三月廿七日（永禄八年）　　　　光―（佐（花押））

徳栄軒（武田信玄）

内容を確認すると、本願寺が信玄と今後も入魂の間柄であること、上杉輝虎（史料上では長尾）がどのような題目をもって本願寺と和睦しようともこれに応じることはないこと、越中の守備については信玄と申し合わせて下知を出すこと、の三点である。ここでも越中での共同作戦について言及していることから、両氏の連携が越中における対上杉戦を想定していたことが確認できる。

この史料から山田康弘氏は、外交上で中立的立場をとっていた本願寺が政策を変更して武田氏と同盟したと評価している。[12]山田氏は、本願寺が天文元年の山科御堂焼き討ち事件以降、外交上の孤立を回避するために友好・中立を基軸とする対大名外交政策を維持しながら足利将軍や加賀門徒衆との関係に配慮していたと述べており、こうした本願寺の政策転換の一例として、この顕如書状案を提示している。山田氏が主張するように、友好・中立を基軸とする対大名外交政策を本願寺がとっていた点に異論はない。しかし、永禄三年段階ですでに武田・本願寺が軍事協力を行う関係へと発展していることを考慮すれば、本願寺の政策転換は永禄八年ではなく同三年から起きていたと捉える方が良いであろう。また、金龍静氏は、本願寺が上杉・武田間の抗争に巻き込まれたと述べている。[13]越中の情勢を考慮すれば、本願寺にとって上杉氏は大変な脅威であり、越中一向一揆を守るためには武田氏との友好関係に頼らざるをえ

ない状況に置かれていたと捉えることもできよう。上杉氏という共通の敵を持つことで、武田・本願寺間の同盟は軍事協定の要素を強めていったのである。

永禄九年になると、上杉氏の攻撃対象は越中から加賀へと拡大した。それを受け、顕如は信玄に対して次の書状を送っている。

〔史料3〕本願寺顕如書状案（龍谷大学所蔵「顕如上人御書札案留」戦武四〇三四）

「鳥」
如芳翰久絶音問候、抑当秋長尾（上杉）加州表可相働之由、依申廻之儀、至信・越堺、則御出馬之趣、尤珍重候、毎度御入魂之次第不能申述候、弥被加御分別御調略之段、可為欣悦候、猶下間上野法橋（頼充）可申候、穴賢々々、

（永禄九年）八月廿六日

徳栄軒（武田信玄）「甲州武田入道信玄事也」

顕如は信玄に対し、今秋に上杉軍が加賀表まで侵攻するかもしれないので、信濃と越後の国境まで出陣するよう要請し、武田・本願寺間が入魂であることを再確認している。顕如が上杉氏の加賀侵攻に言及していることから、上杉氏が加賀一向一揆に対しても敵対の意向を示していたことがわかる。永禄三年に上杉氏の越中侵攻が開始されて以降、越中および加賀の一向一揆は常に上杉軍の攻勢を受けることになっていたため、その危機を回避するために武田氏との連携が必要だったのである。

永禄十一年になると、越中における武田氏の影響力がさらに増すことになった。永禄十一年四月、信玄は越中瑞泉寺の上田氏に対し、次の書状を送っている。

〔史料4〕武田信玄書状（「富山県埴生八幡宮文書」戦武一二五七）

追而雖軽徴候、金蘭進之候、
金山逼迫之由候之間、近日為後日、向于越後令出勢候、然者任于大坂(本願寺)御内儀、以長延寺(実了)申候、此時依貴寺御肝煎椎名右衛門大夫(康胤)開運候之様ニ、御調略簡(肝)要之趣、可預馳走候、恐々謹言、
(永禄十一年)卯月六日　　　　(武田)信玄(花押)
上田石見守殿

冒頭にみえる「金山」とは、越中松倉城(富山県魚津市)の支城である。松倉城主は椎名康胤であり、神保氏と敵対すべく上杉氏に帰属していたが、永禄十一年になると武田氏に味方し、上杉氏から離反した。「金山逼迫之由候之間」とあるのは、離反した椎名氏が上杉氏の脅威に晒されている状況を示している。信玄は、金山が上杉軍に攻撃される恐れがあることを察知し、越後に出陣する予定であることを上田氏に伝えたのである。本願寺の意向については使僧の長延寺実了が申し述べるとあり、瑞泉寺が椎名氏に味方するよう要請している。上杉氏の越中侵攻を想定し、信玄は瑞泉寺(越中一向一揆)に椎名氏への支援を求める中で、本願寺との協力関係を有効に活用していたのである。上杉氏による越中侵攻は永禄十二年に開始され、元亀二年に椎名氏が松倉城から敗走するまで続いた。

以上、述べてきたように、武田・本願寺間の外交関係における転換点は、永禄三年の長尾景虎による越中侵攻であった。信虎・証如の代と比較すると、信玄・顕如の代には長尾氏という共通の敵対勢力が存在したことを契機に軍事協定としての性格が格段に強くなった。これは、戦国大名間にみられる軍事協定と差異はなく、本願寺が勢力維持を目的とした外交を展開していたと言えよう。このような本願寺の外交は、本願寺との友好関係が長かった武田氏が相手だったからこそ、実現できたものと考えられる。

二　武田・本願寺と織田信長

元亀元年（一五七〇）になると、本願寺と織田信長の対立、いわゆる石山合戦が始まった。同年九月、本願寺は織田氏への敵対を表明するが、一方の織田氏は摂津にて三好三人衆（三好政康・三好長逸・岩成友通）を攻撃中であった。三好三人衆は将軍足利義輝を暗殺して義栄を擁立したが、永禄十一年（一五六八）に足利義昭を奉じて上洛した織田氏に京都を追われ、摂津で抵抗を続けていた。神田千里氏は、本願寺が織田氏に宣戦布告をした理由として、三好三人衆と本願寺が親密な関係にあったからではないかと指摘している。[14] また、元亀元年以降、三好三人衆に連動して織田氏と足利義昭に敵対した朝倉・浅井・六角氏と本願寺が密接な関係にあったことに注目し、本願寺が織田氏に対し蜂起するために諸大名と同盟関係を結んでいたと述べている。一方、武田氏は永禄八年頃より織田氏と同盟関係にあり、永禄十一年に信長が足利義昭を奉じて上洛した際も、信玄はこれを容認していた（本書第三章）。

元亀三年になると、顕如は信玄に対し、本願寺と織田氏の敵対が本格化した旨を報じるようになる。

〔史料5〕本願寺顕如書状案（龍谷大学所蔵「顕如上人御書札案留」戦武四〇四五）

「鳥」
厥后莵角打過様候、連年異于他申談之儀、今以弥御入魂本懐候、仍太刀一腰吉包・腰物兼光・黄金五十両推進之候、聊表音問計候、就中今般信長（織田）働無其隠事候歟、対当寺条々無謂次第、不能申展候、今春令上洛、摂・河表可出馬之由其聞候、随而彼軍兵等被相支之、其上当寺属本意様御調略併可為快然候、巨細難尽紙面候、長延寺（師慶）・竜雲斎可申入候、偏御思慮之外無候、猶上野法眼（下間頼充）可令申候、――（穴賢）、

正月(元亀三年)十四
徳栄軒(武田信玄)
「御判無之」

顕如は信玄に対し、信長が本願寺に対し軍事行動を働き、要求を条々にして突きつけてきたと伝えている。また、信長が今春上洛して摂津・河内に侵攻するという風聞があることを受け、信玄に対し本願寺の本意に沿うよう信長を牽制してほしいと要求している。畿内での戦況が思わしくないことが史料からうかがえるが、本願寺が窮地に立たされていたのは畿内だけではなかった。

〔史料6〕本願寺顕如書状案（龍谷大学所蔵「顕如上人御書札案留」戦武四〇四六）

「同」(鳥)
長尾(上杉)事、当春越中表可出馬由其聞候、仍椎名(康胤)身上之儀、別而御扶助之事候、猶以於被加貴意者、此方本望候、様体長延寺(師慶)・竜雲斎可申伸候、委細上野法眼(下間頼充)可啓入候、
正月(元亀三年)十四日　——(光佐)
徳(武田信玄)——(栄軒)

この史料は、先に挙げた史料5と同日付で発給された書状である。顕如は書状の中で、上杉氏の越中侵攻に伴って窮地に立たされた椎名康胤を救援するよう信玄に要請している。史料5・6の内容から、本願寺は織田・上杉両氏と敵対している状況にあり、その状況を打開するために武田氏との同盟関係を重視していたことがわかる。

そのため、顕如は信玄の子勝頼に対しても同日付で書状を送り、太刀一腰・金子などを進上している（龍谷大学所蔵「顕如上人御書札案留」戦武四〇四七）。おそらく、勝頼が家督を継いだ後も好を通じたいと考えていたのであろう。この段階で顕如が勝頼を次期当主として認識していたことがわかる。

五月になると、顕如が信玄に対し、越中の情勢に注意するよう求める一方（龍谷大学所蔵「顕如上人御書札案留」戦武四〇五〇）、信玄は美濃郡上（岐阜県郡上市）の安養寺を通じて、織田方であった国衆遠藤氏を味方につけようと働きかけた（「安養寺文書」戦武一八九七）。信玄は安養寺に対し、本願寺と申し合わせていると伝えていることから、顕如に安養寺への懐柔を依頼していたのであろう。郡上は越前に隣接する地域である。信玄は、織田氏との敵対を想定し、朝倉義景との連絡路を確保するために遠藤氏を味方にしようとしたと考えられる（本書第九章）。こうして、武田・本願寺間の同盟は、反織田勢力の礎となったのである。

七月になると、信長は織田領国内の本願寺門徒に対し、本願寺が天下に対し謀反を企てたとして、大坂への出入りを禁止した（「専福寺文書」信長文書三三〇）。織田・本願寺間の対立が深まる中、九月には本願寺・織田間で和睦に関する談合が行われた。

〔史料7〕本願寺顕如書状案（龍谷大学所蔵「顕如上人御書札案留」戦武四〇五二）

「鳥」
就信長（織田）・当寺和平之儀、為　武家（足利義昭）被下置御使者、信玄（武田）可有入魂趣、被仰出由候、対信長遺恨深重候、雖然貴辺之儀、不可有贔屓偏頗之御調略候之条、従是旨趣以使者可申展候、委細頼充（下間）法眼可令申候間、不能詳候、穴賢、
（元亀三年）九月十日　——（光佐）
（武田信玄）法性院殿
「此御札ハ、信玄より大かた案文到来候畢、内証有子細此分也」

書状の中で顕如は、信長と本願寺の和平が信玄の仲介によって成立したと述べているものの、信長への遺恨が根深いと胸の内を漏らしており、本願寺のために調略を行うよう信玄に要求している。この点について柴裕之氏は、信玄

は織田・本願寺間の和睦仲介を行うつもりはなく、この活動を通して本願寺との同盟関係を強化させることが目的であったと述べている⑮。この仲介は、武田氏が織田・本願寺双方と同盟していたために実現したものであったが、実際は水面下で信玄と顕如は織田氏に対抗すべく、調略を行っていたのである。

十月になると、武田氏は徳川家康の領国である遠江への侵攻を開始し、越前の朝倉氏と北近江の浅井氏に対し、織田氏に敵対するよう求めた（「南行雑録」戦武一九六四等）。また、越中の勝興寺に対しては、越中・加賀の一向宗門徒を蜂起させ、上杉氏に対抗するよう要請し、信長を牽制した（「勝興寺文書」戦武一九六六）。そして十二月、武田氏が三方ヶ原合戦で徳川氏に勝利すると、顕如は信玄に祝意を示した（龍谷大学所蔵「顕如上人御書札案留」戦武四〇五三）。書状には「仍如御兼約、遠州表御出馬之儀、尤珍重候」という文言があり、武田氏の遠江侵攻が本願寺との約定のもとに決行されたことがわかる。

元亀四年になると、顕如は信玄に対し、「四ヶ国門下之族可致其働由申越候」と記した書状を送っている（龍谷大学所蔵「顕如上人御書札案留」戦武四〇六二）。顕如が「四ヶ国」の門徒に蜂起を促したと述べているのだが、この「四ヶ国」とは、遠江・三河・尾張・美濃のことである。それを示すのが、次の史料である。

〔史料8〕本願寺光佐書状写（龍谷大学所蔵「顕如上人御書札案留」静8―五九〇）

「鳥」《同》

別紙之御状令披覧候、自信玄遠・三・尾・濃門下之輩働事、貴辺へ被申越由承候、切々申付様候、雖然時宜見合儀に付而《候間》、其遅速之段者不及了簡候、三州之儀も、勝万〔鬘〕寺近日令進発由申来候、濃州表之儀者、旧冬勢州長島より申付《ゝゝ》、濃州之内ニ新要害を相構、日根野備中守（弘就）入置候、岐阜と其間三里有之所ニ候、日々及行由候、将亦越中表之儀者、越後勢為押、加州衆罷立候処、輝虎（上杉）自身令出馬、于今彼表ニ在陣候、随分方々申付候、聊無油断候、次江北表之儀、如御存知浅備無人ニ付而、門下之者竭粉骨様候、猶委細下間上野（頼充）可申入候、右之通以御分別可有演説事専用候、此方へも。細々信玄直札到来、飛脚等上下度々事候間、万端申談候、於遠州表極月廿二合戦、甲州衆無比類働、不及是非次第候、体計此事候、尚追々可申展候、〔穴賢ヵ〕――、

（元亀四年）
正月廿七日

（朝倉義景）
左衛門督殿

「自信玄遠・三・尾・濃門下之輩働事」とあることから、遠江・三河・尾張・美濃の一向宗門徒であることがわかる。これら四ヶ国は織田・徳川領国を指し、四ヶ国内の一向宗寺院に対し、顕如は蜂起を促したのである。このことについて信玄は、「貴辺へ被申越由承候」とあるように、顕如から朝倉氏に伝えるよう要請している。三方ヶ原合戦後、北近江で織田軍と対峙していた朝倉氏が軍勢を撤収させたことに、信玄は抗議していた（「伊能家文書」戦武二〇〇七）。そのため、信玄は一向宗門徒の蜂起を伝えることにより、朝倉氏が織田氏に対峙するようさらに働きかけたのである。

次に、史料中にある各地の動向を見てみると、三河では勝鬘寺（愛知県岡崎市）が蜂起に向けて準備をし、長島一向一揆は岐阜から三里のところに砦を築き、斎藤旧臣の日根野弘就が防備にあたっている。一方、越中は上杉軍が侵攻してきているため、加賀の一向一揆が応戦しているものの、謙信みずから出陣しているため、油断ならない状況であった。そして、北近江については守備が心許ないため、門徒に檄を飛ばしている。顕如は、こうした本願寺勢の動向を朝倉氏に伝えることで、反織田勢力として軍事行動に期待したのである。

朝倉氏に期待を寄せていたのは、武田氏も同様であった。二月、信玄は足利義昭側近の東老軒に書状を送り、本願寺と朝倉氏の催促で遠江に侵攻したものの、朝倉氏が撤退したために好機を逃したと述べている（「万代家手鑑」戦武

二〇二一)。信玄は野田城(愛知県新城市)を陥落させたものの、朝倉氏との連携が取れずに不満を募らせていたのである。その後、朝倉氏は、三月十一日に越前府中(福井県越前市)まで進軍したが、織田軍を牽制するまでに至らなかった(「反町英作氏所蔵文書」上越一一四一)。

こうして、織田・徳川両氏と敵対すべく、朝倉氏との連携を重視していた武田氏と本願寺であったが、朝倉氏は期待に応えなかった。武田氏と本願寺は他勢力との連携もままならないまま、織田・徳川両氏と対峙しなければならなくなるのである。

三　武田氏と長島一向一揆

元亀四年(一五七三、七月に天正へ改元)四月、武田信玄が死去した(『上杉家覚書』上越二五二一)。信玄の死後、家督を継いだ勝頼は父と同様に本願寺との同盟関係を維持し、織田・徳川両氏と対抗していくことになる。

先述したように、勝頼は信玄の生前より顕如と音信を交わしていた。元亀元年には、顕如が勝頼に入魂の意志を伝え、太刀一腰と馬一疋、紅糸三斤を贈っている(龍谷大学所蔵「顕如上人御書札案留」戦武四〇四二)。

そして、信玄が死去してからは同年九月に勝頼が家督を正式に継いだ旨を顕如に伝え、顕如が勝頼に祝辞を述べている(龍谷大学所蔵「顕如上人御書札案留」戦武四〇七七)。信玄が死去して五ヶ月ほど経過した頃にも顕如は信玄宛の書状を発給し、勝頼の家督相続について祝いの言葉を述べている(同、戦武四〇七五)。

また、顕如は同日付でもう一通、すでに亡くなっている信玄に宛てて書状を送っている。

〔史料9〕本願寺顕如書状案(龍谷大学所蔵「顕如上人御書札案留」戦武四〇七六)

追而令啓達候、仍遠・三表之御備如何候哉、江北・越前其外近国、弥無正体式候、随而上野法眼(下間頼充)ニ申付旨趣、以
一書申入候、委細八重森因幡守(重昌)可被申候、――(穴賢)、
月　日(天正元年九月廿一日)　――(光佐)
法性院殿(武田信玄)

顕如は、信玄に遠江・三河の守備について訊くとともに、「江北・越前其外近国、弥無正体式候」と述べ、浅井・朝倉両氏が滅亡したことに言及している。表面上は信玄に宛てているが、実際には顕如が勝頼に対し、今後どのように対応するのか尋ねていると言ってよい。

信玄は亡くなる直前、自らの死を三年間は秘匿とするよう勝頼に命じたといわれている(『甲陽軍鑑』)。しかし、信玄が亡くなった元亀四年四月、飛騨の国衆江馬氏の家臣河上富信が上杉家臣河田長親に対し、信玄が病死した噂が出回っていると伝えており(「上杉家文書」上越一一五二)、五月には徳川家康が駿河へ侵攻したことを知った謙信が信玄の死去は確実であると判断している(「赤見文書」上越一一六一)。武田領国周辺において、信玄死去直後に情報が流布していたとなると、史料9が発給された九月の段階で、顕如が信玄の死を知っていた可能性は極めて高い。信玄の死が、武田氏と本願寺を窮地に追い込むと顕如も想定していたのであろう。そのため、信玄が生存しているかのように対応していたものとみられる。

信玄の死と浅井・朝倉両氏の滅亡、さらに七月には足利義昭が信長によって山城を追放されたことから(『信長公記』)、武田氏と本願寺をとりまく環境は厳しくなっていった。信玄の死後、武田氏は奥三河の攻防で劣勢に立たされ、奥平氏が徳川氏へ離反し、長篠城(愛知県新城市)を奪われるなど、その影響が次第に現れるようになった(「本成寺文書」戦武二一七七等)。一方、本願寺は十一月にいったん織田氏へ和睦を申し入れた(『信長公記』)。

しかし、天正二年になると、武田氏と本願寺は攻勢に転じた（本書第二・八章）。正月、勝頼は自ら出陣して岩村城（岐阜県恵那市）に入ると、織田氏に帰属している明知遠山氏の明知城（同）の攻略を開始したため、織田信長・信忠父子は援軍を率いて東美濃に向かったが、内紛が起きたことをきっかけに、明知城は武田氏に降伏した（『信長公記』）。東美濃が武田氏の勢力圏となったことで、織田氏は本拠の岐阜城（岐阜県岐阜市）を脅かされる危機に晒されたのである。

そして、武田氏が東美濃に侵攻した頃、越前一向一揆が蜂起し、さらに四月には本願寺が大坂で蜂起した（『信長公記』）。おそらく武田氏と本願寺は、連携して織田氏を攻撃すべく、事前に協議していたのだろう。神田千里氏は、この時の両者の軍事行動について、前年に足利義昭を擁して織田信長に叛旗を翻した勢力が蜂起したことから、足利義昭の影響があった可能性を示唆している[16]。

五月になると、武田氏は遠江の高天神城（静岡県掛川市）を攻撃した（「巨摩郡古文書」戦武二二八八等）。城内では、小笠原氏が武田へ寝返るか徳川に残るかで分裂していた（本書第十章）。徳川氏は織田氏に救援を要請し、信長・信忠父子は援軍に出たが、六月十一日に高天神城は降伏してしまい、そのまま岐阜へと引き返した。

岐阜へ帰還した信長は、七月に長島一向一揆への攻撃を開始した（『信長公記』）。長島一向一揆の中心である願証寺は、本願寺にとって対織田戦における最重要拠点であった[17]。武田氏も、織田領国を挟撃する上で願証寺との連携を重視しており、元亀三年十一月、武田氏は本願寺に長島一向一揆を蜂起させるよう催促している（「徳川黎明会所蔵文書」戦武一九九〇）。

そして、織田軍の長島侵攻の報せを受けた顕如は、武田氏に救援を要請し、勝頼は次のように回答している。

〔史料10〕武田勝頼書状（『第二回西武古書大即売展目録』戦武二三三九）

織田(信長)至長島張陳〔陣〕、因茲後詰之儀、従貴門領御催促候、最年来之申合筋目、又願証寺へ云入魂之意趣、更非可被見除候歟、但今夏信長(織田)向其口、動干戈候之条、為御申合遠州出張、永々在陣、至于去月下旬帰鞍、諸卒不得休其労候之間、出馬遅々無念至極候、雖然涯分催人衆候之条、近日尾・三表へ可及行、於門主御前、此等之趣、御取成可為祝着候、随而荒木島表へ取出候之処、被及一戦、凶徒百余人被討留之由〔油〕、心地好候、猶長島へ後詰、聊無由〔油〕断候、入于念候、如此候之間、門跡御助成様、貴辺添意候、恐々謹言、

(天正二年)八月廿四日　勝頼(武田)(花押)

上野法眼御房(下間頼充)
回章

勝頼は書状の中で、織田軍の長島侵攻に伴い、本願寺から援軍を要請されていたことにふれているが、「願証寺へ云入魂之意趣」という文言から、武田氏は願証寺と直接交渉を行っていたようである。『甲陽軍鑑』は、「信玄公御むすめごおきく御りようにさま、伊勢の長島へさへ信玄公御こしあるべきを定らるゝ」とあり、勝頼妹が願証寺に嫁ぐ計画もあったという[18]。本願寺勢力の中で、武田氏と軍事的に連携が取れるのは、織田領国に隣接する長島一向一揆であった。そのため、勝頼は願証寺との関係を強化しようとしたのである。

また、勝頼は自身の遠江侵攻についても言及している。遠江侵攻とは、先の高天神城攻撃を指すが、「為御申合遠州出張」とあるように、武田氏が本願寺と申し合わせた末に遠江へ侵攻していたことがわかる。「永々在陣」とあるのは、高天神城を攻略するまでに一ヶ月ほど時間を要したことを示している(本書第十章)。そのためか、勝頼は書状の中で「諸卒不得休其労候之間、出馬遅々無念至極候」と述べており、兵の疲弊によって長島への出陣が遅れたことは無念であると弁明し、近日中に尾張・三河へ兵を出す予定であると述べている。勝頼としては、高天神城を迅速に

攻略し、そのまま三河へ進軍して長島一向一揆と同時に織田・徳川領国を挟撃する予定だったのだろう。武田氏が明知城を攻略した際、同時期に越前一向一揆が蜂起していることからも、勝頼が本願寺との連携のもとに軍事行動を起こしていた様子がわかる。

こうした勝頼の軍事行動について、信長は上杉謙信に対し、「油断できない」と述べている(「今清水昌義氏所蔵文書」上越一二一三)。信長としては、遠江方面の防衛は家康に任せ、自身は長島や畿内といった西へ矛先を集中させたかったのであろう。しかし、予想を超えて武田氏は織田・徳川領国を脅かしてきた。その背景に本願寺の存在があったことから、信長は武田氏と本願寺の連携を分断するために、長島一向一揆を攻撃する必要があったのである。

そして九月二十九日、長島一向一揆は壊滅した(『信長公記』)。長島一向一揆は、織田軍によって大量殺戮を受けたことで知られるが、これについて神田千里氏は、願証寺が「守護不入」の特権を獲得して聖域の資格を有していたものの、願証寺が敵方の隠匿や年貢の滞納などを行っていることを織田氏が非難したことに由来するとしている[19]。

これまで述べたように、勝頼は長島救援を目的とした三河・尾張方面への侵攻を本願寺に約束していたが、実現しなかった。高天神城攻略に時間を要した分、戦後処理に時間がかかったとみられる。武田氏が遠江に侵攻したのは十一月に入ってからであった(「滝口家所蔵文書」戦武二三七四)。長島一向一揆の壊滅は、その後の武田・本願寺の連携に多大な影響を及ぼすのである。

四　長篠合戦以降の武田氏と本願寺

天正三年(一五七五)四月、武田氏が奥三河への侵攻を開始し、足助城(愛知県豊田市)・野田城(同新城市)・二連木城

（同豊橋市）を攻略した（「孕石家文書」戦武一七〇四等）。

そして五月一日、武田勝頼は長篠城を包囲し、その報せを受けた織田・徳川連合軍は十八日に設楽ヶ原に陣を張り、二十一日に合戦に至った（『当代記』『信長公記』）。長篠合戦の勃発である。この合戦で武田軍は大敗を喫し、武田氏の多くの重臣が戦死した（『信長公記』、「永青文庫所蔵文書」愛知11―一一〇三等）。

一連の武田氏による三河侵攻について佐藤八郎氏は、武田氏にとって長島一向一揆の援助は面目上からも必要であったが、信長の大軍に向かう術もなく結局見殺しにするほかはなかったとし、長島を見殺しにしたことで武田氏は武威を傷つけたため、その名誉挽回のために長篠城奪還を目指したとしている[20]。また柴裕之氏は、武田氏の三河侵攻は、畿内の諸勢力や本願寺との連携による対信長牽制であったと述べている[21]。さらに金子拓氏は、勝頼が越前にいた本願寺方の杉浦紀伊守に対し、信長が上洛して大坂を攻めることがあれば、後詰を第一として行うと述べていたことに注目し、勝頼の奥三河侵攻が本願寺の後詰であったと指摘している。また、長篠合戦については、本願寺を主たる敵として戦いたかった信長が、援軍に向かった対武田戦において、戦力消耗を避けるためにとった戦術が逆に勝利を呼び込んだとしている[22]。

このように、長篠合戦と本願寺、あるいは石山合戦との関連は、先行研究でも指摘されている。これらの説に補足するならば、長篠で武田氏が敗北した要因についてであろう。これまで論じてきたように、勝頼は本願寺と頻繁に連絡を取り、織田領国の挟撃を目指してきた。勝頼が軍事的に最も頼りとしたのが長島一向一揆であり、その点は本願寺も熟知していた。そのような中、勝頼は天正二年に東美濃や遠江に侵攻したものの、長島一向一揆との連携が上手く機能せず、信長が長島一向一揆を壊滅させたことで、武田氏は軍事的に厳しい状況に追い込まれた。それでもなお、本願寺との連携を重視し、奥三河侵攻を決行した結果、長篠で敗戦したのである。つまり、長島一向一揆の壊滅が、長篠敗戦の遠因となったと言えよう。

長篠で大敗を喫した武田氏は、翌六月に武節城（愛知県豊田市）、七月には光明城（浜松市天竜区）を（「野崎達三氏所蔵文書」愛11―一二一四）、八月には諏訪原城（静岡県島田市）を徳川軍に奪われた（『当代記』）。さらに十一月には、岩村城を織田軍に攻撃され、勝頼自ら岩村城救援に向かったが、軍事力が不足して農民を動員したこともあり、敗北した（本書第八章）。

武田氏の敗戦が続く中、天正四年四月、今度は本願寺が挙兵し、石山合戦がふたたび勃発した（『信長公記』）。本願寺の挙兵は、足利義昭を保護した毛利輝元が織田氏に敵対を表明したことによるものであった[23]。これらの経緯については、関連史料が丸島和洋氏によって紹介され、武田・毛利同盟の成立過程が整理されるとともに、この同盟成立に義昭が深く関与していたことが改めて確認された[24]。同年五月、義昭は武田・北条・上杉の三氏に和睦を求め、上洛を促している（「歴代古案」上越一二八八等）。義昭は、織田氏と同盟していた上杉氏を味方にすべく、前年の段階で謙信に書状を送り、武田・北条・本願寺と和睦するよう求めたところ（「謙信公御書集」上越一二七四等）、謙信は織田氏との同盟を破棄して本願寺と和睦した（「歴代古案」上越一二八八）。

こうした状況を受け、武田氏は本願寺坊官の下間頼充に対し、次の書状を送っている。

〔史料11〕武田勝頼書状（切紙）（「岡家文書」戦武二六七九）

去月廿七日芳翰、今月十六日到着、就中小次郎口説具再問、得其意候、抑織田（信長）、向貴寺（本願寺）動干戈之処、両度被及御一戦、為始原田備中守、凶徒数千輩被討捕、門主（顕如）被達御本意之由、目出珍重候、寔都鄙之御名誉、難顕紙面候、併当方吉事不可如之候、此上弥被鎮御備、毎事堅固之御仕置肝要存候、勝頼（武田）於御手合者、毛髪不可有猶予候、涯分催人数、無二尾・濃国中へ可令乱入候、於此所者不可有御疑心候、随而芸州毛利（輝元）方、奉対　公儀（足利義昭）励忠節、近日

御入洛、可令馳走之旨候歟、肝要候、然則不打置、自貴門被及御催促、早々京表へ被比出、諸口牒合信長（織田）押詰候
様、御籌策極此一事候、畢竟貴辺御肝煎専要候、委曲釣閑（長坂光堅）・蒲庵（森本）可申候、恐々謹言、
六月廿二日（天正四年）　勝頼（武田）（花押）
下間上野法眼（頼充）御房
進之候

勝頼は、本願寺が織田軍と一戦を交え、数千の敵を討ち取ったことを祝し、自らも尾張・美濃へ侵攻する予定であると述べている。そして、毛利氏が足利義昭に忠節を尽くし、近日中に上洛する予定であることについても言及している。その上で、顕如に毛利氏の上洛を促すよう依頼し、連携して織田氏を挟撃することが重要であると説いている。

九月十六日、勝頼は毛利輝元に次の書状を送っている。

〔史料12〕武田家朱印状〔軍役条目〕（切紙）（「万代家手鑑」戦武二七一二）

条目

一、雖未申通候、対奉対　公儀（足利義昭）、一途ニ御忠節之由候之条、自今以後、貴国当方異于他為可申合、以八重■■■■（森因幡）
■（守）中候、御同意可為本望之事、
一、向大坂（本願寺）織田（信長）取出之地利、数ヶ所相築取詰之由候、自然至彼地不慮之儀出来者、慥　公儀御入洛之障妨眼前候之
条、大坂堅固之内、至京表御動座被指急、御執持極此一件之事、
付、於当方者、御一左右次第、至尾・濃・三・遠、可令張陣之事、
一、去頃大坂へ兵糧米被相移候之砌、船軍御勝利御武勇之至、無是非候事、
一、越・相・甲三和之事、

付条々、
一、対貴国大友（義鎮）方辜負之由其聞候、縦雖為御宿意、重畳先被閣御野心、有和睦、御入洛御馳走専一ニ候之事、
一、向後者、相互行調儀等、都鄙一同ニ可被相定事、
已上
（天正四年）九月十六日（竜朱印）
（毛利輝元）芸州江

一条目には、足利義昭に忠節を尽くし、今後は毛利・武田が申し合わせ、同盟成立を望むと記されている。二条目には、織田軍が大坂周辺に砦をいくつも築いて思うようにならないため、義昭上洛の妨げになる前に本願寺の守備を堅固にするとともに、毛利軍には早く京都を目指してほしいとある。さらに、毛利軍の動向にあわせて、武田は尾張・美濃・三河・遠江に出陣する意向であるとしている。三条目は、大坂へ兵糧米を移す際に毛利水軍が勝利した武勇は是非もないこと（同年七月の第一次木津川口の戦い）、四条目は、上杉・北条・武田の和睦について書かれている。そして五条目では、豊後の大友義鎮（宗麟）との敵対について、輝元には考えがあるとは思うが、和睦して義昭を上洛させるために努力することを求め、六条目では、今後については互いに協議して方針を定めていくとしている。

武田氏と本願寺は、長年にわたって友好関係を維持し、上杉氏や織田氏と敵対してきたが、武田氏が軍事面で期待を寄せたのは、越中や長島の一向一揆であった。甲斐と摂津にそれぞれ本拠があった両者が、直接的に軍事協力をするのは、遠方のため不可能であった。そこで武田氏は、各地の一向一揆と連絡を取るとともに、彼らが味方するよう本願寺に依頼することで、武田氏は戦況を優位にしようとしたのである。しかし、織田氏に対抗する最大の一向一揆であった長島が壊滅して以降、武田氏は長篠合戦や東美濃・奥三河などで敗戦が続き、厳しい状況になった。その打

開策として打ち出されたのが、毛利氏との同盟だったのである。そして、毛利氏が保護する義昭の要求に応えるかたちで、織田氏への敵対を強めたのである。

戦国期、時に将軍は諸大名に停戦令を出し、和睦するよう促していた。[25]山田康弘氏は、大名が領国を保全するにあたって、将軍との安定的な関係を維持した方が有利であると判断した場合、上意に従っていたと指摘している。[26]また、神田千里氏は、足利義昭は大名同士の抗争を、将軍に奉公すべく諸大名が上洛することに対する障害とみなし、抗争の停止と将軍への奉公とを一体のものとみなす論理に基づいていたと述べている。[27]武田・本願寺・毛利の三者が連携した背景には、山田氏や神田氏が指摘するような意味も含まれていたと言える。

しかし、一方で越相甲（上杉・北条・武田）の和睦は実現しなかった。勝頼は一色藤長宛の書状の中で、義昭の上洛を支援するため、織田・徳川領国に侵攻する意向であることを伝え、越甲相の和睦に前向きであると述べていたが（「高橋琢也氏所蔵文書」戦武二七二五）、上杉・北条間の対立は収まらなかったのである。河田長親・直江景綱連署状には、「三ヶ国無事之儀、是者謙信存分之旨候間、於越・甲計者可応　上意候歟、相州於可被差添者、被致滅亡候共、亦得御勘当候共、無二存切候事」とあり、謙信が武田との和睦は構わないが、北条との和睦には応じることができないと主張していたことがわかる（「楢崎憲蔵氏所蔵文書」上越一三一〇）。

このことが影響したのか、武田・毛利間の軍事協力は目立って行われず、天正五年以降は武田・本願寺間の音信も減少した。互いの本拠が遠方だったこともあり、挟撃などの戦術面で連携がままならなかったのであろう。また、丸島和洋氏によると、武田・毛利同盟はあまりに遠方である上、敵国織田領国を使者が通過する必要があったため、うまく相手国にたどり着けず、意思疎通の円滑さを欠くこととなったという。[28]

こうした事情を受け、武田氏は遠江の高天神城を中心に防備を固め、織田軍ではなく徳川軍との戦闘に集中するようになった㉙。そして、天正六年に上杉謙信が死去し、御館の乱が勃発すると、勝頼は景勝・景虎の和睦仲介を行うものの、北条氏から反感を買い、天正七年には武田・北条間の同盟は崩壊した㉚。その上、徳川・北条間で同盟が成立したことで、遠江をめぐる武田氏の攻防は次第に劣勢となっていった㉛。そこで勝頼は、妹菊姫（大儀院殿）を上杉景勝に嫁がせ、甲越同盟を成立させた（「富永家文書」戦武三一六〇）。さらに常陸の佐竹義重とも同盟を成立させ（「紀伊国古文書所収藩中文書」戦武三一七六）、佐竹氏を通じて織田氏との和睦を試みたが（「歴代古案」戦武三七〇〇）、実現には至らなかった㉜。

そして天正八年四月、織田氏と和睦した顕如が本願寺を退去し、八月には抵抗を続けていた顕如の子教如（光寿）も本願寺を退去し、石山合戦は終結した（『多聞院日記㉝』『信長公記』等）。石山合戦の終結により、武田氏は織田領国挟撃における最大の協力者を失ったのである。これを契機として、織田氏は武田領国への攻撃を本格化させた。この頃、武田氏と対峙していたのは徳川軍であり、家康は高天神城を攻略するために砦を複数築いていた。そこで信長は、徳川本陣に検分の使者を送るとともに、遠江へ援軍を出して高天神城を攻撃し、翌九年に落城させた（『家忠日記』）。高天神城からは降伏の願いが出ていたものの、信長はこれを許さなかった。平山優氏によると、信長は「勝頼が高天神城を見殺しにした」との情報を流布することで、武田氏滅亡の足がかりにしたという㉞。

織田・徳川両軍による武田領国侵攻は、天正十年正月より開始され、木曾義昌の離反によって武田軍は崩れ、仁科盛信が守る高遠城（長野県伊那市）は三月二日に落城した（『家忠日記』『信長公記』等）。二月には江尻城の穴山信君が織田方へ寝返り（『信長公記』）、三枚橋城（静岡県沼津市）が北条軍によって落城するなど（「三上文書」戦北二三一九等）、武田領国は織田・徳川・北条の三軍に攻撃された。そして三月十一日、新府城（山梨県韮崎市）を放棄して天目山（同甲州市）に逃れた勝頼は、正室桂林院殿や子信勝らとともに自害し、戦国大名武田氏は滅亡した（『信長公記』等）。石山合戦が終結したことにより、武田氏は本願寺という同盟相手を失い、滅亡の一途をたどったのである。

おわりに

以上、戦国大名武田氏と本願寺の関係について検討してきた。両者の関係は、武田信虎と証如の個人的な友好関係から、永禄年間に上杉氏という共通の敵を持つことで軍事同盟と発展した。その後、武田氏は、石山合戦の勃発に伴い、同盟していた織田氏と手切し、本願寺を支持するとともに義昭からの支援要請にも応えた。元亀三年（一五七二）より始まった武田氏の徳川領国侵攻は、そうした事情から引き起こされたものであった。武田氏が矛先を西へ向けたのは、本願寺との同盟が根底にあり、その契機は石山合戦にあったと言えるだろう。そして、この同盟の効力が弱まったのが織田氏による長島一向一揆の壊滅であり、長篠合戦へとつながったのではないだろうか。長篠での敗北を受けて武田氏と本願寺は、新たに毛利氏と同盟することで再起をはかったが、結果的に石山合戦は終結し、武田氏は滅亡に至った。

武田氏にとって、本願寺は畿内における最も有力な同盟相手であり、本願寺にとって武田氏は東国における最も有力な同盟相手であった。互いの本拠が遠方であるにもかかわらず、両者は共通の敵と対峙したことから、軍事協力を行う関係となり、それを実現させていたのが各地の一向一揆であった。武田氏は、上杉氏と敵対する際は越中一向一揆、織田氏と敵対する際は長島一向一揆や美濃郡上の安養寺に使者を送り、連携を深めた。各地の一向一揆と連携することで、武田氏は戦況を優位にしたのであり、そのために本願寺と頻繁に音信を交わしたのである。特に長島一向一揆は、武田・本願寺双方にとって、対織田戦における最前線であったため、長島一向一揆の壊滅が、その後の武田・本願寺の命運を左右した。天正四年(一五七六)には、武田・毛利同盟が成立したものの、互いが遠方だったために軍事協力がままならず、織田氏を牽制するまでに至らなかった。武田・本願寺の友好関係が、遠方にもかかわらず長年にわたって機能したのは、各地の一向一揆が武田氏の軍事行動に連動することができたからに他ならない。上杉・織田・徳川といった武田氏と対立した大名が一向一揆と対立していたのも、そうした状況が影響していたのである。

対する織田氏にとって、武田氏と本願寺の連携は脅威であり、その背景には足利義昭の存在があった。元亀年間における反織田勢力の連携も、毛利氏と同盟した武田氏と本願寺も、対織田勢力は義昭の名のもとに集結していた。永禄十一年(一五六八)に義昭を報じて上洛した信長は、畿内を統一する過程で義昭と対立を深め、天正二年に義昭を京都から追放してからは、畿内を防衛しつつ義昭を支持する対外勢力と戦わなければならなかった。そこで信長は、武田氏と本願寺の連携を分断しなければならず、それが長島一向一揆を壊滅させることだったということになろう。織田氏にとって、武田氏と本願寺との対峙は、義昭を中心とする室町幕府の秩序の克服でもあったのである。

註

(1)　北西弘編『一向一揆』真宗史料集成第三巻(同朋舎、一九七九年)。
(2)　佐藤八郎「武田氏と一向宗」(『甲斐路』二九・三〇、一九七六～一九七七年)。
(3)　水谷安昌「東国戦国大名と一向宗—後北条氏・武田氏と一向宗をめぐって—」(地方史研究協議会編『甲府盆地—その歴史と地域性』、雄山閣出版、一九八四年)。
(4)　神田千里『一向一揆と戦国社会』(吉川弘文館、一九九八年)、同『戦争の日本史14　一向一揆と石山合戦』(吉川弘文館、二〇〇七年）。

（5）山田康弘「戦国期本願寺の外交と戦争」（五味文彦・菊池大樹編『中世の寺院と都市・権力』、山川出版社、二〇〇七年）。

（6）金龍静『一向一揆論』（吉川弘文館、二〇〇四年）。

（7）金子拓「長篠の戦い後の織田信長と本願寺」（『白山史学』五三、二〇一七年）。

（8）平山優『川中島の戦い』上・下（学習研究社「学研M文庫」、二〇〇二年）、同『武田信玄』（歴史文化ライブラリー、吉川弘文館、二〇〇六年）等。

（9）平山　前掲註（8）。

（10）佐藤　前掲註（2）。

（11）『上越市史』通史編2・中世（二〇〇四年）。

（12）山田　前掲註（5）。

（13）金　前掲註（6）。

（14）神田　前掲註（4）。

（15）柴裕之「長篠合戦再考―その政治的背景と展開―」（同『戦国・織豊期大名徳川氏の領国支配』、岩田書院、二〇一四年。初出二〇一〇年）。

（16）神田　前掲註（4）。

（17）長島一向一揆と願証寺に関する論考として、重松明久「織田政権の成長と長島一揆」（『名古屋大学文学部研究論集史学二』、一九五三年）、稲本紀昭「織田信長と長島一揆」（浅尾直弘教授退官記念会編『日本社会の史的構造　近世・近代』、思文閣出版、一九九五年)、中野和之「願証寺の成立」(『真宗研究』四二、一九九八年)、同「願証寺の系譜」(新行紀一編『戦国期の真宗と一向一揆』、吉川弘文館、二〇一〇年)、播磨良紀「織田信長の長島一向一揆攻めと「根絶」」(同)等がある。

(18)　菊姫(大儀院殿)は、天正七年(一五七九)に上杉景勝に嫁いでいる(「富永家文書」戦武三一六〇)。

(19)　神田　前掲註(4)。

(20)　佐藤　前掲註(2)。

(21)　柴　前掲註(15)。

(22)　金子　前掲註(7)。

(23)　天正元年七月に足利義昭が信長によって京都から追放された際、毛利氏は織田氏との戦闘を回避するため、義昭の毛利領国入りを拒絶していた。しかし、天正三年二月、足利義昭は毛利氏に幕府再興のために尽力するよう求め、八月に毛利氏は義昭を迎え入れ、織田氏と敵対することを決めた。これは、備中の国衆が織田・毛利のどちらに帰属するかで対立したことによるという。そして、義昭を受け入れた毛利輝元は副将軍となり、西国諸大名の上位に立つ正当性を確保した。この経緯については、山本浩樹『戦争の日本史12　西国の戦国合戦』(吉川弘文館、二〇〇七年)、久野雅司『足利義昭と織田信長』(戎光祥出版、二〇一七年)を参照。

(24)　丸島和洋「武田・毛利同盟の成立過程と足利義昭の「甲相越三和」調定—すれ違う使者と書状群—」(『武田氏研究』五三、二〇一六年)。

(25)　足利義輝・義昭の停戦令に関する論考として、宮本義已「足利将軍義輝の芸・雲和平調停」(『國學院大學大学院紀要』六、一九七四年)、同「足利将軍義輝の芸・豊和平調停」上・下(『政治経済史学』一〇二・一〇三、一九七四年)、山田康弘「戦国大名間外交と将軍」（『史学雑誌』一一二―一一、二〇〇三年）、同『戦国時代の足利将軍』（歴史文化ライブラリー、吉川弘文館、二〇一一年）、柴裕之「永禄期における今川・松平両氏の戦争と室町将軍―将軍足利義輝の駿・三停戦令の考察を通じて―」（『地方史研究』三一五、二〇〇五年）等がある。

(26) 山田　前掲註(25)。

(27) 神田千里「織田政権の支配の論理」（同『戦国時代の自力と秩序』、吉川弘文館、二〇一三年。初出二〇〇二年）。

(28) 丸島　前掲註(24)。

(29) 黒田基樹「遠江高天神城小笠原信興の考察」（同『戦国期東国の大名と国衆』、岩田書院、二〇〇一年。初出一九九九年）、本書第十章。

(30) 御館の乱時の勝頼については、丸島和洋「武田氏の外交における取次―甲越同盟を事例として―」（同『戦国大名武田氏の権力構造』、思文閣出版、二〇一一年。初出二〇〇〇年）、同『武田勝頼』（平凡社、二〇一七年）、平山優『武田氏滅亡』（角川選書、二〇一七年）を参照。

(31) この点については『家忠日記』に詳しいほか、久保田昌希編『松平家忠日記と戦国社会』（岩田書院、二〇一一年）を参照。

(32) 丸島和洋「甲佐同盟に関する一考察―武田勝頼期を対象として―」（前掲『戦国大名武田氏の権力構造』。初出二〇〇〇年）。

(33) 『増補続史料大成40　多聞院日記3』（臨川書店、一九七八年）。

(34) 平山優「武田勝頼の再評価」（武田史研究会編『新府城と武田勝頼』、新人物往来社、二〇〇一年）。

第三章　武田・織田同盟の成立と足利義昭

はじめに

戦国大名は、自立した地域権力として対外勢力と争い、時には境目に存立する国衆を帰属させることで領国の拡大をはかった。中でも武田氏は、甲斐本国を拠点として、信濃・西上野・東美濃・駿河・奥三河・北遠江といった地域へと侵攻し、対外戦争を展開した。その間、武田氏は戦況を優位にするため、複数の大名と同盟したが、その中でも最も著名なのが、北条・今川両氏との間で相互的に婚姻関係を結ぶことで成立した甲相駿三国同盟である。この三国同盟によって武田氏の領国が飛躍的に拡大したこともあり、武田氏の外交・同盟に関する研究は、東国を主題に据えたものが大半を占める。(1) しかし、武田氏の領国拡大は西に向けても行われており、その際、尾張の織田信長や三河の徳川家康と外交上の接点が生まれている点にも着目する必要がある(本書第四章)。

織田氏は永禄十年(一五六七)に美濃を制圧して以降、足利義昭に接近し、武田氏とも外交交渉を重ねて同盟を成立させた。対する武田氏も、織田氏と同盟を結ぶことで、今川領国である駿河への侵攻を視野に入れるようになる。同盟が成立したことで武田氏は駿河、織田氏は畿内での戦闘に集中することが可能となったが、武田氏の駿河制圧と織田・義昭間の関係悪化により、両氏は次第に敵対関係へと転じていった。武田氏は駿河侵攻の際、織田氏と同盟している徳川氏との連携を摸索したものの、のちに関係が悪化し、さらに駿河制圧後には織田氏と敵対する石山本願寺や越前朝倉氏・近江浅井氏らと連携して、織田氏への敵対を表明した。武田・織田間の敵対関係が、信玄が死去して勝頼が武田家当主となった後も続いたことは、周知のとおりである。

武田・織田同盟に関する研究について、専論としては横山住雄氏による成果がある。横山氏は、織田氏が美濃へ侵出する中で武田氏との同盟を重視していた点を明らかにするとともに、東美濃の国衆である遠山氏の存在にも注目している。(2) また、信玄の要請で甲斐恵林寺（山梨県甲州市）に入った快川紹喜の生涯についても論じており、快川が武田・斎藤間の外交に関与し、織田氏が美濃を制圧した後も美濃の情報を甲斐にもたらすよう尽力していたことを明らかにしている。(3) 一方、武田氏側の視点から織田氏との同盟について検討を行った研究は皆無に等しく、検討の余地が残されている。また、武田・織田領国の境目には国衆遠山氏が存立していることから、こちらについても武田・織田同盟の成立過程を検討する上で着目すべき存在であると考える。

武田・織田同盟は、戦国大名間で成立した外交関係ではあるが、領国の境目に国衆遠山氏が存立していたことから、双方の使者が遠山領域を通過することとなるため、遠山氏が両大名の外交に関与していた可能性が高い。そこで本章では、武田・織田同盟の成立過程と遠山氏の動向、東美濃の情勢を明らかにすることにより、戦国大名が対外勢力と戦う中でいかにして外交を駆使し、境目の国衆が大名間の戦争や外交にどのように関わっていったのか、検討を行うこととする。

また、足利義昭の上洛に伴い、武田氏の対義昭外交も活発化する。特に、義昭が信長と敵対するようになってから、武田氏は義昭に対し協力的な立場を取るようになる。戦国大名が、何を目的として将軍との外交関係を維持しようとしていたのかについても、武田・織田両氏と足利義昭の外交関係を事例として追究していくこととしたい。

一　東美濃における遠山氏の動向と武田・織田同盟の成立

武田・織田間において外交上の接点が生まれたのは、永禄元年（一五五八）であると推定されるが、両氏が交渉を行うに至った政治情勢は史料上の制約から明らかではない。永禄元年と推定される武田家臣秋山虎繁宛の信長発給文書には、武田氏から織田氏の陣中へ使者が派遣されていたと記されているが、詳細は不明である（「新見家文書」戦武四〇二〇）。

両氏が本格的な接点を持つのは、永禄七年になってからである。この年、武田氏が飛驒への侵攻を開始した一方で、信長は美濃の斎藤龍興と抗争中であった。武田氏が飛驒に侵攻して東美濃への影響力を強めたことにより、織田氏との接点が生じた。そこでまず、両氏の軍事行動を追ってみたい。

武田氏による飛驒侵攻は、永禄七年の第五次川中島合戦と並行して行われた。飛驒が両氏の介入を受けることとなった要因は、飛驒国内が内乱状態にあったことにある。岡村守彦氏によると、永禄七年段階の飛驒において最も大きな勢力を誇っていたのが桜洞城（岐阜県下呂市）の三木良頼であったが、この三木氏に対抗する勢力も複数存在しており、高原諏訪城（同飛騨市）の江馬時盛、江馬氏の傍流にあたる洞城（同）の麻生野慶盛、高堂城（同高山市）の広瀬宗城らが結託し、武田氏に通じることで三木氏に対抗しようとしたという[4]。これを受け、武田氏は飛驒への侵攻を開始する（飛驒の地図については、第九章二七一頁を参照）。

まず武田氏は、同年六月九日に木曾義昌家臣の千村俊政と山村貞利に書状を送り、飛驒の情勢について使者の工藤七郎左衛門尉を通じて伝達しており、飛驒侵攻への木曾氏従軍を示唆している（「千村家文書」戦武八九八）。木曾氏の領域は飛驒と隣接しているため、武田氏は飛驒出陣を命じたのであろう。同月十三日に信玄は、東美濃岩村城(岐阜県恵那市)の遠山景任と、苗木城(同中津川市)の遠山直廉兄弟に対し、次の書状を送っている。

〔史料1〕武田信玄書状(竪紙)(「尊経閣文庫所蔵『武家手鑑』」戦武八九九)

今度万可指越候処、尾州(織田)金山江其方入魂之由候、誠令安堵候、仍越後衆信州へ出張之由候間、至于実儀者、乗向可遂一戦候、為虚説者、以次越府(上杉)江可及行候、旁々不図出馬候、約束之鉄放衆五十人、急速ニ加勢憑入候、万可如申者、苗左(遠山直廉)可有出陣様ニ支度之由候、於志者不浅次第候、雖然候自井口金山へ揺之由聞及候条、必苗左出陣延行尤候、恐々謹言、

(永禄七年)六月十三日　　信玄(武田)(花押)

遠山左衛門尉(景任)殿

同左近助(直廉)殿

信玄は遠山両氏に対し、上杉軍による信濃侵攻について述べ、自らも出陣する意向であることを示している。その上で遠山両氏に「約束之鉄放衆五十人」でもって早急に加勢するよう促している。しかし、実際に信濃への早急な加勢を指示されたのは兄の景任のみであり、弟の直廉については、美濃の情勢が不安定であるため、信濃への出陣が延期となることは当然のことであるとしている。また、書状冒頭には、遠山氏が織田氏と兼山城(金山城とも、岐阜県可児市)と入魂であることに信玄が安堵している様子が記されている。兼山は「自井口金山へ揺之由」とあることから、斎藤氏と敵対し、さらに織田氏と協力関係にあったことがわかる(この点については、本書第七章史料3にて検討)。

ここで注目したいのが、遠山氏が武田・織田双方と好を通じていたことを武田氏が認知していた点である。武田氏は、織田氏と和睦した遠山氏と良好な外交関係を保つことで、織田氏が美濃から信濃へ侵入しないよう未然に防ごう

としたと考えられる。すなわち、武田氏は遠山氏を中立的な勢力として認知することによって、美濃から信濃へ軍事介入が行われないよう取り計らっていたのである。武田氏は、織田氏が斎藤氏を圧倒して後に信濃へ侵入するのではないかと予測していたのであろう。そして、この遠山氏の存在が、後の武田・織田同盟成立に大きな役割を果たしていくのである（本書第七章）。

遠山氏に飛騨への出陣を促した武田氏であるが、横山住雄氏紹介の史料によると、武田氏は七月十五日に遠山直廉宛に書状を発給しており、直廉に対し三木良頼の拠点のある益田郡（岐阜県下呂市）に兵を出すよう指示を出している（「苗木遠山史料館所蔵文書」）。これは、史料1が発給された段階で斎藤氏の動向に留意しなければならなかった直廉に対し、改めて飛騨への出陣を信玄が促したものと考えられる。このように、武田氏は東美濃の遠山氏を指示することによって、飛騨侵攻を円滑に行おうとしていたのである。

武田氏による飛騨侵攻を受け、三木氏と江馬輝盛は越後の上杉氏を頼った。両者の出陣要請に対し上杉氏は、武田氏との抗争を決意し、同年八月に軍勢を信濃へ南下させた。飛騨での内乱が武田・上杉両氏の抗争にまで発展したのである。この経緯について輝虎（謙信）は、十月二十日に江馬輝盛家臣の河上富信に宛てて、次の書状を発給している。⑸

〔史料2〕上杉輝虎書状（「窪田宗則氏所蔵文書」上越四三九）

切紙披見祝着候、今度時盛（江馬）再乱無是非次第候、然不違先忠輝盛（江馬）相談、至于越中境被取除儀、誠忠切（功）不浅候、因茲、高原へ調義之義、姉小路（三木）良頼与輝盛同意ニ預届候間、則越中衆申付為及手合候キ、其上も無心元間、信州河中島へ出馬、及六十日立旗、甲州（武田）相押候故、時盛悃望之間、和睦之由、先以可然候、向後弥輝盛可被加意見事、簡要至極候、万余村上義清可為伝説候、恐々謹言、

（永禄七年）十月廿日　　輝虎（上杉）（花押）

河上式部丞（富信）殿

書状に「時盛再乱」と記されていることから、江馬時盛が上杉方に与していたにもかかわらず、武田氏に通じていたことがわかる。また、「再乱」とあるので、時盛の反乱はこの時が初回ではない。時盛が反乱を起こしたことを受け、同族の輝盛が上杉氏を頼ったのである。三木良頼（史料上では姉小路）と輝盛が同意していることを確認した上杉氏は、越中衆を派遣して時盛の反乱に備えることにしたが、それだけでは心許なかったため、川中島（長野県長野市）へ出陣したとある。川中島への出陣は六十日にも及んだが、武田軍との会戦には至っていない。一方で、武田氏は飛騨から撤退したようで、後ろ盾がなくなった時盛は上杉氏と和睦した。結果、飛騨は上杉方優勢となった。平山優氏は、武田氏の飛騨侵攻は、信濃領国化のために是非とも必要な戦略であったと評価している[6]。飛騨には武田氏のみならず上杉氏も介入を行っていたことからも、平山氏の指摘するように信濃をめぐる両氏の抗争において飛騨が戦略的に大きな意味を持っていたことは間違いないだろう。

信玄の飛騨侵攻は、第五次川中島合戦を引き起こしたわけだが、その一方で信玄が東美濃の遠山氏にも影響力を有していたことが確認できた。この遠山氏の存在によって、のちに武田氏は織田氏との接点を持つことになる。したがって、武田氏が織田氏と外交上で接近する基盤が永禄七年段階で形成されていたと考えられる。武田氏が飛騨侵攻を行い、川中島で上杉軍と五度目の対陣をしていた頃、史料1でもわかるように織田氏は美濃の斎藤氏と抗争中であった。また、永禄七年は、織田氏が上杉氏との外交交渉を活発化させた時期でもある（「上杉家文書」上越四四一・四四二等）。

織田・上杉間の外交関係は、足利義昭からの協力要請によって、義昭への尽力を表明した勢力同士として情報交換を行うといった新たな側面も有するようになる。また信長は上洛してのち、義昭の和睦調停の斡旋役として、武田・

上杉間の和睦調停に携ることとなっていく。義昭が幕府再興に向けて複数の戦国大名に協力要請を行ったことによって、武田・織田両氏の周辺で複雑な外交戦が展開されるのである。この点については後述したい。

織田氏は上杉氏との友好関係を保ちつつ、永禄八年七月には犬山城（愛知県犬山市）を落城させて尾張を統一し、さらに市橋・国枝氏ら西美濃地域の領主らを通して越前の朝倉義景との外交交渉も行い、軍事・外交面から斎藤氏への攻勢を次第に強めていった。(7) これらの経緯は、『信長公記』にも記されている。(8) 一方で武田氏は、永禄七年から八年にかけて斎藤氏と交渉を行っていたようであるが、斎藤氏が織田氏の攻撃によって劣勢となったため、同盟成立までには至らなかった。(9) この点に関し横山住雄氏は、美濃から甲斐恵林寺に入った快川紹喜に関する検討から、織田氏からの攻撃を受けて窮地に立たされた斎藤氏を救援するために快川紹喜らは武田・斎藤間の同盟を画策したのではないかとしている。(10)

織田氏の攻略対象は斎藤氏の拠点である井口（稲葉山城のちの岐阜城、岐阜県岐阜市）を中心とした西美濃地域であったが、織田家臣の森可成が美濃の兼山城（金山城とも）に入ったことによって、遠山氏の領域を挟んで武田領国までの距離が近くなったことから、武田氏と対峙する可能性が生じた（「古案一」愛知11―四四二）。具体的な年代は定かではないが、織田氏は信秀妹（信長叔母）を遠山景任に、信長妹を遠山直廉に嫁がせており、のちに直廉に嫁いだ妹が産んだ娘は信長の養女となっている。(11)

こうして、遠山氏が武田・織田双方と関係を深めていったことによって、両者は対立の構えを見せ始めた。一次史料では確認できないが、『甲陽軍鑑』によれば、武田・織田両軍が東美濃で対峙したのは、永禄八年三月のことだという。(12) 高野口（岐阜県瑞浪市）に、武田氏は秋山虎繁らを、織田氏は森可成らを派遣して応戦したが、目立った合戦には至らなかった。九月、織田氏は武田氏に使者を派遣し、軍事衝突を回避すべく、同盟することを提案した。そして、武田・織田間で婚姻が結ばれることとなり、十一月、信長は遠山直廉女（信長の姪、龍勝寺殿）を養女とし、信玄の四男勝頼に嫁がせた。以上が『甲陽軍鑑』に記載されている内容であるが、婚姻の経緯は先述したとおり、良質な史料では確認できない。しかし、永禄八年以降、遠山氏の領域を挟んで武田・織田双方が軍事衝突に至っていないことから、婚姻の成立は永禄八年以降のことであると捉えて良いだろう。

また、武田・織田間の交渉に関連している史料として、次の文書がある。

〔史料3〕武田信玄書状（「和田家文書」戦武九四四）

就于和親之儀、以秋山伯耆守（虎繁）申候、無隔心可預指南候、仍太刀一腰・馬一疋進之候、誠表祝詞候、随而先日者入来候処、田舎故無珍風情帰国、併失面目候、委曲市川十郎右衛門尉可申候、恐々謹言、

（永禄八年）六月十七日　　信玄（武田）（花押）

和田新介（定利）殿

『信長公記』によると、宛所の和田新介定利は、もとは犬山織田氏の家臣で黒田城（愛知県一宮市）の城主であったが、信長の犬山城攻略以前に信長方に付き、その家臣となったという[13]。文末にみえる市川十郎右衛門が信長の取次を務めていたことから、この文書は和田定利が信長の家臣となった後に発給されたものであり、永禄八年以降のものであると考えられる。冒頭に「就于和親之儀、以秋山伯耆守申候」とあるように、信玄は織田氏との和睦について秋山虎繁を取次として交渉を行っている。さらに太刀一腰と馬一疋を織田氏に進上し、和睦の意向を伝えている。「無隔心可預指南候」とあるため、おそらく織田氏の方から武田氏に対して和親を提案し、それに武田氏が応じて交渉が行われたものとみられる。『甲陽軍鑑』は、武田・織田間の交渉が開始されたのは九月であるとしているが、この史料の日付から、六月以前から武田・織田間の交渉は行われていたと思われる。

武田氏が織田氏との和睦に応じ、戦闘を回避した。武田・織田同盟の成立には、両者に対し両属の立場を取っていた遠山氏の存在が深く関与しており、遠山氏の存立を認知することによって武田・織田両氏は戦争を解決、そして抑止したのである。

しかし、この織田氏との和睦が、信玄と信玄嫡男の義信（正室は今川義元女の嶺松院殿）の対立を表面化させた[14]。今川氏と敵対する織田氏との外交関係が良好となったことにより、武田氏が今川氏と対立する可能性が生じたのである。それに対し、自身の婚姻が三国同盟と深く関与していた義信は三国同盟継続を訴え、信玄に異論を唱えたとみられる。結果、永禄十年に義信は幽閉された末に死亡し、翌年に武田氏は駿河侵攻を開始した。このように武田・織田同盟は、三国同盟を維持しながら領国の発展を続けてきた武田氏にとって大きな転機となったのである。

二　足利義昭の入洛と武田氏の駿河侵攻

永禄八年（一五六五）六月、将軍足利義輝が三好・松永両氏らによって殺害される事件が起きた。この事態に対し足利義昭は、複数の戦国大名の支援を受けることでその実現を果たそうとした。前述したとおり、義昭が戦争の和睦斡旋や自身への支援をはたらきかけたことにより、東国の諸勢力は義昭との外交関係を有することとなり、対立していた上杉氏との和睦を斡旋された武田氏も例外ではなかった。永禄九年、上杉氏と停戦するよう義昭から信玄宛に御内書が発給されている（「平成九年明治古典会『七夕古書大入札会目録』収録文書」戦武四〇二五）。この御内書には「甲相越三ヶ国和睦事」とあり、義昭が武田・北条・上杉の三氏に対し和睦を促し、自身へ協力するよう求めていることがわかる。しかし、武田氏は上野において上杉氏と抗争中であり、北条氏も上杉氏と対立していたため、三氏による和睦は成立しなかった。三氏は、義昭への尽力よりも上野における抗争継続を選択したのである。義昭の御内書によって和睦することも可能であったと考えられるが、三氏はこの時点では室町幕府再興を目指す義昭の意向には従わなかった。

永禄八年に将軍義輝が死亡した時点で、義昭から上洛を勧められていた上杉氏であったが、永禄十年になっても上野における武田氏との抗争は終結せず、再三にわたる義昭からの将軍就任への協力要請に応じることができなかった。それに代わり、積極的に義昭の要請に応じたのが織田氏で、永禄十一年に信長は義昭を奉じて上洛を目指すこととなった。義昭と信長が上洛した一方で、武田氏は今川領国である駿河への侵攻を視野に入れるようになる。その過程において重要となってくるのが、織田氏との同盟関係である。永禄十一年七月、信長は上杉輝虎に対し、次の書状を送っている。

〔史料4〕織田信長書状（「志賀槙太郎氏所蔵文書」上越六一〇）

去六日芳問、遂拝閲候、畿内并此表之様子、其元区風説之由候付而、尋承候、御懇情候、然間、始末有姿以一書申候、毛頭無越度之条、可被安賢意候、仍条々御入魂之趣、快然之至候、誠爾来疎遠之様候、所存之外候、甲州（武田氏）与此方間之事、公方様（足利義昭）御入洛供奉之儀肯申之条、隣国除其妨候、一和之儀申合候、其以来者、駿・遠両国間自他契約子細候、依之、不寄除為躰候、雖然、対貴辺前々相談、於無別条候、度々如申旧候、越・甲間属無事、互被抛意趣、天下之儀御馳走所希候、将又、越中表一揆蜂起、其方御手前候歟、神保父子間及鉾楯之旨候、如何之躰ニ候哉、彼父子事、於信長も無疎略之条痛入計候、随而唐糸五斤紅、豹皮一枚、進之候、猶重而可申述候、恐々謹言、

（永禄十一年）七月廿九日　信長（織田）（花押）

上杉（輝虎）弾正少弼殿
進覧之候

書状の中で信長は、「甲州与此方間之事、公方様御入洛供奉之儀肯申之条、隣国除其妨候、一和之儀申合候」とあるように、義昭を奉じての上洛に隣国からの妨げがないよう計らい、その結果として武田氏と和睦したと述べている。信長が実際に上洛の途につくのはこの書状を発給した二ヶ月後の九月のことであるが、上洛を実現させるため武田氏との外交関係を良好に保とうとしていたことがわかる。また、武田氏との交渉内容について信長は「駿・遠両国間自他契約子細候」としており、駿遠領国すなわち今川領国に関して織田・武田間で詳細な契約を行ったと述べている。同年十二月、武田氏は駿河への侵攻を開始するが、この書状が発給された段階で今川領国への侵攻を画策していたことは明らかである。鴨川達夫氏はこの武田・織田間の和睦を、信玄と信長が軍事衝突を避け相互不可侵を約したことから「上洛を目指す信長と駿河侵攻を目指す信玄という両者の利害が一致したもの」と評価している[15]。この鴨川氏の見解にはおおむね賛同できるが、義昭の存在も含めながら改めて検討を加えてみたい。

　史料には契約の事実しか述べられておらず、武田氏と織田氏が今川領国について具体的にどのような契約を交わしたのかは定かではないが、両者が何故この契約を結んだかについて考察した場合、武田氏が今川領国に侵攻することにより織田氏は今川氏の軍事行動に留意する必要性が低くなることが指摘できる。今川氏が仮に三河に侵攻すれば、織田氏の同盟関係にある徳川家康がその対応に追われるため、織田氏にも少なからず支援等の影響が及ぶ可能性がある。そのため、武田氏が今川領国に侵攻すれば、織田氏としては上洛に支障がなくなると言えよう。

　このように、武田氏は今川領国への侵攻を視野に入れた上で織田氏との和睦に応じたと考えられるわけだが、一方で織田氏の状況を武田氏はどのように把握していたのであろうか。織田氏の和睦に応じることは、義昭に同意するに等しい行動と捉えることができる。しかし、武田氏が義昭への支援を表明したかどうかについては史料3が発給された時点では定かではなく、武田氏の目的が義昭の上洛支援よりも今川領国への侵攻に比重が傾いていたことは確かであろう。ただ、この武田・織田同盟が成立したことにより、武田氏は織田氏を通して義昭との接点を持つこととなる。信長が上洛を果たしたことで義昭は将軍に就任することができたが、武田氏が今川領国に侵攻すると約したことにより、信長は義昭を奉じての上洛に集中することができたのである。つまり、武田氏は間接的に義昭の将軍就任に尽力したことになろう。永禄十一年段階において武田・織田同盟は、戦国大名間における停戦協定という機能のみならず、将軍義昭に尽力する勢力同士の連携という意味合いも含まれるようになったのである。また、『甲陽軍鑑』には、永禄十一年に信玄の娘である松姫と信長の嫡子である信忠の婚約が成立し、その取次を秋山虎繁が務めたとある[16]。

同年十二月、武田氏は駿河への侵攻を開始した。武田軍の攻撃を受けた今川氏真は迎撃態勢を取ったが持ち堪えることができず、遠江懸川城（静岡県掛川市）へ敗走を余儀なくされた[17]。こうして武田氏は氏真を駿河から敗走させることに成功したが、北条氏の軍事介入によって戦況は一転し、信玄率いる本隊が駿河に封じ込めにされる事態となった。武田氏は北条氏に対し、今川・上杉両氏の共謀を述べて自身の正当性を主張したが、北条氏は武田氏でなく今川氏の支援を表明した。そして、北条氏はかねてより敵対関係にあった上杉氏との和睦に臨み、越相同盟成立へと動き出すのである[18]。

武田氏が駿河に侵攻した際、同じく今川領国である遠江に侵攻を開始したのが三河の徳川氏である。徳川氏は武田氏に呼応した軍事行動を取っており、徳川氏に対し武田氏は同年十二月二十三日に書状を送って連携の意思を伝え、信玄みずから遠江に向かう予定であることを報じている（「恵林寺文書」戦武一三四三）。武田氏は当初より駿河を経由して遠江への侵攻を視野に入れていたようで、信濃から秋山虎繁率いる別働隊（以下、信濃衆）を遠江に侵入させていた。しかし、年が明けた永禄十二年正月初旬、この信濃衆が懸川城包囲を目指す徳川軍と衝突してしまったことから徳川氏は武田氏に不信感を募らせ、抗議を行っている。これに対し武田氏は、信濃衆を自身の陣へと撤退させ、徳川氏と争う意思がないことを示した。そして、両者間にて誓詞交換が行われ和睦が成立したが、徳川氏が北条氏と協力して懸川城を開城させようとしたため、武田・徳川両氏の連携は不備に終わった[19]。北条氏によって駿河に封じ込められた武田氏は徳川氏との連携を維持しようとしたが、事態の好転には至らなかったのである。

　これら一連の武田・徳川両氏の連携であるが、その仲介となったのは両者と同盟関係にある織田氏であった。この点に関しては前田利久氏が武田氏の駿河侵攻過程を検証された中で指摘しており[20]、また筆者も、本書第四章について織田氏が仲介となっていた点を明らかにした。家康から抗議を受けた信玄は、信長に対し次の書状を送っている。

〔史料5〕武田信玄書状（「『古典籍展観大入札会目録』収録文書」戦武一三五一）

先日者以使者申候之砌、種々御入魂、殊悃答祝着候、抑不図当国へ出馬候之処、不及一戦今川氏真敗北、至于懸河籠城、即取詰彼地、雖可付是非候、三州衆（徳川）出張如何様之存分候哉、当方江疑心之様候之間、以其遠慮、于今当府滞留、此等之趣為可申述、市川十郎右衛門尉指越候、仍令附与彼口上候之旨、以御同意可為本懐候、恐々謹言、

（永禄十二年）正月九日　信玄（武田）（花押）

織田弾正忠（信長）殿

　信玄は信長に対し、徳川軍の出陣についてどのように考えているのか詰問している。また、家康が疑心を抱いているため、武田氏は遠慮して駿河に軍を留めていると述べている。このことから、武田・徳川両氏の今川領国侵攻を織田氏が把握していたことが明らかとなる。同時に、信玄が徳川軍の動向について信長に詰問しているため、武田・織田同盟が基盤となって徳川氏が遠江に侵攻した背景もうかがえる。しかし、実際には事前に武田・徳川間で具体的な

作戦が立てられていなかったようである。[21]二月には武田・徳川間で誓詞交換が行われ正式な和睦が行われたが、先にも述べたように徳川氏は北条氏とともに懸川城の開城を目指すようになる。この時の外交関係悪化が、元亀三年(一五七二)の武田氏による遠江・三河侵攻へと繋がっていくのである。

北条氏の猛攻によって苦戦を強いられた武田氏は徳川氏と和睦した。本来ならば、信玄自身が駿河から遠江に進軍し、今川領国全域を制圧する計画であったとみられるが、実際には北条氏の軍事介入によって実行不可能となっていた。そこで武田氏は懸川城への攻撃を徳川氏に任せ、北条氏との戦闘に集中しようとしたのである。遠江までの進軍を企てていたことから、武田氏は徳川氏の軍事力に頼ることなく今川領国を制圧しようとしたのであろうが、戦況は思わしくなく、その一方で徳川氏は、懸川城を包囲するまでに至った。こうして苦境に立たされた武田氏は、外交を広域にわたって展開することで事態の好転を試みるのである。ここで注目されるのが、織田氏と足利義昭の存在である。

武田氏にとって、駿河侵攻を決行するにあたっての最大の懸念は、上杉氏にあった。北条氏の軍事介入に阻まれ、駿河での戦闘が長期化する恐れが出てきたため、武田氏は上杉氏の信濃侵攻を何としても回避しなければならなかった。この点について丸島和洋氏は、永禄十二年に行われた武田・上杉間における停戦の存在(甲越和与)を指摘している。[22]それによると、武田氏は織田氏を通じて義昭による御内書発給を促し、上杉氏との停戦を画策している。結果、同年七月頃には甲越和与は成立をみたようであり、これによって武田氏は上杉氏の信濃侵攻に対する懸念から解放された。同時に、北条氏が進めていた越相同盟に対する牽制も実現し、北条氏が幾度にわたって上杉氏に依頼した信濃出陣を抑止することができたのである。丸島氏によると、甲越和与は元亀元年(一五七〇)八月に上杉氏が破棄を宣言するまで継続したという。

甲越和与を成立させた武田氏は、同年四月下旬にようやく甲斐へと撤退した。しかしこの間、徳川氏と北条氏との間で懸川城を開城させようとする動きが活発化しはじめた。徳川氏による対今川交渉は武田氏が甲越和与を目指していた三月より始められており、氏真を駿河に帰還させることを条件に懸川城の開城を促すといったものであった。これは、信玄が織田家臣に宛てた書状の中で確認できる（「武家事紀　三三」戦武一三七九）。四月になると武田氏は徳川氏に対し条目を送り、徳川氏と同盟関係にある織田氏と将軍義昭が甲越和与に尽力していることを述べ、北条氏との連携を継続させないよう試みたが徳川氏は応じず、上杉氏との外交を活発化させた（「山県徹氏所蔵文書」戦武一三八九、「本光寺常盤歴史資料館所蔵文書」愛知11―六四四）。結果、武田氏の外交は効果を上げられず、ついに五月に懸川城は開城となり、遠江の大半を徳川氏が領有することとなった。

懸川城を出た氏真は、正室早川殿の実家である北条氏のもとに引き取られることになり、氏真は北条氏政の子（のちの氏直）を養子に迎えることで、駿河防衛の権利を北条氏に譲渡した（「致道博物館所蔵文書」戦北一二二九、「垪和氏古文書」戦北一二三二等）。こうして、北条氏は武田氏と敵対し、今川氏に代わって駿河を奪還する名目を得たのである。

これを受け、信玄は織田家臣に対し次の書状を送っている。

〔史料6〕武田信玄書状（「神田孝平氏所蔵文書」戦武一四一〇）

追而　上使瑞林寺・佐々伊豆守（成政）越後へ通候、津田掃部助（織田忠寛）者、為談合一両日已前着府候、

能令啓候、懸川之地落居、今河氏真駿州河東江被退之由候、抑去年信玄（武田）駿州へ出張候之処、氏真没落、遠州も悉属当手、懸河一ヶ所相残候キ、経十余日、号信長（織田）先勢、家康（徳川）出陳（陣）、如先約、遠州之人質等可請取之旨候間、任于所望候シ、其已後、北条氏政為可救氏真、駿州薩埵山へ出勢、則信玄対陣、因茲向于懸川、数ヶ所築取出之地候故、懸河落城候上者、氏真如生害候歟、不然者、三・尾両国之間へ可相送之処ニ、小田原衆・岡崎衆於于半途遂

会面、号和与、懸川籠城之者共、無恙駿州へ通候事、存外之次第候、既氏真・氏康(北条)父子へ不可有和睦之旨、家康誓詞明鏡候、此所如何信長御分別候哉、但過去儀者、不及了簡候、せめて此上氏真、氏康父子へ寄敵対之色候様、従信長急度御催促肝要候、委曲可在木下源左衛門尉口上候間、不能具候、恐々謹言、

(永禄十二年)五月廿三日　信玄(武田)(花押)

津田国千世殿

夕庵(武井)

武田氏は、徳川・織田両氏に使者を遣わしていたにもかかわらず、徳川氏が北条氏と組んで懸川城を開城させたことについて「存外之次第候」と不快感を示し、北条氏と和睦しないと徳川氏が誓詞にしたためたことは明らかであると主張している。さらに信玄は、徳川氏が北条氏と敵対するよう織田氏から催促して欲しいと訴えている。しかし、同年五月以降の武田氏の軍事動向に徳川氏は協力していないことから、この書状による織田氏への協力要請は成功しなかったと考えられる。

同年六月、武田氏は軍勢を南下させて駿東郡に侵入し、深沢城(静岡県御殿場市)を攻撃した(「上杉家文書」戦北一二六三～一二六五)。翌月には三島(同三島市)を放火して富士大宮城(同富士宮市)を攻略し、甲斐と駿河の交通路の確保に成功している(「玉井家文書」戦武一四二七)。その後、七月には碓氷峠を越えて上野から北条領国に侵入し、途中で鉢形城(埼玉県寄居町)や滝山城(東京都八王子市)を攻撃して十月には小田原城を包囲した(本書第五章)。しかし、本格的な攻城戦は行わずに武田氏は撤退し、途中の三増峠(神奈川県愛川町)で合戦となった。家臣で上野箕輪城(群馬県高崎市)の浅利信種が戦死するなどの犠牲も蒙ったが、武田氏はこの合戦に勝利して津久井筋(相模原市緑区)を抜けて甲斐に帰国した(「上杉家文書」等、戦北一三三〇・一三三一・一三三五)。甲斐に帰国した信玄は、美濃の遠山氏や信濃の

諏訪氏に対し三増での勝利について言及している（「京都市『古裂会目録』平成十一年」戦武一四六四、「諏訪家文書」一四六五）。

翌十一月、三河の奥平定能は、三増での武田軍勝利の報せを聞いて使者を派遣したようで、信玄は定能に返書を送っている。武田・織田同盟と直接的な関わりはないが、元亀年間に入ってからの武田氏の軍事行動に関連する内容となるため、史料をここに掲げる。

〔史料7〕武田信玄書状写（「松平奥平家古文書」戦武一四七六）

於于相州遂一戦、就得勝利候、態使者祝着候、其以後三州無異儀候哉、承度候、殊近日者、（徳川）家康一段当家へ入魂候之間、可為大慶候、委曲山県（昌景）三郎兵衛尉可申候、恐々謹言、

（永禄十二年）十一月十九日　　（武田）信玄判

奥平（定能）美作守殿

「其以後三州無異儀候哉、承度候」とあるように、信玄は定能に三河の動向について知りたいと述べているが、一方では「殊近日者、家康一段当家へ入魂候之間、可為大慶候」と述べており、徳川氏と入魂となったことをうかがわせている。この時期の武田・徳川間の関係に、目立った軋轢がない状況であることを示唆したものであろう。事実、信玄は定能に対し三河の情勢を尋ねているため、家康の動向について警戒していたことは確かである。柴裕之氏は、奥平氏が武田氏の三増合戦での勝利に使者を派遣したのは武田・徳川両氏に挟まれた境目地域にある国衆の行動と位置づけている[23]。また、筆者も第四・七章において東美濃の遠山氏が武田・織田間において両属の状態にあったことを指摘したが、奥平氏も同様に武田・徳川間において両属の状態であったことが史料7から確認できる。史料上で信玄は家康との外交関係が良好であることを示唆しているが、いずれにせよ、両氏の関係は今川領国を挟撃した時点で安

定したものではなかった。このことが、後の元亀年間における信玄の遠江・三河侵攻に繋がっていくのである。

小田原侵攻によって北条氏を牽制した武田氏は、同年十二月に駿河侵攻をふたたび開始した。年内に蒲原城（静岡市清水区）を陥落させた武田氏は、翌永禄十三年正月に花沢城（静岡県焼津市）と徳一色城（のち田中城、同藤枝市）をも陥落させ、北条氏との戦闘を優位に進めた。蒲原城を陥落させた際、信玄は信長にその旨を伝えている。

〔史料8〕武田信玄書状写（『武家事紀』三三　戦武一四八一）

以幸便令啓候、抑輝虎（上杉）至于上州沼田出張、定而上意（足利義昭）並貴辺御策謀半候之間、某分国ニ不可動干戈事勿論候、但楚忽之行候者、則後悔無益候、先信州へ出馬、諸城堅固之備申付尤候趣、家老者共致異見候、雖然上意之御下知、又貴所御扱半候之条、以遠慮駿州へ出張、去六日蒲原落城、北条新三郎（氏信）以下凶徒悉没死、当城江信玄（武田）罷移候、可御心安候、此上も輝虎擬之儀迄、偏信長（織田）可有調略候、猶近日以市川与左衛門尉可申候、恐々謹言、

十二月十日（永禄十二年）　信玄（武田）（花押影）

謹上　弾正忠（織田信長）殿

史料の冒頭にあるように、上杉軍本隊が十一月二十日に上野国沼田（群馬県沼田市）まで到着していたことが確認される。しかし信玄は、義昭と織田氏の斡旋によって武田・上杉両氏が停戦していることを意識してか、家臣たちが信濃の諸城の防御を固めて上杉軍の襲来に備えるべきだと主張するのを退け、駿河へ侵攻したと述べている。甲越和与の存在を指摘した丸島和洋氏は、この史料の記述から、甲越和与が不安定ながらもその効力が維持し続けていた点を指摘し、また、武田・上杉双方がともに直接の軍事対決を避けたいと考えていたのではないかとの見解を示している[24]。丸島氏が指摘する甲越和与に関与する信長の存在は武田・織田同盟が基盤となっており、武田氏の駿河侵攻と共通する点である。武田氏は、北条氏に圧倒されて四月に甲斐へ撤退する事態になったが、のちに小田原へ侵攻し、三増合

戦で勝利した。その戦果を経ての駿河侵攻の再開であるため、武田氏の目標が駿河であったことは確かであろう。駿河侵攻を再開させた信玄が信長に対しその状況を伝達していることから、武田氏の駿河侵攻が織田氏との同盟関係を基盤に行われていたことが改めて確認される。武田氏の駿河侵攻と甲越和与の成立には、武田・織田同盟が有効に機能し、さらにそこへ義昭の上洛と停戦令が関係していたのである。

三　武田氏の徳川領国侵攻と織田氏

駿河のほぼ全域を制圧した武田氏は[25]、徳川領国となった遠江・三河への侵攻を開始する[26]。この軍事行動は、通説では駿河制圧と同年の元亀二年（一五七一）四月より開始とされていたが、この説に対し鴨川達夫氏が異論を提唱した[27]。鴨川氏は、武田勝頼が発給した三河足助城（愛知県豊田市）の攻略を報じた四月二十八日付の書状と、同じく吉田城（同豊橋市）攻略を報じた同月三十日付の書状について、文面に信玄の存在が確認できないことから、勝頼自身の意思によって発給された書状であり、天正三年（一五七五）発給であるとしている。この年代比定により鴨川氏は、元亀二年四月の信玄による三河侵攻は虚構であり、この時期に信玄は遠江・三河方面に出陣していなかったと結論づけている。また、信玄の遠江・三河侵攻は越前朝倉氏と本願寺からの要請に応じたもので家康に対する牽制にすぎず、別働隊に侵入させていた美濃方面こそが本線（信玄の最終的な攻撃目標）と見解を示し、信玄の侵攻目標が徳川領国ではなく織田領国であると指摘している。

この鴨川氏の説に対し、さらなる検討を加えたのが柴裕之氏である[28]。柴氏は、鴨川氏が検討した武田勝頼発給の書状の内容と関連が深い、元亀二年と比定されていた卯月晦日付の山県昌景書状写の再検討を行い、この史料が『当代記』の天正三年の記事と合致していることを確認し、長篠合戦の際のものであることを明らかにした。また、信玄による高天神城(静岡県掛川市)攻撃や、遠江の天野氏および奥三河の山家三方衆の帰属が元亀三年であることを指摘し、武田領国の範囲が三河の北設楽郡に及んでいたと見解を示している。これらの考察を通して柴氏は、信玄の目的が遠江・三河への侵攻であったと結論づけ、鴨川氏の「元亀二年四月の信玄による三河侵攻が虚構である」という説は支持しながらも、信玄の目標が美濃にあるとしたという説については否定した。

このように、元亀年間に入ってからの武田氏の動向について、複数の見解が示されている。武田氏が徳川領国への侵攻を開始した時期であることから、とりわけ遠江・三河の軍事行動に焦点を当てた検討が中心であるが、武田氏の遠江・三河侵攻は、織田氏との対立と義昭との連携にも関連するため、広域にわたる外交の実態についても明らかにしなければならない。そこで、武田・織田間の外交関係の推移を追いながら美濃の情勢についても考察し、元亀年間における信玄の軍事動向について私見を述べていきたい。

先述したとおり、武田氏による遠江・三河侵攻の開始は元亀二年ではなく翌年の三年であったことが明らかにされている。遠江・三河は言うまでもなく徳川領国であるが、果たして武田氏は徳川領国への侵攻をいつ頃から念頭に入れていたのであろうか。

武田・徳川間の外交関係が良好な状況でなかったことは先にも述べた。しかし、そうした状況となっても武田氏は織田氏に対し徳川氏が味方するよう計らって欲しいと訴えていた。それは、武田氏が駿河・伊豆において北条氏との抗争を余儀なくされていたからである。北条氏と抗争中である武田氏にとって、徳川氏との軍事衝突は回避しなければならなかった。その北条氏との戦闘が終結を見たのは元亀二年に入ってからのことで、甲相同盟が復活したのは元亀三年になってからのことである。この甲相同盟の復活が、武田氏の遠江・三河侵攻の契機となったと言える。武田氏の外交状況を考慮すれば、武田氏の遠江・三河侵攻が元亀三年であるというのは理解できる。しかし、徳川氏と敵対するとなれば、織田氏とも敵対関係になる可能性がある。それでは、武田・織田間の外交関係はどのように変化していったのであろうか。

　武田氏が永禄十一年（一五六八）に駿河侵攻を開始した際、織田氏との関係は良好であり、この状況は武田氏が駿河を制圧した元亀二年になっても持続していたが、武田氏が遠江・三河侵攻を企てたことにより、両氏の関係に変化が生じるようになる。

　翌元亀三年正月、信玄は織田家臣の武井夕庵に書状を送り、北条氏との和睦成立を報じた上で遠江・三河における虚説を否定し、信長への執り成しを頼んでいる（『武家事紀』三三二　戦武一七七五）。だが、両氏は全面的な対立に至らなかったため、元亀三年に突入した段階において武田・織田同盟は維持していた。そこで、元亀三年八・九月に武田氏が行った織田・本願寺間の和睦仲介に注目したい。

〔史料9〕本願寺顕如書状案（龍谷大学所蔵「顕如上人御書札案留」戦武四〇五二）

「鳥」
就信長（織田）・当寺（本願寺）和平之儀、為　武家（足利義昭）被下置御使者、信玄（武田）可有入魂趣、被仰出由候、対信長遺恨深重候、雖然貴辺之儀、不可有贔屓偏頗之御調略候之条、従是旨趣以使者可申展候、委細頼充（下間）法眼可令申候間、不能詳候、穴賢、

九月十日（元亀三年）　——（本願寺光佐）

法性院殿（武田信玄）

「此御札ハ、信玄より大かた案文到来候畢、内証有子細此分也」

「為　武家被下置御使者」とあるように、織田・本願寺間の和睦仲介が義昭の命と武田氏によって行われたという

経緯がわかる。このことから、この書状が発給された時点で武田・織田同盟が継続していたことが確認できる。武田氏がこの仲介を担当した最大の理由は、両者との外交関係にあろう。武田氏は、上杉氏に敵対する本願寺とも同盟関係にあった。そのため、武田氏は和睦仲介を行ったとみられるが、両者の関係は好転しなかった。このことに関し柴氏は、仲介を行っている一方で信玄が遠江侵攻の意思を本願寺および朝倉氏と同盟関係にある近江の浅井氏に示していることや、史料9に「信玄より大かた案文到来候」とあるように、顕如が信玄からの案文に基づいて信玄の和睦仲介を受け入れると信玄に伝えていることから、信玄は織田・本願寺間の和睦仲介を行うつもりはなく、この活動を通して本願寺との同盟関係を強化させることが目的であったと見解を示している[29]。筆者は柴氏の見解に賛同するが、ここで武田氏の遠江・三河侵攻に対する私見を加えておきたい。

徳川氏は織田氏と同盟関係にあったため、武田氏が遠江・三河侵攻を決行するにあたって最も懸念したのは、織田氏の存在であった。武田領国は東美濃を挟んで織田領国と近接しており、同盟関係が破綻すればすぐさま戦闘に至る状況にあった。そのため、武田氏が遠江・三河侵攻を決行するには、徳川氏だけでなく織田氏にも対抗しうる体制を整える必要があったのである。

そこで、武田氏がその体制を整えたのがいつなのかが問題となってくる。先にも述べたとおり、武田氏による遠江・三河侵攻の開始が、元亀三年十月であることが明らかにされた。従来の説である元亀二年に武田氏が遠江・三河侵攻を行っていたならば、武田・織田間の関係も悪化するであろうが、武田氏が織田・本願寺間の和睦仲介を行った元亀三年八・九月の時点では両者の同盟関係は継続している。したがって、武田氏による一連の仲介行動は遠江・三河への侵攻を行う前のものと想定できる。そうであるならば、元亀二年段階において武田氏が遠江・三河侵攻を行っていたとは考えにくい。武田氏が織田・徳川両氏と対抗しうるには、両氏と敵対している勢力との連携が不可欠である。その連携を構築するために武田氏は本願寺との同盟関係を強化したのではないだろうか。よって、武田氏が遠江・三河侵攻を開始したのは元亀二年ではなく、今回の仲介が行われた後である元亀三年十月以降であると考えられる。

元亀三年十月、武田氏は、遠江・三河侵攻を開始した。越前の朝倉氏に遠江・三河侵攻の開始を報じた武田氏は、甲府を出立して駿河を経由して遠江に侵入している（「静嘉堂文庫所蔵『南行雑録』」戦武一九六四、「勝興寺文書」戦武一九六五）。その後、要衝である高天神城や二俣城（浜松市天竜区）を攻略し、さらに十二月には三方ヶ原にて徳川軍と衝突、家康を敗走させることに成功した（「寿経寺文書」戦武二〇〇六、後掲史料12）。さらに武田氏は山県昌景率いる別働隊を信濃から三河へと進軍させて徳川軍を挟撃する作戦を採っていた。

また武田氏は、遠江・三河侵攻と並行して飛驒や東美濃への介入も行っていた。武田氏はまず、九月に飛驒へ軍勢を侵入させ、三木良頼や江馬輝盛らが上杉氏への援軍として越中に出陣できないよう牽制した（「上杉家文書」上越一一二二）。この際、東美濃の遠山氏も武田方の援軍として飛驒に出陣していた。さらに武田氏は、五月の時点で美濃郡上（岐阜県郡上市）の遠藤氏に対し武田方に味方するよう工作を行い（本書第九章）、東美濃への影響力を次第に増強させていった（「金森家文書」戦武一八九七）。平山優氏は、これら一連の軍事行動を通し、信玄が信濃・飛驒・美濃のルートを確保することによって越前朝倉氏と近江浅井氏との連絡回路が機能するようになったと述べている(30)。

飛驒へ侵入して上杉方の諸勢を牽制し、郡上の遠藤氏を懐柔させた武田氏であったが、遠山景任・直廉兄弟の死亡とそれに伴う遠山家中の内紛が勃発したことによって、東美濃の情勢は一転した。織田信広・河尻秀隆率いる織田軍がこの混乱に乗じて岩村城を占拠したのである。この経緯は、十月十八日付の河田長親宛上杉輝虎書状にみえる（「歴代古案」上越一一三〇）。こうして武田・織田双方に対し両属の立場を取っていた遠山氏の領域を織田氏が制圧したことにより、武田・織田同盟が不安定な状態となった。遠山氏が織田方となれば武田領国である信濃と隣接することになり、武田・織田両軍が衝突する可能性が生じたのである。遠山氏の存在が武田・織田間の全面衝突を回避し、両者の同盟関係を維持させていたが、遠山景任・直廉の死亡に伴って織田氏が岩村城を占拠したことにより、両氏の対立は免れない状況となった。

この事態を受け、遠江・三河侵攻の最中であった武田氏は、十一月に東美濃への介入を行った。次の史料にその事実がみえる。

〔史料10〕武田信玄書状（「徳川黎明会所蔵文書」戦武一九八九）

如露先書候、去月三日出甲府、同十日当国江乱入、敵領不残撃砕、号二俣地取詰候、殊三州山家・濃州岩村属味方、対信長（織田）為当敵動干戈候、此所御分別肝要候、為其以玄東斎委細説彼口上候間、不能具候、恐々謹言、

十一月十九日（元亀三年）　信玄（武田）（花押）

謹上　朝倉左衛門督殿（義景）

武田氏は朝倉氏に対し、遠江・三河侵攻の開始を報じ、武田軍が十月三日に甲府を出立して十日には遠江に入り、二俣城を制圧していたことがわかる。さらに信玄は、奥三河の山家三方衆と東美濃岩村城の遠山氏が味方となって織田氏と敵対することになったと述べている。「属味方」という表現であるため、武田軍が軍事的に両者を攻撃して降伏させたというよりは、相手側から帰属を申し出たものと考えられる。武田氏の軍事行動によって岩村城を失った織田氏は上杉氏に書状を送り、甲越和与に奔走したにもかかわらず信玄の所業は前代未聞の無道さであると怒りを露にし、武田氏との決別を表明した（「歴代古案」上越一一三二）。こうして、武田・織田同盟は決裂したのである。岩村城

を奪取した武田氏は、朝倉氏に対し条目を送っている（「徳川黎明会所蔵文書」戦武一九九〇）。この中で信玄は、二俣城の落城が近いこと、岩村城が武田方となったため軍勢をそちらに移したこと、信長が岐阜に帰還して徳川氏に対し三千の援軍を送る可能性があること、本願寺と朝倉氏との連携を強化して織田氏打倒のために備えたいこと、郡上の遠藤氏が織田氏に対抗して砦を作るよう武田氏に催促していること、本願寺に対し一向一揆を蜂起するよう武田氏が催促していること等について述べている。このように、武田氏は朝倉氏に対して戦況を詳しく説明していることからも、織田氏と敵対するために朝倉氏・本願寺との連携をいかに重視していたかがわかる。武田氏は徳川領国への侵攻と併行して織田領国に隣接した地域の備えを固め、さらに朝倉氏・本願寺と連携することで織田氏を牽制しようとしたのである。さらに武田氏は美濃郡上の遠藤氏に対し次のように述べている。

〔史料11〕武田信玄書状写（「東家遠藤家記録」戦武一九九八）

於其表別而当方荷担之由祝着候、当国過半任存分候、幸岩村へ移人数候条、明春者濃州可令出勢候、其以前向于岐阜被顕敵戦之色候様、悉皆馳走可為本望候、委曲附与三村兵衛尉口上候、恐惶謹言、

（元亀三年）十二月十二日　　　　（武田）信玄（花押影）

遠藤加賀殿（胤勝）

遠藤氏が武田方についたことを祝着であると述べた上で信玄は、岩村城へ兵を移し、来年春に岐阜へ出陣する予定であるため、それまで織田氏に対する敵対の意思を明らかにするよう遠藤氏に依頼している。このことから、武田氏は遠江・三河侵攻を進めて徳川氏を牽制しつつも、織田氏の本拠地である岐阜への侵攻を視野に入れていたことがわかるが、それは武田氏の独断によるところではなかった。朝倉氏や本願寺との連携が強化されてこそ実行すべき作戦であると武田氏は捉えていたのである。そのため、信玄は十二月に三方ヶ原合戦で徳川軍に大勝したのち、朝倉氏が

軍勢の大半を本国の越前に撤収させたことについて次のように述べている。

〔史料12〕武田信玄書状（「伊能家文書」戦武二〇〇七）

以使僧承候条、得其意候、仍二俣之普請出来候間、向三州進陣之砌、家康（徳川）出人数候之条、去廿二日当国於見〔三〕方原遂一戦、得勝利、三・遠両国之凶徒幷岐阜之加勢千余人討捕、達本意候間、可御心易候、又如巷説者、御手之衆過半帰国之由驚入候、各労兵勿論候、雖然、此節信長（織田）滅亡時刻到来候処、唯今寛宥之御備労而無功候歟、不可過御分別候、猶附与彼口上候、恐々謹言、

（元亀三年）拾弐月廿八日　信玄（武田）（花押）

謹上　朝倉左衛門督殿（義景）

書状の中で信玄は、二俣城の普請が終了したことと三方ヶ原合戦にて勝利したことを報じている。さらに信玄は、軍勢の大半を越前に撤収させた朝倉氏に対し織田氏が滅亡する時機がやって来たと主張し、朝倉氏の軍事行動について詰問をしている。このことから、武田氏と朝倉氏の間で織田氏を同時期に攻める作戦を講じていたことがわかる。その上、武田氏は朝倉氏との連携が保てないのであれば岐阜侵攻は実現できないと考えていた。結局、朝倉氏が軍勢を撤収させたため、作戦は実行に移すことができなかった。したがって、武田氏の岐阜侵攻は、朝倉氏・本願寺ら織田氏敵対勢力との連携が整わなければ実行できない作戦であったと言えよう。

最後に、武田氏と義昭との関係について若干の考察を加えていく。両者の接点は、永禄十一年の義昭上洛の際に生まれた。その後の武田氏の外交には、対立していた上杉氏との停戦、織田氏との同盟、さらには織田・本願寺間の和睦仲介といった、義昭と関連した外交が見受けられる。

義昭は複数の戦国大名との外交を展開し、自身への支援を訴えることによって将軍権力の回復に努めていた。義昭

の外交対象には武田氏も含まれており、武田氏もまた義昭に対し良好な外交関係を構築しようと計らっていた。しかし、武田氏の義昭に対する外交姿勢が将軍の意に従うものであったと捉えるには、慎重な検討を要するだろう。実際の武田氏の行動は、勢力拡大を目的としたものであり、その結果として武田・織田同盟の成立や駿河侵攻および遠江・三河侵攻が行われている。これらの過程において武田氏は義昭との外交を通じて、政治情勢を優位なものにしようとしていたことは間違いない。義昭の外交は、戦国大名間の合戦を停戦させることを目的としつつ将軍への協力支援を要請するといったものであるが、必ずしも戦国大名が義昭の要請に応じるとは限らず、応じるかどうかはその時の戦局や政治情勢によって異なり、戦国大名が戦況に応じて将軍との外交関係を有効に活用していた。武田氏が義昭との外交を展開した背景には、武田領国の拡大に伴う外交対象の広域化があり、織田氏との外交関係もその中で活発化した。こうした過程の中で武田氏は、義昭と提携することによって戦局や政治情勢を優位となるよう計らい、領国を維持したのである。

おわりに

以上、武田・織田同盟の成立と決裂までの過程を追いながら両者が展開した外交について考察し、あわせて将軍足利義昭との関連性についても検討を加えてきた。これらの作業を経て得た見解を整理したい。

武田・織田同盟の成立には、領域安定のために双方に対して両属の立場を取っていた遠山氏の存在が深く関与しており、この遠山氏の存在が武田・織田間の戦争勃発を抑止していた。武田・織田両氏は、遠山氏の両属を認めることによって同盟を成立させていることから、遠山氏が両氏の外交関係において不可欠な存在であったと言える。このように、国衆は戦国大名領国に挟まれた境目地域において両属の立場を取ることで領域維持を図っていたのであり、戦国大名もまた、そのような国衆の存在を認知することで戦争を解決・抑止したのである。元亀年間になり、遠山氏の帰属をめぐって武田・織田同盟が破綻したことからも、戦国大名間の同盟成立に国衆の存在が大きく関わっていたことは明らかである。国衆も戦国大名との外交を通じて、境目地域における自らの領域を維持していたと考えられよう。領国の維持と防衛のために、戦国大名の外交は行われたのであり、国衆もまた、自らの領域を維持するために両属という立場を利用していたのである。

また、武田氏にとって織田氏との同盟は、東美濃における軍事衝突の回避という相互不可侵協定という機能のみにとどまらなかった。足利義昭が信長の支援によって上洛し、将軍権威の回復をはかったことによってその政治的影響力が増強し、武田氏・義昭間の外交も活発化した。戦国大名が領国を維持し、戦局を優位に動かす上で、将軍との外交関係は有益なものとして捉えられていたのである。武田氏の場合、他勢力との和睦を成立させる際に将軍の仲介者としての和睦調停力を期待していたという点のみならず、織田氏との同盟が決裂した際における反織田勢力との連携強化の面でも義昭との外交関係は有効に機能したと言える。このように、室町期のような幕府守護体制とは異なる自立した地域権力として、戦国大名は将軍との外交を展開したのである。武田氏の対義昭外交は、領国支配および戦局の優位化を図る上で展開された政治的手段であり、義昭支援のための上洛を第一の目的としていたわけではない。しかし、義昭との友好関係を維持するには、義昭を支援する意向を示さなければならなかった。したがって、元亀年間における武田氏の外交と戦争は、上洛説や局地戦説といった観点に捉われない視点で捉えるべきである。

武田・織田同盟は、戦国大名間における相互不可侵協定として成立したが、その前提として国衆や将軍義昭の存在が大いに関係していた。戦国大名は、国衆らに対し外交や戦争でもって介入を行い、一方では将軍と交渉を行うことによって停戦や軍事協定を実現させようとしていたのである。このように戦国大名による外交は、自らの領国を国家として存続させるための有効な政治的手段として機能していた。武田氏もまた、戦国大名として外交を駆使することによって領国支配を実現し、地域権力として存立していたと言えよう。

註

（1）東国における武田氏の外交に関する研究は多数存在する。代表的なものとして、磯貝正義「善徳寺の会盟」（同『甲斐源氏と武田信玄』、岩田書院、二〇〇二年。初出一九六九年）、柴辻俊六「戦国期の甲・相関係」（同『戦国大名領の研究―甲斐武田氏領の展開―』、名著出版、一九八一年。初出一九七九年）、小和田哲男「今川・武田両氏間の同盟・非同盟」（同『小和田哲男著作集第一巻　今川氏の研究』、清文堂出版、二〇〇〇年。初出一九八九年）、池上裕子「戦国期における相駿関係の推移と西側国境問題―相甲同盟成立まで―」（『小田原市郷土文化館研究報告』二七、一九九一年）、久保田昌希「今川氏と北条氏―駿甲相同盟の政治的前提―」（同『戦国大名今川氏と領国支配』、吉川弘文館、二〇〇五年。初出二〇〇一年）等がある。

（2）横山住雄「中世末の苗木城と苗木氏の動向」（『美文会報』二七〇～二七五、一九九一年）、同『織田信長の尾張時代』（戎光祥出版、二〇一二年）。

（3）横山住雄『快川国師の生涯』（濃尾歴史文化研究所、二〇〇七年）、同『武田信玄と快川和尚』（戎光祥出版、二〇一一年）。

（4）岡村守彦『飛騨中世史の研究』（戎光祥出版、二〇一三年。初版一九七九年）。

（5）史料2の輝虎書状にあわせて、上杉家臣河田長親も河上富信宛に書状を発給している（「窪田宗則氏所蔵文書」上越四四〇）。

（6）平山優『川中島の戦い』下（学研M文庫、二〇〇二年）。

（7）「常在寺文書」（『岐阜県史』史料編古代・中世二、一五一一一）、「国枝文書」（愛知11―三八一）。

（8）『信長公記』七三～八一頁。

（9）「長井家文書」（戦武九〇二）や「崇福寺文書」（戦武九一三）などから、永禄七年から信玄が斎藤氏と交渉を行っていたことがわかる。

（10）横山住雄氏は註（2）において、斎藤氏と同盟関係にあった犬山城の織田信清が信長に破れたのは永禄八年七月以前であるとしている。

（11）織田氏と遠山氏が婚姻関係を結んだ経緯は史料的制約から詳細は不明で、『甲陽軍鑑』や『三河物語』（『三河物語　葉隠』、岩波書店、一九七四年）に景任室が信長の叔母であること、直廉室が信長の妹であることが記されている程度である。憶測の域を出ないが、永禄八年（一五六五）に武田勝頼へ嫁いだ信長の姪が二年後に嫡男信勝を出産しているので（『甲陽軍鑑』）、結婚当初の年齢は十五歳前後であると仮定できる。すると、誕生年は天文十九年（一五五〇）前後となり、母である信長の妹が嫁いだのもこの頃と思われ、同十七年に信長が斎藤道三女と婚姻し、同二十年に家督を継いだ時期に近いことから（『信長公記』）、織田・遠山間の婚姻と関連する可能性があろう。また小川雄氏によると、今川氏と敵対する奥三河の国衆が岩村遠山氏などを巻き込み、反今川派勢力を形成していたという（小川雄「一五五〇年代の東美濃・奥三河情勢―武田氏・今川氏・織田氏・斎藤氏の関係を中心として―」『武田氏研究』四七、二〇一三年）。そして、岩村遠山氏の当主景前が、嫡子景任の妻に信長叔母を迎えていたことが織田・斎藤同盟の媒介となったと指摘し、信長と道三が今川と敵対する岩村・明知遠山氏を支援するために苗木遠山氏を攻撃する機会を窺ったのではないかとしている（同前）。のち、苗木城には直廉が入っている（史料1）。小川氏が指摘するような反今川派の岩村遠山氏と織田・斎藤同盟の関連性、および信長の家督相続といった家中の事情が重なり、織田・遠山間の婚姻は成立したとみられる。いずれにせよ、織田・遠山間では二重婚姻が行われていることから、織田氏が遠山氏との友好関係を重視していたことは間違いないだろう。

(12)『甲陽軍鑑』巻十一に武田・織田両氏による東美濃での合戦の様子が記されているが、良質な史料で確認できる内容ではないため判然としない。勝頼と信長養女の婚姻については、「勝頼うちかたハ、尾州織田信長めいなり」とある。『軍鑑』三五九～三六一頁。

(13)『信長公記』七七頁。また、谷口克広『織田信長家臣人名辞典』（吉川弘文館、一九九五年）には、「和田定利は犬山織田氏の家臣であった後に信長に仕え、永禄期には対武田外交において使者を務めた」とある。

(14)『軍鑑』三六七～三六八頁。武田・今川間の外交関係については、長谷川弘道「永禄年間における駿・越交渉について―駿・甲同盟決裂の前提―」（『武田史研究』一〇、一九九三年）、丸島和洋「武田氏から見た今川氏の外交」（『静岡県地域史研究』五、二〇一五年）を参照。

(15)鴨川達夫『武田信玄と勝頼―文書にみる戦国大名の実像―』（岩波新書、二〇〇七年）。

(16)『軍鑑』三七一～三七二頁。信忠と松姫（信松尼）の婚姻については遠藤珠紀「織田信長子息と武田信玄息女の婚姻」（『戦国史研究』六二、二〇一一年）を参照。

(17)「上杉家文書」（戦北一一二七・一一三六）。また、武田氏の駿河侵攻に関する論考として、前田利久「武田信玄の駿河侵攻と諸城」（『地方史静岡』二二、一九九四年）、同「戦国期薩埵山の戦い」（清水市教育委員会『薩埵山陣場跡その現況遺構確認等分布調査報告書』、二〇〇二年）、黒田基樹「北条氏の駿河防衛と諸城」（同『戦国期東国の大名と国衆』、岩田書院、二〇〇一年。初出一九九六年)がある。

(18)　越相同盟に関する研究成果は、主なものとして、岩沢愿彦「越相一和―「手筋」の意義をめぐって―」(『郷土神奈川』四、一九八四年)、市村高男「越相同盟の成立とその意義」(戦国史研究会編『戦国期東国社会論』、吉川弘文館、一九九〇年)、丸島和洋「越相同盟再考―「手筋」論をめぐって―」(『史料館研究紀要』三五、二〇〇四年)等がある。

(19)　『松雲公採集遺編類纂』一五一(戦武一三五〇)、「古今消息集三」(戦武一三五二)、「致道博物館所蔵酒井文書」(戦北一二二九)。なお、家康は信玄と敵対する上杉氏との交渉も永禄十二年二月より開始している(「上杉家文書」愛知11―六三五、「河田文書」愛知11―六三六)。

(20)　前田　前掲註(17)。

(21)　『三河物語』には、信玄が家康に対し今川領国を「川切」にて分けると約したとあり、この川について武田・徳川双方で認識に違いがあったことが記されている。

(22)　丸島和洋「甲越和与の発掘と越相同盟」(柴辻俊六・黒田基樹・丸島和洋編『戦国遺文　武田氏編』第六巻月報、東京堂出版、二〇〇六年)。

(23)　柴裕之「三河国衆奥平氏の動向と態様」(同『戦国・織豊期大名徳川氏の領国支配』、岩田書院、二〇一四年。初出二〇〇六年)。

(24)　丸島　前掲註(22)。

(25)　前田・黒田　前掲註(17)。「由良家文書」(戦北一五七二)、『軍鑑』四〇八～四〇九頁。

(26)　元亀年間に行われた武田氏の遠江・三河侵攻に関する研究は多数存在する。渡邊世祐氏や奥野高広氏が主張した信玄の「上洛説」に対し、高柳光寿氏や須藤茂樹氏によって徳川領国侵攻を第一目標としていた信玄に上洛の意図はなかったとする「局地戦説」が提唱されるなど、多くの論争が展開されている。代表的な先行研究として、渡辺世祐『武田信玄の経綸と修養』（更級郡教育会、一九二八年。のちに新人物往来社から一九七一年に復刊）、奥野高広『人物叢書　武田信玄』（吉川弘文館、一九五九年）、高柳光寿『戦国戦記　三方原の戦』（春秋社、一九五八年。後に同社から一九七七年に復刊）、なかざわしんきち『甲斐武田氏―その社会経済史的考察―』下巻（甲斐史学会、一九六七年）、磯貝正義『武田信玄』（新人物往来社、一九七〇年）、染谷光廣「武田信玄の西上作戦小考―新史料の信長と信玄の文書―」（『日本歴史』三六〇、一九七八年）、須藤茂樹「武田信玄の西上作戦再考」（同『武田親類衆と武田氏権力』、岩田書院、二〇一八年。初出一九八八年）等がある。

(27)　鴨川　前掲註(15)。

(28)　柴裕之「武田信玄の遠江・三河侵攻と徳川家康」（前掲『戦国・織豊期大名徳川氏の領国支配』。初出二〇〇八年）。

(29)　柴　前掲註(28)。

(30)　平山優『武田信玄』（歴史文化ライブラリー、吉川弘文館、二〇〇六年）。

第二部　大名間の戦争

第四章　武田氏の駿河侵攻と徳川氏

はじめに

戦国大名武田氏による駿河侵攻は、永禄十一年（一五六八）十二月より開始され、武田・北条・今川の三氏による三国同盟[1]は崩壊した。三国同盟の崩壊は、武田・北条両氏の抗争と戦国大名今川氏の没落を引き起こし、さらに敵対関係にあった上杉・北条両氏による同盟（越相同盟）[2]の成立をもたらした。その一方で、武田氏に呼応して今川領国である遠江に侵攻したのが、三河の徳川氏である。

徳川氏は三河から遠江に侵攻し、駿河を追われた今川氏真が逃げ延びた懸川城（静岡県掛川市）の包囲に成功する。しかし、徳川氏は今川氏を攻略することができず、最終的には相模の北条氏の協力を得て懸川城を開城させ、遠江へ勢力を拡大した。一方の武田氏は、今川氏を支援し駿河の防衛権を得た北条氏の軍事介入によって苦戦を強いられるが、甲斐への一時撤退や北条氏の本拠である小田原（神奈川県小田原市）への牽制などを経て[3]、元亀二年（一五七一）に駿河を制圧した。

武田氏の駿河侵攻に関する研究は、武田氏と敵対した北条氏らの動向も含め、前田利久氏[4]や黒田基樹氏[5]らによってその軍事的経過が明らかにされており、『静岡県史』[6]や『小田原市史』[7]等といった自治体史の通史編[8]においても多く論じられている。越相同盟に比べ、この間における武田氏の外交に焦点をあてた研究は少なく、前田利久氏の論考に経過の一視点として述べられている程度であったが[9]、二〇〇〇年代に入ると、平山優氏[10]や丸島和洋氏[11]らによって駿河侵攻時における武田氏の軍事や外交について新たな見解が示されるようになり、さらなる検証が求められつつある。また、今川領国内における軍事行動について、武田氏と徳川氏の間で事前にどのような約定がなされていたのかについても検討の余地があろう。

徳川氏が武田氏に呼応して遠江へ侵攻していることから、武田氏による徳川氏へ対する交渉は今川領国の挟撃を目的として行われたものと想定できるが、その一方で武田氏は徳川氏と同盟関係にある織田氏との交渉も同時に行っていた。武田・織田両氏は永禄八年頃より同盟関係にあった[12]。前田利久氏は、武田氏の駿河侵攻は織田氏との密約のもとに行われていたと指摘しており[13]、また平山優氏は著書の中で、信玄が今川氏出身の正室をもつ嫡男義信と対立したのは、織田氏との同盟に義信が反対したからであり、信玄は今川領国へ侵出するために織田氏と婚姻関係を構築したと述べている[14]。徳川氏との連携も含め、織田氏との同盟関係が武田氏の駿河侵攻時にどのように機能したのか、さらなる考察を有すると考える。本章では、武田氏と織田・徳川両氏との外交関係にそれぞれ焦点をあて、駿河侵攻の実態を明らかにしたい。まず、武田氏の駿河侵攻開始時の概略について説明しておく。

永禄十一年十二月、武田信玄は駿河への侵攻を開始した(「春日俊雄氏所蔵文書」戦北一一一七)。これを受けた今川氏真は清見寺(静岡市清水区)にて武田軍を迎撃しようと試みるが、武田軍の勢いに耐えられず薩埵峠(同)へと陣を移している。しかし、家臣の離反が相次いだことによって氏真はここでも持ち堪えることができず、駿府館(同・葵区)へ撤退する。この間、氏真は相模の北条氏に救援を要請し、北条氏は軍勢を西に進め、同月十二日には三島(静岡県三島市)に陣を張り、武田軍と対峙する態勢を整えた。だが、氏真は翌十三日に駿府を追われて遠江懸川城への敗走を余儀なくされた（「歴代古案」一、戦北一一三四等）。

一方で北条氏は薩埵峠に先鋒隊を送り、同十三日に興津川以東を押さえることに成功する（「矢部文書」戦北一一四六）。このことにより、信玄は駿府（静岡市葵区）に封じ込められる危機的状況となった。翌永禄十二年正月七日に北条氏照が発給した上杉輝虎（謙信）宛の書状（「上杉家文書」戦北一一三六）に「自信玄当方へ如被申越者、此度之手切、年来今川殿駿・越ト合、信玄滅亡之企歴然候」とあるように、今川領国への侵攻理由として信玄は、今川氏と武田を挟撃しようとしていたことへの牽制であると北条氏に対し主張していた⑮。北条氏が味方すると信玄は見込んでいたと思われるが、北条氏が今川氏を支援し上杉氏と交渉を開始したことから、武田氏は戦況・外交共に不利な立場となった。

一方で徳川氏は三河より遠江へ侵攻し、懸川城の包囲に成功する。氏真が懸川城へ敗走したことから、今川勢の主力と対峙することになったのは、武田軍ではなく徳川軍であった。これら諸勢力の軍事行動を踏まえた上で、武田・徳川間にて行われた外交交渉について検証を行いたい。

一　武田・徳川間の交渉と織田氏

駿河侵攻を決行するにあたり、武田氏は三河の徳川氏に対し今川領国の挟撃を要請した。これを請けた徳川氏は遠江に侵攻したが、従来の説では、両氏の間で今川領国をめぐる国分けの事前交渉がなされていたのではないかとされてきた。その論拠となっているのが、『甲陽軍鑑』と『家忠日記増補追加』（以下、『家忠増補』と略記）に見える記述であり、そこに共通するのは大井川を境とした今川領国の国分けについてである。『軍鑑』に次の記述がある。

〔史料1〕『甲陽軍鑑』巻十二

殊更、三河岡崎徳川家康、本国三州を大かたに入、そのとし廿七歳にて、時刻を見合、七千計の人数をつれ、遠州いのやに、菅沼《（忠久）》・鈴木《（重時）》・近藤《（康用）》三人、覚あるぶしどもをさしをき、家康ハいり山瀬といふ所に馬を立て、信玄公へ使をしんじ申上る、「今川氏真、懸川に居られ候。氏真をバ家康うけとり候て、せめほし可申候。信玄公ハ駿州を治めなされ候ハゞ、その御太刀かげをもつて、大井川をきりて、遠州をバ一国、家康手柄次第にきりしたがへ可申候」と被申越候。

家康は七〇〇〇の軍勢で出陣し、井伊谷（浜松市北区）の三人衆を降伏させると、入山瀬（静岡県掛川市）に布陣し、信玄へ使者を遣した。この時、家康は懸川城の今川氏真を自身が引き取る意向であると伝えると共に、駿河は信玄が、大井川を境に遠江は家康が手柄次第で制圧するつもりであると述べている。一方の『家忠増補』には次の記述がある。

〔史料2〕『家忠日記増補追加』（静7―三四九六）

（永禄十一年十二月）六日、今川氏真カ家臣等、志ヲ武田信玄ニ通ス、是ニ依テ、信玄、駿州ヲ略セント欲シテ、兵ヲ卒シテ甲州ヲ発ス、大神君（徳川家康）、武田信玄ト、大井川ヲ堺トシテ、遠州ヲ領セント約ヲ成シ玉フ、

ここでは、家康が信玄と大井川を境に遠江を領有することを約したとだけ示されている。この記述だけを見れば、武田・徳川両氏間で家康の遠江領有をめぐる交渉がなされていたように見受けられる。しかし、『軍鑑』には、徳川氏による遠江領有は家康の手柄次第とあるため、武田・徳川それぞれの記述において、微かに意が異なっていることがわかる。この点に関し前田利久氏は、信玄が当初から大井川を境とする遠江の領有を家康に約しながらも、駿河のみならず遠江までの侵攻を視野に入れていたと述べている[16]。また、小和田哲男氏は、ただ同時に今川領国に攻め込むという約定だけが両者間にあったのではないかとしている[17]。『軍鑑』と『家忠増補』を比較した場合、大井川を境と

する国分けに関する取り決めがされていたかどうかは定かでないことがわかる。

その点をふまえ、実際に両者間で交わされた文書を検討していきたい。今川氏真を駿府から懸川城へ敗走させた後、信玄は家康に対し次の書状を送っている。

〔史料3〕武田信玄書状（「塩山市恵林寺文書」戦武一三四三）

其以来申遠意外候、抑今度向于当国出馬候之処ニ、為手合急速御出張本望満足候、即遠州へ雖可罷立候、当国諸士仕置等申付候之故、一両日之間延引、三日之内ニ可令越山候、早々懸河へ詰陣尤存候、寔可遂面談条大慶不可過之候、恐々謹言、

（永禄十一年）十二月廿三日　信玄（武田）（花押）

徳河（家康）殿

駿河にて北条軍と抗争中の信玄が家康に対し、「為手合急速御出張本望満足候」と、徳川軍の迅速な遠江出陣は本望かつ満足であると伝えている。その上で信玄は、武田軍に屈服した駿河の今川諸士に対する仕置が遅延したが三日のうちに越山する予定であると述べ、家康が早々に懸川城を攻略することを奨励している。ここにある越山とは遠江への進軍を示すとみられ、信玄が駿河のみならず遠江までの進軍を視野に入れていたと思われる。前田氏が指摘するように、武田氏の最終目標は遠江であったということであろう[18]。

徳川軍の遠江における軍事行動に対して好意的な姿勢を見せた信玄であったが、武田氏の別働隊である信濃衆の動向について家康から抗議を受けたため、次のように弁明している。

〔史料4〕武田信玄書状写（「松雲公採集遺編類纂一五一」戦武一三五〇）

今度預使者候、祝着候、然者信玄（武田）存分令附与山岡口上候キ、不能重説候、如聞者、秋山伯耆守（虎繁）以下之信州衆、其

表在陣、因茲遠州可為競望之様、御疑心之由候、所詮早々為始秋山・下伊奈衆、可招当陣候、猶急度懸川可被付落居条、肝要候、恐々謹言、

（永禄十二年）
正月八日　　　　（武田）信玄　判

（家康）
徳川殿

この書状は、徳川方から武田方に使者が送られ、それに対し信玄が答える形式となっている。この中で問題となるのが、天竜川沿いに南下した秋山虎繁ら信濃衆が遠江の見附（静岡県磐田市）で徳川方の奥平貞勝・正貞らの軍勢と衝突したことにある。(19)書状の中で信玄は、信濃衆の動向が家康に「武田氏が遠江をめぐって徳川と争うのでは」と疑心を抱かせたことについて弁明している。さらには、秋山・下伊奈衆を信玄の陣に招くので家康には引き続き早急に懸川城を攻略するよう促している。

信玄が信濃衆を遠江に侵入させた意図は史料上で確認できないが、史料3で信玄が遠江への進軍を示唆していることから、駿河に侵攻した信玄率いる本隊と合流させる目的があったものとみられる。一方で、徳川軍への支援が目的であったとも考えられるが、信濃衆は奥平勢と衝突しており、その可能性は低い。したがって、信濃衆は信玄の指示による別働隊であったと考えられる。

また、史料4にみられるように、武田軍が徳川軍と戦闘に及ぶのではないかと家康は懸念しており、武田軍が家康の想定とは異なる軍事行動をとっていたことは明白である。信濃衆が家康に対する援軍であるにもかかわらず衝突してしまったのならば、信玄はその旨を伝え、徳川軍と共に懸川城攻略に従事させたであろう。こうした武田氏の遠江における軍事行動により、家康は信玄への不信感を募らせていく。

家康から抗議を受けた信玄は、家康と同盟関係にある織田信長に対しこの状況を伝えている。織田・徳川同盟につ

いて平野明夫氏は、永禄三年（一五六〇）の桶狭間合戦直後に行われた国分によって成立した同盟であるとし、元亀元年以前の家康による信長への軍事支援が将軍足利義昭の命令であり、信長直々の命令ではなかったことを明らかにしている。そして、義昭追放以前は、両氏が対等な立場で同盟関係にあった点を指摘している。[20] この平野氏の見解をふまえ、武田・織田間の交渉について検討を加えていきたい。

〔史料5〕武田信玄書状（切紙）（昭和三十七年十二月『古典籍展観入札会目録』戦武一三五一）

先日者以使者申候之砌、種々御入魂、殊悃（懇）答祝着候、抑不図当国へ出馬候之処、不及一戦今川氏真敗北、至于懸河籠城、即取詰彼地、雖可付是非候、三州衆出張如何様之存分候哉、当方江疑心之様候之間、以其遠慮于今当府滞留、此等之趣為可申述、市川十郎右衛門尉指越候、仍令附与彼口上候之旨、御同意可為本懐候、恐々謹言、

（永禄十二年）正月九日　　信玄（武田）（花押）

織田弾正忠（信長）殿

書状の中で信玄は、駿河侵攻の経緯と今川氏真の懸川城への敗走について報じている。さらに信玄は、信長と同盟関係にある家康が武田に対して「疑心」を抱いて遠慮しているので、駿府に軍を留めていると説明し、武田への同意を求めている。こうして信玄は、信長に家康への執り成しを頼んだのである。

家康が武田方に「疑心」を抱いたことに対し信玄が信長に見解を求めていることから、信玄の今川領国への侵攻を信長が事前に認知し、家康の遠江侵攻に関わっていたことは明白である。それでは、武田・織田間における事前交渉はあったのだろうか。永禄十一年七月に発給した文書で、信長は上杉輝虎に対し次のように述べている。

〔史料6〕織田信長書状（「志賀槙太郎氏所蔵文書」上越六一〇）

去六日芳問、遂拝閲候、畿内并此表之様子、其元区風説之由候付而、尋承候、御懇情候、然間、始末有姿以一書

申候、毛頭無越度之条、可被安賢意候、仍条々御入魂之趣、快然之至候、誠爾来疎遠之様候、所存之外候、甲州与此方間之事、公方様（足利義昭）御入洛供奉之儀肯申之条、隣国除其妨候、一和之儀申合候、其以来者、駿・遠両国間自他契約子細候、依之、不寄除為躰候、雖然、対貴辺前々相談、於無別条候、度々如申旧候、越甲間属無事、互被抛意趣、天下之儀御馳走所希候、将又、越中表一揆蜂起、其方御手前候歟、神保父子間及鉾楯之旨候、如何之躰ニ候哉、彼父子事、於信長も無疎略之条痛入計候、随而唐糸五斤紅、豹皮一枚、進之候、猶重而可申述候、恐々謹言、

（永禄十一年）七月廿九日　　信長（織田）（花押）

上杉弾正少弼（輝虎）殿

進覧之候

書状の中で信長は、足利義昭上洛の障害となる近隣勢力を排除することを目的に、武田氏と和議を成立させたと上杉氏に伝えている。永禄八年に武田・織田間で婚姻が行われていたが[21]、信長が義昭を奉じて上洛することにより、武田・織田間の和議が改めてなされたのである。鴨川達夫氏はこの和議について、信長の上洛と信玄の駿河侵攻という両氏の利害が一致したものと評価している[22]。

ここで着目したいのが、「駿・遠両国間自他契約子細候」という文言である。駿・遠両国間、すなわち今川領国については織田・武田間において契約を交わしたと信長が述べていることがわかる。契約の内容は明記されていないが、織田氏が武田氏の今川領国侵攻を容認したことを意味するとみられ、武田氏が駿河から遠江までにわたる今川領国全域への侵攻を計画していたことを織田氏が事前に知っていたと捉えて良いだろう。先に述べたように、武田・織田間の和睦は、義昭が上洛するにあたって障害となりうる勢力を排除することを目的に成立している。つまり、義昭を奉

じる織田氏の障害となる勢力の排除を示唆していることになり、その中で織田氏は武田氏に今川領国侵攻を任せることで後顧の憂いを絶ち、上洛を実現しようとしたのである。一方で武田氏は、義昭上洛を支持して織田氏と結び、今川領国侵攻の布石を得た。武田氏が織田氏の容認を得た目的として考えられるのは、①義昭・織田氏との友好関係の構築、②織田氏による武田領国侵攻の阻止、③徳川氏への仲介を織田氏に依頼、の三点であろう。③については、実際に今川領国に隣接しているのは徳川氏であるため、武田氏は徳川氏に今川領国挟撃を要請したと考えられる。対する徳川氏にとって、武田氏は織田氏の同盟者であるため、武田氏の要請に応えなくてはならなかった。また平野明夫氏が、元亀元年以前における家康の信長に対する軍事支援が義昭の命令によるものであったと述べており、こうした背景も織田・徳川間に存在していた。

　次に、大井川を境とした今川領国の分割領有をめぐる武田・徳川間の問題について検討したい。史料6にあるように、信長が信玄の今川領国侵攻を容認していたことは明白である。しかし、これはあくまで武田・織田間での契約であり、実際に遠江へ侵攻した徳川氏が武田氏と交わした契約ではない。では、武田・徳川間においてどのような交渉があったのであろうか。

　徳川氏から抗議を受けた武田氏は、駿河における北条氏との戦闘において苦戦を強いられていた。その最中、武田氏は徳川氏に対し、連携の強化を求めた。まず、永禄十二年正月二十七日に武田家臣穴山信君が家康に書状を送り、今川氏真が籠城する懸川城の動静について尋ねている（「本光寺常盤歴史資料館所蔵文書」愛11―六三二）。そして、翌月二十六日には、武田・徳川間で誓詞が交換された。

〔史料7〕武田信玄書状写（『武徳編年集成』戦武一三六七）

　聊雖不存疑心候、誓詞之儀所望申候処、則調給候、祝着候、信玄《（武田）》事茂如案文書写、於使者眼前、致血判進之候、

弥御入魂所希候、恐々謹言、

二月十六日　　　　　　　　信玄《武田》　判

徳川《家康》殿

〔史料8〕穴山信君副状（「本光寺所蔵田島家文書」戦武一三六八）

今度以両使被申候之処、御馳走故、家康《徳川》御誓詞給候、珍重候、信玄《武田》事も如案文、血判相調被差越候、弥相互御入魂之様、取成可為肝要候、恐々謹言、

二月十六日　　　　　　武田《穴山》左衛門大夫
信君（花押）

酒井左衛門尉《忠次》殿

史料7では、信玄が家康に対する疑心はないものの家康に対し誓詞の提出を求め、家康がそれに応じたことに対し喜ばしいと述べた上で、信玄も血判を家康に提出すると約している。その目的は、武田・徳川間の和睦成立である。史料8の内容は、家康の誓詞提出と信玄の血判提出、入魂の件と、史料7と同じ内容となっている。

この史料7・8を永禄十一年と比定し、武田氏の駿河侵攻以前に行われた武田・徳川間における誓詞交換を示す史料であるとする意見がある[23]。徳川方の記録である『武徳編年集成』や『浜松御在城日記』には永禄十一年の項に今川領国の分割領有について記されているため、史料7と8も永禄十一年と比定することは可能ではある。一方で鴨川達夫氏は、史料6にみられるように、武田・織田間の密約が永禄十一年七月であることから、織田氏の仲介による武田・徳川同盟の成立はそれよりも後のことであるとし、永禄十二年と比定している。また、後に掲げる史料11にて、今川氏と和睦しないという内容の誓詞を家康が提出したことを信玄が信長に述べている点に着目し、この誓詞が史料7・8に該当すると指摘している。

鴨川氏の指摘どおり、武田氏の駿河侵攻は事前の織田氏との交渉があってのことであり、永禄十一年に武田・徳川間で交渉がなされたかどうかは不明である。また、史料7の冒頭に「聊雖不存疑心候」とあるように、信玄は家康に対する「疑心」はないと強調しており、遠江における別働隊の軍事行動によって家康から「疑心」を抱かれた信玄が、史料4に見られる「競望」の意思がないことを示したと捉えられる。「疑心」がないにもかかわらず、誓詞の提出を家康に求めていることから、それ以前に両者の間で外交上の問題を抱えていたことは明らかである。そのためこの文言は、信玄が遠江における軍事行動を家康から抗議されたことを示唆していると言えよう。また、史料8に「今度以両使被申候之処」とあるのは、信玄・信君がそれぞれ徳川氏に使者を送ったことを示している。そして、家康が誓詞を提出した後に信玄が血判を整えている過程は史料7と同じであるため、史料8は史料7の副状であると位置づけられる。したがって史料7・8を永禄十二年と比定したい。

史料7・8が発給された永禄十二年二月は、信玄が北条軍によって駿河に封じ込められている状況にあったことから、軍事面のみならず外交によって事態を好転させなくてはならなかった。北条氏との戦闘に集中するためには、懸川城を徳川軍に攻略させる必要があり、武田氏は徳川氏との連携強化を試みた。だが、遠江での軍事行動が徳川氏に「疑心」を抱かせたため、武田氏は織田氏に徳川氏が味方するよう交渉したのである。その上で行われた武田・徳川間での誓詞交換であったが、徳川氏は一方で武田氏と敵対する上杉氏との外交交渉を行っている。

信玄と穴山信君から徳川氏宛に書状が発給された二日後にあたる二月十八日、家康は上杉家臣の河田長親のもと書状を送り、遠江に侵攻して今川勢を駆逐したと合戦の経緯を述べている(「上杉家文書」上越六六一)。今川氏真の懸川籠城の様子や徳川軍がそれに対峙している事実も書かれており、家康が上杉氏と好を通じようとしていることがわかる。また、徳川家臣の石川家成も副状を河田宛に発給し、懸川落城が近いと述べている(「上杉家文書」上越六六二)。

徳川は武田氏と誓詞交換を行った一方で、上杉氏からの協力を得ようとしたのである。

武田・織田間の和睦は永禄十一年に行われ、武田氏が今川領国全域を攻略対象とすることを織田氏が容認するかたちで成立していたが、武田・徳川間に関しては和睦が成立していたかは定かではなく、武田氏が織田氏を仲介として徳川氏に今川領国牽制を要請していたことについては確認できる。そのため、武田氏は徳川軍を織田氏からの援軍と解釈していた可能性がある。しかし、武田・徳川間にて交渉が充分になされていなかったため、徳川氏は遠江における武田軍の動向に「疑心」を抱き、武田氏に抗議した。これに対し武田氏は、駿河における戦況が思わしくなかったことから、徳川軍との連携を強化すべく、誓詞交換を求めたのである。したがって、武田・徳川間で誓詞交換が行われたのは永禄十二年二月段階であると考えられる。

ここで、両氏の間で交わされたという、大井川を境に今川領国を分割領有するという約定について改めて検討してみたい。徳川氏が武田軍の別働隊が遠江に侵入したことに抗議したということは、武田軍の動きが想定外だったことを意味する。そうであるならば、分割領有に対して両氏が共通の認識ではなかった可能性が高い。ここで、『三河物語』(24)の記述を確認したい。

〔史料9〕『三河物語』

第二中（永禄十一年）

扨又、甲斐ノ武田之信玄ト仰合て、「家康ハ遠江ヲ河切に取給え、我ハ駿河ヲ取ン」ト仰合て、両国え出給ふ、

第三下（元亀三年）

然る所に、元亀三年、壬申之年、信玄より申被越けるハ、「『天竜の河をきりて、切取らせ給へ、河東ハ某が切取可申』と相定申処に、『大炊河ぎり』と仰候う儀ハ一円に心得不申、然ば手出を可仕」とて、申之年、信玄ハ遠

江へ御出馬有て、（以下略）

『三河物語』によると、永禄十一年、信玄は家康に対し「家康は遠江を、川を境にして切り取れ、私は駿河を取る」と伝えてきたようである。しかし、駿河制圧後の元亀三年、信玄は「天竜川を境にして領国を分けろ、川の東側は武田が取る」、「大井川で分けるという話は知らない、従わなければ、徳川領国に侵攻する」と家康に通告し、遠江に侵攻してきたという。

この記述から確認できるのが、徳川氏が大井川を境として駿河を武田、遠江を徳川が領有すると認識していたにもかかわらず、武田氏は川切と言ったに過ぎず、どの川かは明言していなかった点である。おそらく武田氏は、駿河・遠江の領有は、あくまで実力次第で決めることだと考えていたのであろう。『軍鑑』にも、「手柄次第」という文言があり、信玄が「家康の実力で遠江一国を取れるのであれば、取れば良い」と述べた可能性はある。信玄としては、徳川氏が遠江一国を制圧できるほどの力はないと考えていたのではないだろうか。一方で、徳川氏は「河切」という文言は「大井川を境とする」という意味であると捉えていた。武田氏にとってみれば、徳川氏が予想以上に遠江まで勢力を拡大したため、徳川氏を牽制する必要が生じたのであろう。いずれにせよ、武田氏にとって「河切」は口約束にすぎず、今川領国を分割領有する協議は武田・徳川間で具体的になされていなかったことが、『三河物語』の記述からも明らかとなろう。

今川領国への侵攻を果たすため、徳川氏との連携を強化しようとした武田氏ではあったが、遠江における軍事行動によって徳川氏から抗議を受けたため、結果として織田氏との交渉も行わざるを得なくなった。駿河で北条氏に苦戦を強いられていた武田氏は、徳川氏との連携を充分に行えないまま、新たなる状況打破の手段を模索しなければならなかったのである。

二　甲相の攻防と武田氏の外交

駿河における北条氏との抗争で苦戦した武田氏は、徳川氏との連携を強化することで今川攻略を継続させようと試みたが、その思惑は実現しなかった。対して、今川氏真が籠城する懸川城を攻略していた徳川氏も今川方の抵抗に押され、落城させることができずにいた。信長は永禄十二年(一五六九)二月四日に家康へ書状を送り遠江への援軍派遣を示唆していたが、実現していない(「瀧山寺文書」掛一八五)。織田氏は徳川氏から援軍派遣の打診を受けていたものとみられるが、その一方で武田氏からも援軍派遣を期待されていた。同年二月二十四日に信玄から信濃の芋川氏宛に発給された書状がある(「芋川家文書」戦武一三七〇)。この中で信玄は、懸川城を徳川軍が包囲し、さらに織田氏からの援軍が得られるであろうことを伝えている。このように、織田氏は武田氏に対しても援軍派遣を約していたものとみられるが実現しておらず、武田氏と徳川氏は織田氏からの支援が存分に得られないまま、戦闘を継続しなければならなかったのである。

懸川城攻略が長期化したことを危惧した徳川氏は、同年三月八日に今川氏真へ対し、開城を促す交渉を開始する。その内容は、徳川が北条氏と組んで武田氏を討ち、氏真を駿河へ帰還させることを条件としたものであった[25]。徳川氏が北条氏と協力することで今川氏と和睦し、懸川城を開城させようと動き出したことで戦況が一層苦しいものとなったため、武田氏は一刻も早く状況改善のための策を練らなくてはならなかった。そこで武田氏が講じた策が、上杉氏との停戦である。武田・上杉両氏間における停戦協定(以下、甲越和与)に関しては、丸島和洋氏がその実態について考察している[26]。ここでは丸島氏の考察をふまえ、甲越和与が果たした政治機能について検討していきたい。

まず、武田氏が上杉氏との停戦を目指して行ったのが、足利義昭を奉じている織田氏との交渉であった。徳川氏との連携継続、また織田氏からの軍事的支援に関して思うような成果を挙げられなかった武田氏は、織田氏との関係を甲越和与のためにも活用しようとしたのである。同年三月十日、信玄は信長宛に条目を発給し、「就于越・甲和与、成御内書候、即及御請候之事」と述べ、甲越和与成立に向けた御内書が足利義昭から発給されるよう、織田氏から働きかけて欲しいと要請している（「妙興寺文書」戦武一三七六）。さらに、信玄発給の織田家臣市川十郎右衛門宛の書状がある。

〔史料10〕武田信玄書状写（「武家事紀」三三、戦武一三七九）

漸可為京著候之間、重而越飛脚〔候脱〕、

一、信・越之境雪消、馬足叶候様ニ告来候、然則輝虎（上杉）向信州出勢必定ニ候、無拠進退之条、無二薩埵山ニ取懸間、可遂興亡一戦候、甲・越和融以御下知、可有信長（織田）御媒介者、急速ニ岐阜之使者へ信州長沼辺へ被越候之様ニ、可有催促候、

一、当時家康（徳川）者、専信長被得異見人ニ候、又今川氏真没落故、遠州悉属岡崎候之上者、雖不可有異儀候、掛川・岡崎和融之刷候、此所不審ニ候、畢竟信長御憶意聞届度候、

一、信玄（武田）事者、只今憑信長之外、又無味方候、此時も於信長御疎略者、信玄滅亡無疑候、被遂分別可申理候、猶其表之調、不可疎意候、謹言、

三月（永禄十二年）廿三日　　信玄（武田）（花押を欠く）

市川十郎右衛門殿

史料10は、信玄が武田・織田間の使者を努める市川十郎右衛門に対し、信長への交渉内容について述べたものであ

る。一条目は、上杉氏が雪解けと同時に信濃へ侵攻する恐れがあるとした上で、駿河で北条氏と戦闘に及んでいることにふれ、信長を媒介として義昭の下知による甲越和与を実現させたいとの意向を示している。二条目は、徳川氏が今川氏と和睦することで懸川城を開城させていることについて、信長はどのように考えているのか詰問している内容である。甲越和与の実現のみならず、徳川氏が北条氏と組むことを阻止しようとする信玄の意図がうかがえる。三条目は、信玄には信長の他に頼る味方がなく、信長から疎略にされたら武田氏は滅亡すると、強く信長からの支援を訴えている。

そして四月に入り、足利義昭から武田・上杉両氏に対し甲越和与成立を促す御内書が立て続けに発給されている㉗。これら御内書発給の二ヶ月前は、武田・徳川両氏が誓詞交換を行った時期である。また、徳川氏が上杉氏に対し懸川での戦況を報じた時期でもあった。丸島和洋氏は、八月十日付の上杉氏宛の御内書から(「謙信公御書集巻九所収文書」上越七八六)、甲越和与成立が永禄十二年七月下旬であると推察している。また、甲越和与が越相同盟交渉と同時進行であったことから、越相同盟成立が難航した背景の一つに甲越和与が影響していたと指摘している㉘。平山優氏も著書の中で丸島氏の説を支持しており、甲越和与は武田氏の駿河侵攻と関連性の強い事項であるとしている㉙。笹本正治氏は甲越和与について明確な評価はしていないものの、越相同盟交渉の中で行われた北条氏の信濃出陣要請に上杉氏が応じなかった理由として、義昭発給の御内書の存在を挙げている。一方で、柴辻俊六氏は甲越和与が実際に機能していなかったに等しいとの見解を示しており、甲越和与の評価が二分している。しかし、丸島氏が越相同盟の成立に向けた交渉が長引いた要因として、上杉氏が甲越和与との二面外交を展開していたことを指摘しているため、甲越和与の効力はあったものと考えたい。

次に着目したいのが、信玄が家康に対し条目を送り、甲越和与と関東の反北条勢力について言及している点である。

〔史料11〕武田信玄条目（竪紙）（「山県徹氏所蔵文書」戦武一三八九）

条目

一、此節懸川近辺ニ弥被築取出之地利、可被取詰儀肝要候之事、

一、甲・越和与之儀、以、公方（足利義昭）御下知、織田信長媒介候之条、定而可為落着之事、

一、佐竹（義重）・里見（義弘）・宇都宮（広綱）已下、関東過半相調、向小田原可及行之催専候之事、

付条々、

以上

（永禄十二年）四月七日　信玄（武田）（花押）

徳川（家康）殿

一条目で信玄は、徳川氏が懸川城周辺に砦を築いていることにふれ、城に籠城する今川勢を追い込むことを肝要と述べている。二条目では、甲越和与が義昭によって下知され、信長の媒介によって必ず成立するだろうとしている。三条目では、武田が関東の反北条勢力と結び、彼らに北条氏に対して軍事行動を起こすよう催促していることを伝えている。信玄は、武田氏が義昭や信長、関東の反北条勢力と外交上で同調していることを家康に伝え、北条氏との和睦を画策していることに対し牽制を行ったのである。

この条目を発給した四月の時点で、信玄は徳川氏との連携を継続する意向であったことは明らかである。また信玄は、義昭の命令と信長の仲介によって甲越和与成立に向け交渉が行われていることを主張している。武田・徳川両氏による今川領国侵攻が、義昭上洛を目指す信長の仲介によって実現していることから、信玄は、武田氏が義昭の意に応じ、さらに信長が武田氏に協力的であること強調したものと考えられる。さらに、北条氏牽制のために外交を展開

していることを伝えることで、北条氏の戦況が不利になっていくと印象づけ、徳川氏が武田氏との連携を解かぬよう働きかけたのである。

関東の反北条勢力との交渉については、同年四月六日に信玄が常陸の佐竹義重に対し発給した書状がある(『弘文荘古書展目録　昭和五十年』戦武一三八七)。そこで信玄は、信長が京から帰国したら武田方に加勢に来ると述べ、さらに越相同盟成立を阻止するよう佐竹氏と協力したいと伝えている。北条氏との戦闘に集中し、また情勢を優位にさせるためにも、信玄にとって徳川氏との連携は断絶させるわけにいかなかった。そのために信玄は外交範囲を広域にわたらせたのであり、甲越和与は、徳川氏が北条氏と組まず武田氏との連携を持続するよう促す効力も期待されたと考えられるのである。

甲越和与成立に向け交渉中であった四月二十四日、信玄は北条氏から受けた「封じ込め」の状況を脱し、久能城と興津城に兵を残して甲斐へと撤退した[30]。駿河における抗争で北条氏から苦戦を強いられていた永禄十二年正月から四月の間において、武田氏は苦境から脱するために広域に外交を展開させ、徳川氏との連携継続や上杉氏との停戦、越相同盟成立阻止を目的とした関東反北条勢力との協調を試みた。そして、これら武田氏による外交が、一貫して織田氏と関連していることが改めて確認されるのである。

三　懸川城の開城と徳川氏

懸川城攻略が長期戦となった徳川氏は、籠城する今川氏真に開城を促す和睦交渉を開始した。徳川氏は三月八日に氏真に対し、北条氏と共闘して武田氏を討ち、氏真を駿河へ帰国させることを開城の条件として提示している。この動きを受け、徳川氏が北条氏と連携しないよう取り計らった信玄であったが、甲斐へ帰国した後の五月六日に徳川・今川間の講和が成立して懸川城が開城となり、徳川・北条両氏が同盟を結んだ[31]。

五月二十四日付の、徳川家臣酒井忠次宛北条氏政書状（「致道博物館所蔵酒井文書」戦北一二二九）には、「就氏真帰国、家康へ以誓句申届処、御返答之誓詞速到来、本望候、殊氏真併当方へ無二可有御入魂由、大慶候」とあり、家康が氏真ならびに北条氏と手を組むと述べたことに対し、氏政が大いに慶んでいる様子がうかがえる。氏真と正室早川殿（北条氏康娘）は北条氏へ引き取られることとなり（「岡部文書」戦北一二三四）、五月二十三日には氏政の子である国王（後の氏直）が氏真の養子となることが決まり（「上杉家文書」戦北一二五三）、北条氏は今川氏より駿河の防衛権を譲渡された。ここに戦国大名今川氏は滅亡し、北条氏は駿河へ介入する大義名分を担ったことで、全面的に武田氏と対立していくことになる。

徳川氏との連携が上手くいかなかった信玄は、懸川城開城の経緯と家康の動向について、織田家臣に次のような書状を送っている。

〔史料12〕武田信玄書状（折紙）（「神田孝平氏所蔵文書」戦武一四一〇）

追而　上使瑞林寺・佐々伊豆守越後へ通候、津田掃部助者、為談合一両日已前着府候、

能令啓候、懸川之地落居、今河氏真駿州河東江被退之由候、抑去年信玄《(武田)》駿州へ出張候之処、氏真没落、遠州も悉属当手、懸河一ヶ所相残候キ、経十余日、号信長《(織田)》先勢、家康《(徳川)》出陳《(陣)》、如先約、遠州之人質等可請取之旨候間、任于所望候シ、其已後、北条氏政為可救氏真、駿州薩埵山へ出勢、則信玄対陣、因茲向于懸川、数ヶ所築取出之地候故、懸河落城候上者、氏真如生害候歟、不然者、三・尾両国之間へ可相送之処ニ、小田原衆《(北条氏)》・岡崎衆《(徳川氏)》於于半途遂会面、号和与、懸川籠城之者共、無恙駿州へ通候事、存外之次第候、既氏真・氏康《(北条)》父子へ不可有和睦之旨、家康

誓詞明鏡候、此所如何信長御分別候哉、但過去儀者、不及了簡候、せめて此上氏真、氏康父子へ寄敵対之色候様、従信長急度御催促肝要候、委曲可在木下源左衛門尉口上候間、不能具候、恐々謹言、

(永禄十二年)
五月廿三日　　　　　　　　信玄(武田)(花押)

津田国千世殿
夕庵(武井)

書状の中で信玄は、懸川城が開城となったことと今川氏真が北条氏のもとへ引き取られたことにふれながら、遠江における家康の動向について言及している。史料中に「号信長先勢、家康出陣」とあることから、家康が信長からの援軍として出陣したと信玄が解釈していたことがわかる。この点から、信玄が信長を仲介として家康に遠江侵攻を要請した背景がうかがえよう。

さらに信玄は、徳川・織田両氏に使者を遣わしていたにもかかわらず、徳川氏が北条氏と組んで懸川城を開城させたことについて、「存外之次第候」と不快感を顕にしている。そして、北条氏と和睦しないと家康が誓詞にしたためたことは明らかであるとし、この点について信長はどのように考えているのかと詰問している。しかし、これまで徳川・北条両氏の交渉が継続され続けたという経緯から、家康が信長から北条氏と協力しないよう指示された可能性は低く、信玄への対応について信長は家康の裁量に任せていたものとみられる。史料6にあるように、織田氏は義昭を奉じて上洛するために武田氏との和睦を成立させたのであり、相互的軍事協力を目的とした和睦ではなかったことがその要因であろう。上洛が達成されたことにより、織田氏にとって武田氏との和睦成立はその機能を果たした。しかし、武田氏は今川領国制圧という目的は達成されておらず、その要因の一つが家康の動向であったことから、信玄は信長に対し詰問したのである。これは、家康が信玄に許可なく北条氏と交渉したことに対する不快感の表れといえ

る。駿河侵攻前、信玄は北条氏に対し今川氏真に非があると訴えた。これは、北条氏が武田氏に味方することを望み、その実現を想定していたからに他ならない。だが、結果として北条氏は今川氏真を支援して武田氏と敵対した。さらに、連携するはずの徳川氏が北条氏と組んだことから、信玄はそれを阻止すべく家康と誓詞交換を行った（史料7・8）。史料12にみえる誓詞の内容はこの際のものとみられ、信玄は徳川・北条両氏の連携を阻止しようとしたのである。

また信玄は、家康が北条氏と敵対するよう信長から急ぎ催促することが肝要であると訴えている。信玄は「家康は信長の言うことには必ず従う」と考えていたようだが、(32)結果的に家康が北条氏との和睦に踏み切ったため、信玄の訴えが通じることはなかった。

四月下旬に甲斐へ撤退した信玄は、甲斐国境に近い駿東郡・富士郡などを制圧し、五月初旬には駿豆の軍備を強化する北条氏を牽制するため、武相国境付近に諸勢を侵攻させている。(33)北条氏との抗争で苦戦を強いられ甲斐への撤退を余儀なくされた信玄は、駿河制圧を果たすために甲斐から駿豆へと着実に南下できる道筋を確保しながら戦闘を行わなければならなかった。武田氏にとって徳川・北条両氏の和睦は、敵戦力の増大に繋がる恐れがあることを意味しており、それを払拭するためにも織田氏に対し徳川氏が武田氏に味方するよう要請する必要があったのである。

しかし、結果として徳川氏は北条氏と協力して懸川城を開城させ、遠江ほぼ一国を制圧した。織田氏に仲介を依頼して、半年近くにわたり交渉を続けた武田氏であったが、その奔走は実を結ばなかったのである。

おわりに

以上、今川領国に侵攻した武田・徳川両氏の動向を整理すると共に、両氏と同盟関係にあった織田氏に着目することで、抗争の背景にある諸氏の外交についての解明を試みた。

これまで、武田氏の駿河侵攻が織田氏との同盟関係を前提に行われていたことが先行研究において指摘されていたが、新たに、将軍足利義昭を奉じた織田氏が上洛を実現させるために武田氏と和睦し、武田氏の今川領国侵攻を容認していたことが明らかとなった。武田氏は北条氏に対し、今川氏真が上杉氏と通じていたことを駿河侵攻の理由として述べていたが、その一方で織田氏との和睦を成立させ、義昭上洛への間接的支援としての名目を得ていたのである。今川氏真の対上杉外交に対する批判と義昭支援の名目により、武田氏の駿河侵攻は実現したのである。

織田氏の容認を得た武田氏は、今川領国に隣接する徳川氏に遠江侵攻を要請し、織田氏がその仲介を行った。要請に応じた徳川氏は遠江に侵攻するが、武田軍の動向に不信感を抱き、武田氏に抗議した。本章では、武田・織田間の和睦は永禄十一年(一五六八)段階で成立していたものの、武田・徳川間の和睦は成立しておらず、この件を契機として和睦が行われたと指摘した。しかし、徳川氏が武田氏と敵対する北条氏と協力して今川氏真との和睦交渉を進め、さらに上杉氏との外交交渉も行ったため、両者の関係は次第に悪化していった。(34)

駿河における戦況が厳しくなった武田氏は、徳川氏との連携が不可欠となり、織田氏へ協力を求めた。さらに、織田氏を通じて甲越和与を将軍義昭に求めたことで、上杉氏の脅威から一時的に解放された。そして、織田氏と義昭の甲越和与への関与を示すことで徳川氏が武田氏に味方するよう計らうが、徳川氏は北条氏と協力関係を築いていく。

その結果、信玄は甲斐への撤退を余儀なくされ、後に懸川城が開城、徳川氏が遠江を領有することとなったのである。武田氏にとって今川領国侵攻の最終目標であった遠江を徳川氏が領有したことにより、元亀二年（一五七一）の駿河制圧後の武田氏の矛先は徳川氏に向けられていく。そして、織田氏の義昭支援体制が破綻すると、武田氏は義昭を支持し、織田氏とも対立するのである。

註

（1）三国同盟は、天文二十三年（一五五四）に成立した、武田・北条・今川の三氏による相互的な領国不可侵を目的とした同盟であり、三氏は婚姻関係を重厚に結ぶことによりその関係を強化した。三国同盟成立に関する研究として、磯貝正義「善徳寺の会盟」（同『甲斐源氏と武田信玄』、岩田書院、二〇〇二年。初出一九六九年）、小和田哲男「今川・武田両氏間の同盟・非同盟」（同『小和田哲男著作集第一巻　今川氏の研究』、清文堂出版、二〇〇〇年。初出一九八九年）、久保田昌希「今川氏と北条氏―駿甲相同盟の政治的前提―」（同『戦国大名今川氏と領国支配』、吉川弘文館、二〇〇五年。初出二〇〇一年）等がある。

（2）越相同盟については、岩沢愿彦「越相一和―「手筋」の意義をめぐって―」（『郷土神奈川』四、一九八四年）、市村高男「越相同盟の成立とその意義」（戦国史研究会編『戦国期東国社会論』、吉川弘文館、一九九〇年）、丸島和洋「越相同盟再考―「手筋」論をめぐって―」（同『戦国大名武田氏の権力構造』、思文閣出版、二〇一一年。初出二〇〇四年）を参照。

（3）武田氏は駿河での戦況が思わしくなく、北条氏の戦力を低下させる必要性があったため、小田原へ侵攻して牽制をはかった。詳しくは本書第五章を参照。

（4）前田利久「武田信玄の駿河侵攻と諸城」（『地方史静岡』二二、一九九四年）。
（5）黒田基樹「北条氏の駿河防衛と諸城」（同『戦国期東国の大名と国衆』、岩田書院、二〇〇一年。初出一九九六年）。
（6）『静岡県史』通史編2・中世（一九九七年）。
（7）『小田原市史』通史編　原始・古代・中世（一九九七年）。
（8）武田氏の駿河侵攻を取り上げている市町村の自治体史として、『静岡県史』のほかに、『裾野市史』第八巻・通史編Ⅰ（二〇〇〇年）、『厚木市史』中世通史編（一九九九年）、『掛川市史』上巻（一九九七年）等がある。
（9）前田利久「戦国期薩埵山の戦い」（清水市教育委員会『薩埵山陣場跡その現況遺構確認等分布調査報告書』二〇〇二年）。
（10）平山優『武田信玄』（歴史文化ライブラリー、吉川弘文館、二〇〇六年）。
（11）丸島和洋「甲越和与の発掘と越相同盟」（柴辻俊六・黒田基樹・丸島和洋編『戦国遺文　武田氏編』第六巻月報、東京堂出版、二〇〇六年）。
（12）『甲陽軍鑑』巻十一に「勝頼うちかたハ、尾州織田信長めいなり」とあり、武田勝頼の正室が信長の姪であることが記されている。
（13）前田　前掲註（9）。
（14）平山　前掲註（10）。
（15）今川氏真の対上杉外交に関する研究として、長谷川弘道「永禄末年における駿・越交渉について―駿・甲同盟決裂の前提―」（『武田氏研究』一〇、一九九三年）がある。また、武田・今川間の外交を検討した研究に丸島和洋「武田氏が見た今川氏の外交」（『静岡県地域史研究』五、二〇一五年）がある。

(16) 前田　前掲註(4)・(9)。
(17) 小和田哲男「懸川城の戦いと徳川氏の支配」(同『小和田哲男著作集第三巻　武将たちと駿河・遠江』、清文堂出版、二〇〇一年。初出一九九七年)。および、『掛川市史』資料編古代・中世(以下、掛と略記する)。
(18) 前田　前掲註(4)。
(19) 前掲註(6)、平山　前掲註(10)等。
(20) 平野明夫「徳川氏と織田氏」(同『徳川権力の形成と発展』、岩田書院、二〇〇六年)。以下、平野氏の説は同論による。
(21) 前掲註(12)。
(22) 鴨川達夫『武田信玄と勝頼―文書にみる戦国大名の実像―』(岩波新書、二〇〇七年)。以下、鴨川氏の説は同書による。
(23) 笹本正治『武田信玄』(中公新書、一九九七年)、柴辻俊六『信玄の戦略　組織、合戦、領国経営』(中公新書、二〇〇六年)、小和田　前掲註(17)。以下、笹本氏および柴辻氏の説は同書による。
(24) 『三河物語　葉隠』(岩波書店、一九七四年)。
(25) 前掲註(6)。
(26) 丸島　前掲註(11)。
(27) 足利義昭発給武田氏宛御内書「思文閣古書資料目録一三四」(戦武四〇三七)、同上杉氏宛御内書「上杉家文書」(上越六九八)、織田信長副状「上杉家文書」(上越七〇〇)。
(28) 丸島　前掲註(11)。
(29) 平山　前掲註(10)。

（30）前田　前掲註（4）。
（31）前田　前掲註（4）。
（32）染谷光廣「『言継卿記』の竄入記事について」（『日本歴史』三九〇、一九八〇年）。
（33）前田　前掲註（4）。
（34）元亀元年、家康は武田氏との絶交を宣言し、上杉氏に起請文を提出して同盟を成立させた。この際、家康は上杉氏に対し、武田氏との同盟を破棄するよう信長を説得してほしいと懇願している（「上杉家文書」上越九四二）。

〔追記〕本論文の発表後、海老沼真治氏によって身延文庫「科註拾塵抄」奥書が紹介され、武田氏と徳川氏の外交関係について、永禄十三年に入ってからも信玄が家康に対して連携を続ける態度を取っていたことが明らかにされた。その上で海老沼氏は、信玄の主張が表向きのものにすぎなかったと、部外者が見ても明らかであったのではないかとしている（同「武田・徳川氏の今川領国侵攻過程―身延文庫「科註拾塵抄」奥書の検討から―」『武田氏研究』五一、二〇一四年）。本論文発表時、筆者は武田・徳川同盟の継続について否定的な見解を示したが、「科註拾塵抄」奥書の記述をふまえ、海老沼氏の見解を支持したい。

第五章　武田氏の小田原侵攻と三増合戦

はじめに

永禄十一年（一五六八）十二月、武田信玄は駿河へ侵攻し、今川氏真は駿府を追われて懸川城（静岡県掛川市）へ敗走した。これにより、天文二十三年（一五五四）から続いた甲相駿三国同盟は崩壊し、氏真から救援を要請された北条氏が武田氏への敵対を表明したため、駿河は武田・北条両軍が激突する戦場と化した。永禄十二年に入ると、武田軍は北条軍に圧倒され、四月に信玄は甲府（山梨県甲府市）への撤退を余儀なくされた。一方、閏五月、武田氏に呼応して遠江に侵攻していた徳川家康が、氏真が籠城する懸川城を開城させたため、戦国大名今川氏は滅亡した。その後、信玄は上野より北条領国へ侵入して、十月に小田原城（神奈川県小田原市）を包囲し、帰路の三増峠（同愛川町）で北条軍を破って甲府に帰還した。十一月、信玄は駿河侵攻を再開し、翌年には駿河を制圧して、元亀三年（一五七二）に北条氏と和睦するに至った。

武田氏の駿河侵攻に関する論考は多岐にわたる。まず、武田・北条間の外交関係について検討した研究として、柴辻俊六氏や池上裕子氏の論考が代表的なものとして挙げられる。柴辻氏は、同盟および婚姻関係にあった武田・北条氏が敵対、あるいは和睦するに至るまでの過程について、武田氏側の視点から整理している(1)。池上氏は、大名領国の境目で起きる軍事衝突について、河東地域（富士川東側周辺）をめぐる武田・北条間の対立を事例として検討を行い、駿河侵攻に関しても、北条氏が河東地域に介入する機会をうかがうべく、武田氏への敵対を決めたのではないかとしている[2]。

また、武田氏の駿河侵攻を、軍事的側面から論じた研究として、下山治久氏や前田利久氏・黒田基樹氏の論考がある。下山氏は、対上杉外交を担当していた滝山城（東京都八王子市）の北条氏照が上杉氏に三増合戦で苦境に立たされた旨を報じている点にふれ、後の氏照の動向に大きな影響を与えたと述べている[3]。前田氏は、駿河侵攻の際の武田氏の軍事行動について整理し、北条氏の軍事介入によって危機的状況に陥った武田氏が、駿河を制圧するまでの過程について明らかにするとともに、武田氏の初期駿河支配が城普請を中心に展開したとしている[4]。一方で黒田氏は、前田氏の研究成果をふまえた上で、北条氏の駿河防衛体制について論じ、元亀三年の甲相同盟締結が駿河・伊豆における国分けを中心に行われたとしている[5]。

そして、武田氏の駿河侵攻は自治体史でも取り上げられることが多く、代表的なものとしては『静岡県史』[6]や『裾野市史』[7]等の通史編が挙げられる。そして、三増合戦の古戦場がある愛川町からは、近世に成立した記録や絵図などが収録された史料集が刊行されている[8]。

以上のように、武田氏の駿河侵攻後の武田・北条両氏の軍事動向については、おおむね明らかにされていると言って良い。しかしながら、その間に行われた武田氏の小田原侵攻について、その軍事行動が何を目的として実行されたかについては、検討の余地があるように思われる。また、『小田原市史』[9]や『厚木市史』[10]といった神奈川県内の自治体史において、武田氏の小田原侵攻について評価が二分されていることからも、改めて武田氏の軍事行動を捉え直す必要があるだろう。

そこで本章では、武田氏の小田原侵攻が持つ軍事的意義を考察するとともに、その間に起きた三増合戦に焦点を当て、一連の武田氏の軍事行動が武田・北条間の対立にどのような影響を与えたのか、検討を行っていきたい。

一　駿河をめぐる攻防と武田氏の小田原侵攻

駿河侵攻を決行した武田氏にとって、最大の障害となったのは相模の北条氏であった。武田氏は駿府（静岡市葵区）を制圧したものの、北条氏との戦闘で苦戦を強いられ、一方では徳川氏にも疑心を抱かれるなど、厳しい戦況に立たされた（本書第四章）。また、永禄十二年（一五六九）には北条氏が上杉氏と同盟を結んだことから（越相同盟）[11]、武田氏はまさに四面楚歌の状態にあった。

そのような中、武田氏は駿河ではなく上野から北条領国に直接侵入すると、小田原城を包囲し、帰路の三増峠で北条氏を破った。これら一連の軍事行動は、後の駿河の情勢を大きく左右したと考えられるが、武田氏の小田原侵攻に詳しい『小田原市史』と『厚木市史』の評価は二分している。『小田原市史』は、武田氏の小田原侵攻について、北条氏牽制を目的とした陽動であるとしているのに対し、『厚木市史』は敵国への侵攻としては目立った戦果がみられなかったとしている。

そこで本節では、武田氏による小田原侵攻の経緯を、武田氏および北条氏発給文書や『甲陽軍鑑』の記述をもとに整理し、信玄の戦略に関して考察を行いたい。『軍鑑』は近世の成立であるが、一次史料と内容が共通している点も多いため、検討対象とする。

まず、武田氏駿河侵攻の経緯について述べたい。武田氏の駿河侵攻は、永禄十一年十二月より開始され、これを機に天文期より続いた武田・北条・今川の三氏による甲相駿三国同盟は崩壊し、駿河をめぐって武田氏と北条氏が対立した。駿河に侵攻した武田氏は、当初その意図を北条氏に対して次のように報じている。

〔史料1〕北条氏照書状（「上杉家文書」戦北一一三六）

重而企使僧候、先日者雖聊余千万ニ候、愚存申達候キ、遠境与云、深雪之時分候之条、参着難量間、幾筋茂令申候キ、参着候哉如何、無御心許候、抑如露先書、駿・甲・相親子兄弟同然之間ニ候之処、国競望之一理を以、信玄（武田）駿州へ乱入、今川殿（氏真）府中（駿府）敗北、遠州懸川之城江被相移候、自当方以船三百余人加勢被指遣候間、於彼城先堅固ニ候、自信玄当方へ如被申越者、此度之手切、年来今川殿駿・越ト合、信玄滅亡之企歴然候、然間、信・越之境、深雪不及人馬砌、駿州可有仕置候、以此一理、動干弋〔戈〕之由候、然則今般当方有御一味、対信玄累年之可被散積鬱事、所仰候、就御同意者、早々御報待入候、行之模様、其上可申合候、更御存分難計間、先愚存計令啓候由、可得御意候、恐々謹言、

（永禄十二年）正月七日　　北条源三
氏照（花押）

（上杉輝虎）越府江

史料中に「此度之手切、年来今川殿駿・越ト合、信玄滅亡之企歴然候」とあるように、駿河侵攻に関して信玄は今川氏真が上杉氏と通じていた点を指摘しており、今川・上杉の両氏が共謀して武田氏を滅亡させようと企てていたと主張している。武田氏の駿河侵攻は、今川・上杉両氏に対する牽制であると言うのである。この書状は、北条氏照が上杉輝虎（謙信）に対して発給したもので、武田氏側から北条氏側に駿河侵攻の正当性を示していたことがわかる。

また、この史料は後の越相同盟の成立に大きく影響した書状でもある。「然則今般当方有御一味、対信玄累年之可被散積鬱事、所仰候、就御同意者、早々御報待入候」とあるように、北条氏は上杉氏に対し、北条へ味方して信玄へ

の積年の鬱憤を晴らし、同意が得られるのであれば早急の返報を待つと述べている。北条氏は、武田氏から駿河侵攻の正当性について主張されたものの、武田氏に味方せず、今川氏に援軍を派遣したのである。今川氏真の正室は北条氏康娘の早川殿(12)（蔵春院殿）であり、彼女が駿府を追われた際、乗物に乗ることもできず徒歩で逃げた事実を知った氏康は、大変な恥辱であると憤ったという（「歴代古案」一、戦北一一三四）。そのような経緯もあり、北条氏は武田氏への敵対を表明したのである。その後、氏真は懸川城へ敗走したものの、武田氏は北条氏の兵力に押され、永禄十二年四月、甲斐への撤退を余儀なくされた（「仙台市博物館所蔵伊達文書」戦北一二二五）。

以上、駿河をめぐる情勢をふまえ、武田氏のその後の動向について見ていきたい。同年五月、徳川家康と和睦した今川氏真が懸川城を開城し、北条氏に引き取られるという動きがあった（「神田孝平氏旧蔵文書」戦武一四一〇）。この懸川開城は、北条氏と徳川氏による協議のもとで行われ、北条氏と徳川氏が協力関係になる契機となった（「致道博物館所蔵酒井文書」戦北一二二九、『軍鑑』）。そして、北条氏は氏真と早川殿を小田原へ引き取っただけでなく、国王丸（のちの北条氏直）を氏真の猶子とすることで、駿河防衛の正当性を得たのである（「上杉家文書」戦北一二五三）。

北条氏の軍事介入によって駿河侵攻の中断を余儀なくされた武田氏は、同年六月に駿東郡古沢新地および深沢城（静岡県御殿場市）へ進軍した。これを受けて北条氏は上杉氏へ後方支援を要請している（「上杉家文書」戦北一二六三・一二六四）。この時の武田氏は、今川氏の本拠があった駿府方面ではなく、駿東郡や三島（静岡県三島市）といった駿・豆国境付近へ向けて進軍している。おそらく、武田氏は駿河制圧のためには駿・豆国境にある北条方の拠点を陥落させる必要があると判断したのであろう。

三島での戦闘に関し、信玄は次のような書状を発給している。

〔史料2〕武田信玄書状（「玉井家文書」戦武一四二七）

従是可申越之処、態音問祝着候、抑今度向豆州及不慮之行、三嶋以下之《（ママ）》悉撃砕、剰於于号北条地、当手之先衆、与北条助五郎《（氏規）》兄弟遂一戦、味方得勝利、則小田原へ雖可進馬候、足柄箱根両坂切所候之条、駿州富士郡へ移陣候、然者、大宮之城主富士兵部《（信忠）》少輔、属穴山左衛《（信君）》門大夫、今明之内に可渡城之旨儀《（議）》定、此上者早速可令帰国候、猶土屋平八郎可申候、恐々謹言、

七月二日《（永禄十二年）》　　　　信玄《（武田）》（花押）

玉井石見守殿

信玄は書状の中で、三島などで北条方の拠点を破り、合戦に勝利したと述べている。そして、すぐさま小田原へ進軍しようと思ったが、足柄（神奈川・静岡県境）・箱根（神奈川県箱根町）へ向かう難所を考慮して富士郡へ陣を移したと説明している。また、富士大宮城（静岡県富士宮市）の国衆富士氏が穴山信君（信玄甥）に帰属したとも記されている。富士氏は、北条氏に味方して武田氏に対抗し続けていた国衆である[13]。その富士氏を帰属させたことにより、武田氏は富士山麓を経由して駿河へ進軍する経路を確保したのである。

この時の合戦について、『軍鑑』には次のように記されている。

〔史料3〕『甲陽軍鑑』

永禄十二年六月二日に、信玄公、甲府を御たちありて、駿河ふじの大宮へ御馬を出さる、内藤修理《（昌秀）》正、うすいとうげの方へハいかんと申上る、信玄公被仰ハ、北条家の人数へらすべき為なりと被仰、ふじのすそのへ出陣被成、(中略)同月十八日に、三嶋をやき、がわなりしまに御陣をとり給ふ、一夜の内に大水いで、信玄公の諸勢、道具を津なミにひかれ候へども、無何事早々甲府へ御馬をいれ給ふ、北条家の諸勢、信玄公八幡大菩薩の小旗、なみにひかれたるをとりあげ、武田信玄はたをすてて敗軍なりと取沙汰すれども、北条家にゆみ矢かうしやだていた

す衆ハ、信玄、当年中に働、いかさま、近辺北条家持の城、二つ三つもせめらるべきとひやうぎして、駿河の（中略）十一ヶ所の城どもに、千五百、或ハ千、加勢を入をかるる、

信玄は六月二日に甲府を発つと、富士大宮城を攻め落とし、さらに駿河の北条軍を駆逐するために合戦に及んだとある。そして、十八日には三島周辺を焼き払い川成島（静岡県富士市）に陣を張ったが、大水が出て軍備が波にさらわれる被害が出たため、武田軍は甲府へ撤退したという。川成島は駿河湾に面した地である。「津なミ」とあるため、地震が起きて津波が起きた可能性もあるが、「大水いで」ともあるため、強風などで波がしけて高波が発生したのであろう。北条軍の中には、武田軍が捨てていった八幡大菩薩の旗が波に流されているのを取り上げて、信玄が敗走したという者もいたという。しかし、年内に武田軍が攻めてくると予測した北条軍は、駿河国内の城を守備する兵を一〇〇〇人から一五〇〇人に増員して、武田軍の次なる侵攻に備えたとある。

ここで注目したいのが、西上野支配に従事していた武田家臣の内藤昌秀が、信玄に対して「碓氷峠方面はどうか」と発言した点である。この問いに対し信玄は「北条家の人数を減らすため」と答え、裾野（静岡県裾野市）に侵攻したという。このことから、この時点で信玄が駿河のみならず上野方面への侵攻を視野に入れていた可能性があろう。そして七月、武田氏は小田原侵攻に向けた内談を行っていたようである。

〔史料４〕『甲陽軍鑑』

永禄十二年巳の七月中ハ、信玄公御内談あり、小田原へ御はつかうの備定に、関東国北条氏康の領分、絵図をもつて、一戦あるべき所々を考なされ候に、「一戦働の後ハ、小田原より箱ねへかかり三嶋へ出るか、それに敵城どもあまたあれバ、ミま瀬とうげをこし甲州ぐんないへ出るか、いづれに、働とをり給ふ路次ハ、御帰陣にあやうく候」と御談合ニも、ミま瀬筋ハ、敵城つく井の城一つならで是なしとありて、十が九つハ、ミま瀬かい道

を御帰陣とさだめらるる也、

信玄は、小田原へ進軍した後、どの経路をもって撤退するかについて内談を行い、敵城が数多くある小田原・箱根・三島という経路では危険を伴うため、途中に津久井城（相模原市緑区）のみが構える三増峠を越える経路を選択したとある。また、「一戦働の後」とあり、信玄は北条氏と一戦を交える考えではあるものの、北条氏の本拠である小田原城の制圧は年頭になかった様子がうかがえる。むしろ、撤退経路を出陣前に熟慮していることから、陽動作戦として、小田原への侵攻を計画していたものと思われる。そうであるならば、六月の三島侵攻も、小田原侵攻への前哨であった可能性が指摘できよう。

そして八月、武田氏は甲府を出発して信濃を経由し、碓氷峠（長野・群馬県境）を越えて西上野から北条領国に侵入した（『軍鑑』）。武田氏の動向を受け、鉢形城（埼玉県寄居町）の北条氏邦が上杉家臣山吉豊守に対し、次の書状を送っている。

〔史料5〕北条氏邦書状（「上杉家文書」戦北一三一二）

従氏政（北条）以客僧被申入候、仍武田信玄、西上州江出張、昨九日、御嶽へ取懸候之処、敵百余人討取候、験小田原へ差越申候、然者今日十日、当地鉢形へ相働候之処、於外曲輪及仕合、手負死人無際限候、先以可被思食御心易候、此時候之間、早々御越山所仰候旨、可預御心得候、恐々謹言、

九月十日（永禄十二年）　藤田新太郎
氏邦（花押）

山吉孫次郎（豊守）殿

氏邦は書状の中で、九日の御嶽城（埼玉県本庄市）での戦いでは敵を一〇〇人余り討ち取り、十日の鉢形城での戦い

では外曲輪で戦闘になったと報じている。そして、上杉氏に関東へ出陣するよう要請している。

この武田軍の侵攻については、北条氏康・氏政父子も上杉氏に対して書状を送っている（「御書集九」戦北一三一七）。そこには「信玄不慮に御嶽江被打詰、自彼地無思惟至于相州被寄陣候條、手前取乱遅々候」という記述があり、こちらも史料5同様に武田軍が御嶽城に攻め寄せてきた様子が記されている。また、「手前取乱」とあることから、武田軍の侵攻を受け、北条氏が動揺していたことがわかる。

武蔵を南下する武田軍本隊は、甲斐から武蔵へ侵入した小山田信茂率いる別働隊と合流し、北条氏照が守備する滝山城（東京都八王子市）を包囲した。小山田はこの時の様子を諏訪大社宛の願文の中に記している。

〔史料6〕小山田信茂願文（「諏訪家旧蔵文書」戦武一四五六）

願書　敬白

右意趣者、甲・相両州之辜負、追日令増長、和親不知其期故、我国太守信玄（武田）公、催分国軍勢、止嫌疑、捨猶予、任運於天道、抛身於義路、責順関東諸士、直到相府、動干戈、遂興亡合戦、被欲散累日鬱憤、因茲武・上両国被撃砕、小田原之程、為本国堅固備、都留郡軍士各暫被残鴻溝、岐然為始御岳〔嶽〕・鉢形、其外攻亡数箇所敵城、既向滝山放火必然之由、頻告来之間、為其手合、集郡中兵卒、凌敵讎中、速乱入武陽、欲抽無二忠信、爰不憑神明之加被、臨戦場争能得勝、伏願大菩薩感応真実懇念、合金剛力、無異儀打入敵国、励随分軍功、此時信玄以一団扇、決勝一時、悪讎邪謀悉曝骸於軍門、味方勇兵皆振威於陣頭、君上歓、臣下楽、再復三五、昔年歌撃壌、必聴童謡、至求願成就者、今度信茂（小山田）著所諸武具、幷馬一疋令奉納之、弥凝信心、可奉抽精祈丹誠者也、仍願書如件、

于時永禄十二己巳九月吉日　前兵衛尉平信茂（小山田）（花押）

士峰薩埵

御宝前

「岐然為始御岳〔嶽〕・鉢形、其外攻亡数箇所敵城、既向滝山放火必然之由」とあるように、武田軍は、御嶽城および鉢形城をはじめとした北条方の城を攻略した後、滝山城下にて放火を働いたことがわかる。この武田軍の動きを受け、氏照は上杉家臣河田重親に次の書状を送っている。後に示す氏康発給の書状よりも日付が遅いものだが、合戦の経緯を追うため、先に掲げる。

〔史料7〕北条氏照書状（「上杉家文書」戦北一三二五）

遙々不申通候之条、馳一翰候、先日枕流斎帰路以後、早々可及御返答処、敵動故遅々、重而以枕流斎可申入候、雖然、如聞得者、越中口為御静謐、于今彼口ニ被立御馬之由候条、先山吉（豊守）方訖（迄）内義申届候、此飛脚ニ案内者被指副、無相違被相透可給候、万一飛脚以下越山就被相留者、自其地山吉方へ之一札被相届、彼回報早々可給置候、憑入候、抑今度信玄（武田）不虞ニ至于武相出張候、臼井（碓氷）峠打越、不移時日当城へ寄来候、信・甲之者、年来覚語を存、弱敵ニ候条、宿三口へ出人数、両日共ニ終日遂戦、度々得勝利、敵無際限討捕、手負之儀者不知其数候、両日陣取、三日目ニハ夜中当地を引離、武・相之境ニ候号杉山峠山を取越候、其上首尾一理ニ至于相州令一動、去五日、津久井筋退散候、自元切所可入様無之条、小荷駄以下切落、人数計致夜除候、六日早天、氏政ニハ未被懸着候間、先衆四手五手之間、取切所、懸足軽、敵押崩、宗之者数多討取候キ、敵除口ニ付而、乱備、むだと山嶮岨成方へ取着候人数者、此方ニも押なだされ候キ、併越度者無之候、山家人衆遣、自由ニ依不罷成、今般信玄不討留事無念千万ニ候、猶以彼飛脚ニ案内者被指副可給候、就無左者、山吉方へ之一札、速ニ被相届、返札待入候、於其地有遅々者、曲有間敷候、恐々謹言、

（永禄十二年）拾月廿四日　　氏照（北条）（花押）

河田伯耆守（重親）殿参

氏照は河田に対し武田軍の進軍経路について詳しく述べている。まず、武田軍は碓氷峠を越えて武蔵に入ると、氏照の居城である滝山城を攻撃したが城は持ちこたえ、三日目になると武田軍は杉山峠（御殿峠とも、東京都八王子市と町田市の境）まで退いたという。その後、武田軍は南下して小田原城を包囲するのだが、氏照は「相州令一動」と述べるにとどめ、小田原城が窮地に陥ったとは明記していない。なお、氏照は河田のみならず、同じく上杉家臣の山吉豊守にも同様の書状を送っており、いずれにせよ逼迫した戦況であったことがわかる[14]。

それではここで、『軍鑑』の記事から武田軍の進軍について確認してみたい。滝山城から撤退した後、『軍鑑』には「早々滝山をまきほぐし、つし・小山田・二つ田・きそ・かつ坂まで陣取り給ふ[15]」とあり、武田軍が現在の町田市から相模原市にかけての地域を通過した様子がうかがえる。その後、「さて相模川を越に、先衆は当麻、二の手は磯辺、御旗本は新道、跡備はざま[16]」とあり、武田軍は相模原市から座間市にまたがる地域で相模川を越えている。さらには「相模川を左にあてて、岡田・あつぎ・かね田・三田・つま田に陣取給ひ、つぎの日は、田村・大かみ・八幡・平塚に陣どり、それよりかうつ・前川・さかわ迄よせ、次の日は小田原へ押詰給ふに[17]」と記されていることから、武田軍は相模川沿いに小田原まで進軍したことがわかる。この間、武田軍は各地で放火を行っていたようである[18]。なお、相模国一宮である寒川神社（神奈川県寒川町）には、信玄が小田原侵攻の際に奉納したといわれる兜が残されている[19]。

さらに史料7には、武田軍が小田原から撤退した後についても述べられており、十月五日に武田軍は津久井筋（相模原市緑区）へ小荷駄を斬り捨てて行ったとある。この間に行われたのが三増合戦であり、武田氏の小田原侵攻を考察する上で重要な戦闘である。次に、三増合戦の詳細について検討を行っていきたい。

二　三増合戦

小田原城包囲後、数日で撤退した武田軍を追うため、北条氏康・氏政は津久井方面に武蔵の兵を南下させ、迎撃態勢を整えた。ここでは、武田軍の撤退から武田・北条両軍が衝突した三増合戦の経緯を追い、その戦果が武田氏の駿河制圧にどのように影響したのか、検討を行っていく。

前節で述べたとおり、上野より北条領国へ侵入した武田軍は、御嶽城・鉢形城・滝山城等を攻撃し、各地を放火しながら小田原を目指し、十月初旬には小田原城を包囲した。しかし、武田軍は大々的な攻城戦は行わず、城下で放火を働いただけで四日には撤退を開始し、五日には津久井筋まで到達していた。北条氏政は上杉氏に対し、次の書状を送っている。

〔史料8〕北条氏政書状（「上杉家文書」戦北一三三〇）

両度預御状候、一度者及御報候、一度之儀者、敵手前取懸候間、無手透故御報遅々、御使非無沙汰候、此度小田原迄敵放火、人数諸城ニ籠置故、早々不及一戦事、無念千万候、今日敵退散之間、明日出馬、於武相之間、無二一戦落着候、恐々謹言、

（永禄十二年）十月四日　（北条）氏政（花押）

（上杉輝虎）山内殿

書状には「此度小田原迄敵放火、人数諸城ニ籠置故、早々不及一戦事、無念千万候」とあり、武田氏が小田原まで放火を行っていたが、軍勢諸城に集めていたため一戦に及ぶことができず、無念千万であると氏政が述べていること

がわかる。先にも述べたように、氏政は駿豆国境で武田軍と対峙し、その防備を固めていたことから、史料中にみえる「諸城」とは駿豆地域の城であると思われる。北条氏は防衛のために兵力を駿豆国境に集中させていたため、武田氏の小田原侵攻に対し迅速な対応を取れなかったと考えられる。

小田原から撤退を始めた武田軍に対し、北条氏は氏照を中心として武蔵方面の兵を集め、迎撃体制を整えた。そして十月六日早朝、三増峠にて武田軍と北条軍は戦闘に及んだ。『軍鑑』には「信玄公、みませへつき給へバ、北条衆は陣屋をあけ、中つ河をこし、はん原山へ落る」という記述があり、武田軍が三増峠に到着した際、北条軍は陣屋を開け、中津川を越えて半原（神奈川県厚木市）へ下ったという。その後、武田軍が三増峠を占拠し、南方に引いた北条軍と対峙した。そして両軍の間で戦闘が開始され、氏照ら武蔵の北条軍は敗走し、勝利した武田軍はそのまま津久井筋を抜けて甲斐へと撤退した（『軍鑑』）。

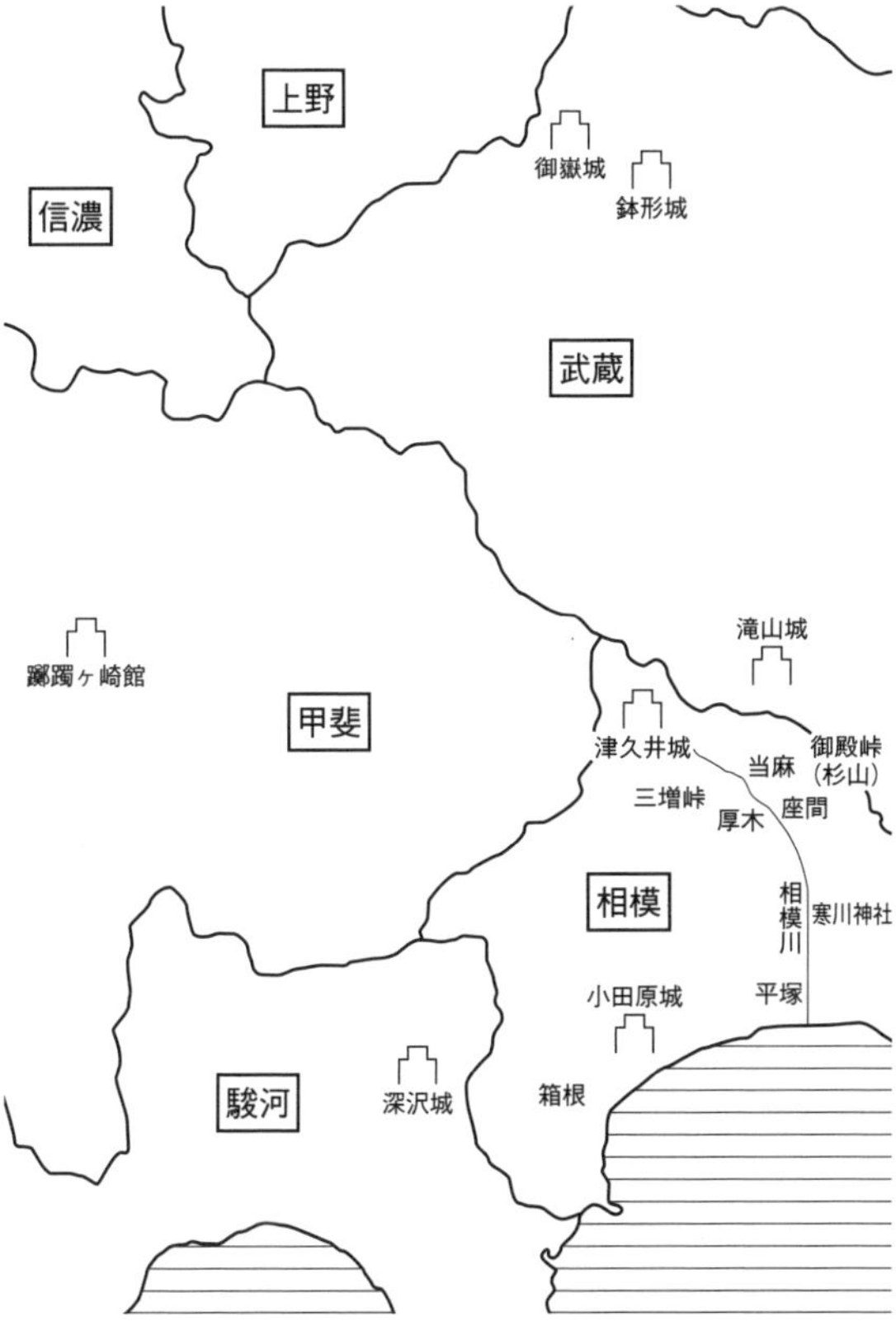

三増合戦関連地図

合戦の経緯については武田氏も北条氏も書状の中で詳細を述べていないが、

『軍鑑』には、信玄が山県昌景率いる別働隊に志田峠（相模原市緑区と愛川町の境）から北条軍の背後を突かせるとともに、北条方の津久井城を小幡信定に攻撃させるなど、北条軍の動きを封じる武田氏の戦術が記されている。しかし、武田氏側では浅利信種が戦死するなど、ある程度の損害も受けていたようである（『軍鑑』）。

一方、北条氏康・氏政の軍勢は駿豆で兵を集め、武田軍を追撃するために進軍中であったが、三増の手前である荻野（神奈川県厚木市）ですでに自軍が敗北したことを知り、小田原へ引き返した（『軍鑑』）。史料8にも「早々不及一戦事、無念千万候」とあり、北条軍本隊が武田軍を逃した経緯が記されている。三増合戦での敗北を受け、氏康は八日に上杉氏に書状を送っている。

〔史料9〕北条氏康書状（「上杉家文書」戦北一三二一）

先使荻野ニ及委細御報候、然而彼御返礼新田へ罷越、荻野不請取之由、今日半途へ来而申事候之間、重而及愚礼候、度々如申入、今度信玄（武田）上州を打廻、当口迄出張候、退端ニ討押付、相・武境号三増山地迄進陣候、敵手早取越間、当簱本一日之遅々故、取遁候、誠無念之至候、併無二ニ被仰合、御加勢一途無之故、如此之儀無是非候、委細者氏政（北条）可申入間、令省略候、恐々謹言、

十月八日（永禄十二年）　　氏康（北条）（花押）

山内殿（上杉輝虎）

北条氏は上杉氏に三増合戦の戦況を報告し、武田軍を取り逃がしたことを「無念千万」と述べつつ、上杉氏に加勢するよう求めている。また、史料中にある「委細者氏政可申入間」とは、先に挙げた史料8の内容を指している。書状の中で氏康は、三増で敗北したとは述べておらず、あくまで武田軍を逃したにすぎないと主張した上で、上杉氏に協力を要請している。しかし、北条軍の大敗は明らかであり、北条氏は上杉氏の援軍を期待せざるを得なかったので

ある。

以上のように、武田氏の小田原侵攻は北条氏に大きな衝撃を与え、一定の成果を見た。武田氏は、北条氏を牽制しなければ駿河での戦闘を優位に進められなかったものとみられ、武田氏にとって北条氏がいかに脅威であったかを示していると言えるだろう。下山治久氏は、三増での敗戦によって北条氏照が強い打撃を受け、のちに滝山城から八王子城へと本拠を移す契機になったのではないかと述べている[20]。

甲府へ帰還した信玄は、信濃の諏訪頼忠に対し次の書状を発給している。

〔史料10〕武田信玄書状（「諏訪家文書」戦武一四六五）

「(封紙ウワ書)大祝殿　晴信(ママ)」

就于今度出陣、於于神前、被抽精誠、御玉会・守符令頂戴畢、抑北条氏政居住之地撃砕、武・相両国悉放火、剰至于相州見増(三)坂遂一戦、北条新太郎(氏邦)・助五郎(氏規)已下之兇徒二千余人討捕、如存分達本意条、併当社之神力故候、八州令静謐者、諏方一郡不貽卓錘之土、可寄附両社候、以此旨無由(油)断精誠可為肝要候、恐々謹言、

十月拾六日(永禄十二年)　信玄(武田)(花押)

諏方大祝殿(諏訪頼忠)

信玄は諏訪氏に対し、「抑北条氏政居住之地」すなわち小田原を攻撃し、武蔵および相模を放火して、最終的には三増峠にて北条軍と一戦を交え二〇〇〇人余りを討ち取ったと述べ、その戦果を強調している。三増での戦闘について、北条氏康が史料9にて「取遁候」と敗戦の様子を表現していることと比較すると、非常に対照的である。

武田氏の小田原侵攻と三増合戦によって、北条領国の領民は大きな被害を受けた。北条氏は、武蔵国戸部郷（横浜市西区）へ次の朱印状を発給している。

〔史料11〕北条家朱印状写（「武州文書所収久良岐郡平兵衛所蔵文書」戦北一三二六）

戸部郷□

右、当郷於三増上原甚次郎仕□就不足被相押候、当年貢領主相渡、只今郷中ニ残分、明白ニ書立、来三日小田原江参可申上候、少も致用捨、虚お書付申上候者、後日御耳ニ入次第、百姓頭可被為切る頸者也、仍如件、

（永禄十二年）
巳　（虎朱印）
十月廿六日

山角刑部左衛門尉（定勝）奉之
大草左近大夫（康盛）

朱印状によると、三増合戦で不足した分を上原甚次郎が徴発したため、戸部郷の年貢が不足してしまったようである。合戦時に徴発し、年貢が不足したとあるので、欠損部分は兵糧に該当する文言が入ると考えられる。戸部郷は年貢不足を北条氏へ訴えたが、北条氏は郷中に残る米の量を明白にして書き立て、来る三日に小田原まで申告するよう求めている。偽りの内容を書いた場合は百姓頭の首を切るとまで北条氏は警告していることから、兵糧米に困窮し、小田原が逼迫した状況にあった様子がうかがえる。武田氏による小田原侵攻と三増合戦は、北条領内の民衆にまで多大な影響を及ぼしたのである。

この後、三増での敗戦を受けて北条氏は動揺し、駿河の多くの拠点を失ってしまうことになる。次は、三増合戦後に再開された武田氏の駿河侵攻について検討していきたい。

三　武田氏の駿河制圧と甲相同盟の成立

武田氏による小田原侵攻は、それまで順調に駿河を防衛していた北条氏に大きな動揺を与えた。駿河防衛に重点を置いた北条氏の軍備が、逆に武田氏の小田原侵攻を許してしまう結果を招いたのである。ここでは、武田氏の小田原侵攻以後に行われた駿河での抗争を追いながら、元亀年間に成立する甲相同盟の成立までの政治情勢について述べていく。

武田氏が三増合戦で勝利したことにより、北条氏は大いに動揺した。甲府に帰国した信玄は、翌十一月に駿河侵攻を再開した。これに対し、北条氏政は同月二十二日に武蔵鉢形城主の北条氏邦に書状を送り、武田軍が駿河へ侵入してきたことを受けて、自らも明日か明後日に伊豆へ出陣する予定であることを報じた上で、上野国衆の由良成繁へ今回の一件を伝達するよう命じ、上杉氏への取次を要請している（「松田仙三氏所蔵文書」戦北一三三八）。一方、北条領国内である相模国東郡では、駿河における武田氏との戦闘に備えた人足徴収が行われている。

〔史料12〕北条家朱印状（「富士浅間神社文書」戦北一二四〇）

年内分国中境目之仕置可成堅固、相・豆・武三ヶ国之人足、寺領・社領等迄、悉申付候、苦労ニ存候共、御国為静謐候之間、磯辺人足三人、中十日小田原柳小路相集、人足奉行ニ可相渡、若一人も令未進、十日之日数至于不足者、可為曲事候、任惣国掟、罪科普請一日之未進五日可被召仕、猶入精、堅可申付者也、仍如件、

追而、手代一人十日之間、然与指置、毎朝人足奉行ニ可相渡事肝要候、以上、

巳（永禄十二年）十一月廿三日（虎朱印）　安藤豊前守（良整）率

野口遠江守殿

この朱印状は、相模国磯辺郷（相模原市南区）に出されたもので、同様の朱印状が田名郷（同中央区）にも出されてい

る（「江成家文書」戦武一二三九）。北条氏は、年内に境目の防備を固めるため、寺領・社領等にまで人足を徴収するとしている。そして、苦労は承知の上ながら、「御国」の静謐のために、磯辺郷に対しては三名の人足を十日以内に小田原まで集めるよう命じている。また「境目之仕置」とあるが、磯辺郷と田名郷の位置を考慮すると、相模と甲斐の国境を守るための人足が求められたものと考えられる。十二月になると、次の朱印状が同じく磯辺郷に出されている。

〔史料13〕北条家朱印状（「富士浅間神社文書」戦北一三六六）

一、当郷人改之儀者、信玄（武田）相・豆之間へ来年出張候者、一途ニ可遂一戦事、人数相極間、御扶助之侍、悉一頭ニ可被召仕、其時者、三ヶ国城々留守可為不足、来年可為是非弓箭間、御出陣之御留守番、其摸〔模〕寄城為可被仰付候、在城之間は、兵粮可被下候、御国ニ有之役、一廻可走廻事、

付、此度帳面御披見上、有御指引、模様ハ重而以御印判可被仰付事、

一、さかしく走廻ニ候者、随望、何様之儀成共可被仰付事、

一、当郷ニ有之者一人も隠置、此帳ニ不付者、後日聞出次第、小代官・名主可切頸事、

一、若々此帳ニ不載者申出者、大忠也、何ニても永代望之儀可被仰付候、田地成共可被下候、又者当分御褒美成共可被任望事、

巳（永禄十二年）十二月廿七日　（虎朱印）

磯辺　小代官中
　　　名主

こちらの朱印状は、田名郷に出されている（「江成家文書」戦北一三六七）。内容を確認すると、「当郷人改之儀者、信玄相・豆之間へ来年出張候者、一途ニ可遂一戦事」という文言から始まっており、信玄が翌年に相・豆へ侵攻してく

ることを想定して人足改めを行っていることがわかる。人足改めとは、代官や名主に領内の村人の数を確認して帳面にて申告させるもので、有事や普請時に備えて行われたものである。一条目をみると、扶助している武士についてはことごとく動員するつもりであるが、三ヶ国（相模・伊豆・武蔵）の城の留守居が不足するため、来年合戦になった際は、留守番を磯辺郷の人びとに申しつけると記されている。三条目には、郷内で一人でも隠蔽した者がいた場合は代官・名主の首を切ると記してあり、北条氏が非常に厳しい姿勢で人足改めを実施していることがわかる。

朱印状が出された磯辺郷と田名郷は、相模川沿いに位置し、武田軍が小田原へ侵攻した際に通過した地域である。また、武田軍が撤退した津久井筋にも近い。そのため、人足改めの対象となったのであろう。この人足改めは武田氏小田原侵攻時の被害状況をふまえ、防備を固めたものであったと思われる。

史料12・13に登場する「御国」について黒田基樹氏は、北条氏の領国という意味でも、とりわけ生活領域の「くに」という意味合いを特に強調した語であり、「御国」のためにというのは北条氏を維持する行為で、「くに」の平和維持につながるものであると述べている。(21) そして、この「御国」の論理が村に軍事動員という事態を生み、その範囲は国衆領を含まない本国領域と一門支城領域に限られるとしている。この軍事動員こそ史料中にみえる人足改めであり、北条氏は武田氏の小田原侵攻と三増合戦での敗北を受け、領国が危機的状況であると察し、このような措置を取ったと考えられる。

十二月、武田軍は北条方の蒲原城（静岡市清水区）を攻め落とし、信玄はその旨を信濃の真田氏に伝えている（「真田家文書」戦武一四八〇）。書状によると、武田軍が十二月六日に蒲原城の根小屋で放火を働いたところ、城内の北条軍がことごとく城外へ出たため、そこで合戦となり、勝利を得たという。そして、城主の北条氏信をはじめとする諸将を討ち取ったことで蒲原城を手中に収め、武田家臣である山県昌景が城へ移ってきたと記されている。

次いで信玄は、翌年の永禄十三年(一五七〇)正月に駿河花沢城(静岡県焼津市)、さらに徳一色城(田中城、同藤枝市)への攻撃を開始し、これらを攻略することに成功する。[22] 花沢・徳一色両城を奪取したことにより、駿河での戦況は武田氏優位となった。

四月になると、武田信玄は興国寺城(静岡県沼津市)への侵攻を開始する。この信玄の動きに対し、北条氏政は上杉氏へ書状を送り、信濃出陣を要請している。

〔史料14〕北条氏政書状(「上杉家文書」戦北一四一二)

急度令啓候、自駿州興国寺如注進者、甲州衆富士口へ出張之由、定而興国寺歟、不然者、至于豆州可動候、手前之於仕置者、可御心易候、兼日如申届、信州口へ御出勢専一ニ候、至于其儀者、敵不可致得長陣候、猶動之模様、重而可申入候、先不承合令啓候、恐々謹言、

(永禄十三年)卯月廿日　(北条)氏政(花押)

(上杉輝虎)山内殿

氏政は、武田軍が富士口へと侵入してきたことを受け、興国寺城や伊豆で戦闘になったことを伝え、上杉氏に対し信濃へ出陣することが重要であると説いている。

八月になると、武田氏は興国寺城と韮山城(静岡県伊豆の国市)への攻撃を開始した。駿河付近での戦況が悪化する一方であった北条氏は、またしても上杉氏へ信濃出陣を要請している(「尊経閣文庫所蔵文書」戦北一四三四)。氏政はこの書状の中で、上野国衆の北条高広に対し韮山・興国寺両城が武田軍の攻撃を連日にわたって受け続けていることを報じ、上杉氏の支援を求めるよう仲介を依頼している。

この氏政の要請を受け、上杉氏は信濃への出陣を敢行する。上杉氏の信濃出陣に対し、相模に引き取られていた今

川氏真が書状を上杉氏に宛てて謝している（「山吉盛禮氏所蔵文書」静岡8―二五〇）。氏真は山吉・直江・柿崎三名の上杉家臣に対し、上杉氏の信濃への出陣は大変喜ばしいものであったと述べ、北条氏政にとっても無二の馳走であったと感謝の意を表している。また同日、今川家臣であった朝比奈泰朝も同様の書状を上杉家臣に発給している（「山吉盛禮氏所蔵文書」静岡8―二五一）。だが、この上杉氏の信濃出陣は、武田氏を牽制するまでに至らなかったようである。

元亀二年（一五七一）正月、武田氏は駿河侵攻を再開し、深沢城を包囲した。この合戦で北条氏は劣勢となり、ここでも上杉氏に支援を求めるが、城主の北条綱成が戦闘継続を困難と判断し、十六日に深沢城は開城となった。深沢城の開城を受け、氏政は二十日に上杉氏に書状を出し、支援を求めている（「新田英雄氏所蔵文書」戦北一四六二）。氏政は書状の中で、深沢城の後詰として正月十日に出陣したが、武田軍に本丸近くまで横穴を開けられてしまい、城主の綱成が十六日には開城を余儀なくされたことを述べ、上杉氏の出陣を求めている。しかし、この時点ですでに武田氏の駿河制圧はほぼ成し遂げられており、武田氏と北条氏の対立は膠着状態となった。

そして十月、北条氏康が没した。氏康は亡くなる直前、氏政に対し、上杉氏との同盟を破棄して武田氏と和睦するよう命じたといわれる（『軍鑑』）。そして元亀三年、両氏による和睦交渉が開始され、甲相同盟が復活した。それに伴って武田・北条両氏の間では国分けが行われ、北条氏政は次の書状を上野の由良氏の元へ発給している（「由良家文書」戦北一五七二）。氏政は由良氏に宛てた条目の中で、甲相同盟の成立とそれに伴う上杉氏との盟約の崩壊や、関東八州が北条氏の領国であること、武田氏が領有する西上野について北条氏が干渉しないことなどを報じ、上杉軍の様子を具に報告するよう求めている。黒田基樹氏によれば、北条・武田両氏による国分けは上野のみにとどまるものではなく、駿河および武蔵においても行われ、駿河は狩野川と黄瀬川を境界として東側を北条氏が、西側を武田氏が領有したとし、また、武蔵は一円を北条氏領として確定されることとなったという[23]。武田・北条両氏による駿河をめぐる攻防は、信玄が駿河を制圧する形で終焉を迎え、新たなる政治配置を生み出したのである。

おわりに

駿河をめぐって対立を続けてきた北条氏と武田氏は、武田氏の駿河制圧を経て和睦した。当初、駿河における戦況は北条氏側が優位であったが、武田氏が小田原侵攻を決行したことによって形勢は逆転し、その後は武田氏が駿河での合戦で勝利を重ね、やがて駿河を制圧した。

武田氏の小田原侵攻は、北条氏に大きな危機感を与えるとともに、北条氏の駿河防衛体制に対しても多大な衝撃を与えた。北条氏は、駿河の防衛に重点を置いていた一方、相模・武蔵が手薄になっていたとみられ、武田氏はその弱点を突くために、小田原侵攻を決行したのである。武田氏の駿河侵攻は、相模・武蔵方面への勢力拡大を目的とした軍事行動ではなく、駿河に集中する北条氏の兵力を分散させるための陽動作戦であったと評価することができよう。また、『軍鑑』には信玄が相模の星谷(ほしのや、神奈川県座間市)に「新鎌倉」、すなわち幕府を開く構想を抱いていた記述もあり[24]、今回の軍事行動と関連していた可能性もあろう。

『異本小田原記』には、北条氏照が武田氏討伐のために女人禁制を誓い、それを知らなかった氏照室が誤解して恨みを抱き、自殺したという記述がある。この点について則竹雄一氏は、氏照室が自殺した記述は誤りであるとし、氏照と室の間に男子が産まれなかった事実がこの逸話を生み出したのではないかとしているが[25]、三増での敗戦に北条氏が危機感を抱いたことが、こうした描写を生んだのであろう。

数年にわたる武田・北条間の対立は、武田氏が駿河を制圧したことで終焉を迎えたが、その間、転機となったのは、武田氏の小田原侵攻と三増合戦であった。この大々的な陽動作戦が実施されてこそ、武田氏は駿河制圧を完遂させたのである。武田氏の小田原侵攻は、駿河制圧の布石となっただけではなく、その後の甲相同盟成立に関しても大きな影響を与えたと位置づけることができよう。

註

（1）柴辻俊六「戦国期の甲・相関係」（同『戦国大名領の研究—甲斐武田氏領の展開—』、名著出版、一九八一年）。
（2）池上裕子「戦国期における相駿関係の推移と西側国境問題—相甲同盟成立まで—」（『小田原市郷土文化館研究報告』二七、一九九一年）。
（3）下山治久「新発見の北条氏照文書—三増合戦の実態をさぐる—」（『歴史手帖』一—二、名著出版、一九七三年）。
（4）前田利久「武田信玄の駿河侵攻と諸城」（『地方史静岡』二二、一九九四年）、同「戦国期薩埵山の戦い」（清水市教育委員会『薩埵山陣場跡その現況遺構確認等分布調査報告書』、二〇〇二年）。
（5）黒田基樹「北条氏の駿河防衛と諸城」（同『戦国期東国の大名と国衆』、岩田書院、二〇〇一年。初出一九九六年）。
（6）『静岡県史』通史編2・中世（一九九七年）。
（7）『裾野市史』第八巻・通史編Ⅰ（二〇〇〇年）。
（8）『愛川町文化財調査報告書第5集　三増合戦資料集成』（一九六八年）。
（9）『小田原市史』通史編　原始・古代・中世（一九九七年）。
（10）『厚木市史』中世通史編（一九九九年）。

(11)　越相同盟に関する研究として、岩沢愿彦「越相一和―「手筋」の意義をめぐって―」(『郷土神奈川』四、一九八四年)、市村高男「越相同盟の成立とその意義」(戦国史研究会編『戦国期東国社会論』、吉川弘文館、一九九〇年)、丸島和洋「越相同盟再考―「手筋」論をめぐって―」(同『戦国大名武田氏の権力構造』、思文閣出版、二〇一一年。初出二〇〇〇年)等がある。

(12)　天文六年(一五三七)以降、富士川以東の河東地域をめぐって、北条・今川両氏は十年近く対立を続けていた。天文二十三年、両氏の間で和睦が成立し、その証として早川殿が今川氏真へ嫁いだ(『勝山記』『妙法寺記』)。

(13)　武田氏の富士大宮支配と富士氏の動向については、前田利久「戦国大名武田氏の富士大宮支配」(『地方史静岡』二〇、一九九二年)を参照。

(14)　下山　前掲註(3)。

(15)　「つし(図師)・小山田・きそ(木曽)」は東京都町田市、「かつ坂(勝坂)」は神奈川県相模原市南区の地名。「二つ田」は町田市野津田を指すか。

(16)　「当麻・磯辺(磯部)・新道(新戸)」は神奈川県相模原市南区、「ざま(座間)」は同座間市の地名。

(17)　「岡田・あつぎ(厚木)・かね田(金田)・三田・つま田(妻田)」は神奈川県厚木市、「田村・大かみ(大神)・八幡・平塚」は同平塚市、「かうつ(国府津)・前川・さかわ(酒匂)」は同小田原市の地名。

(18)　『厚木市史』中世資料編(一九八九年)。

(19)　『新編相模国風土記稿』(大日本地誌大系、雄山閣出版、一九三三年)、『寒川町史』6通史編(一九八五年)、藤本正行『鎧をまとう人びと―合戦・甲冑・絵画の手びき―』(吉川弘文館、二〇〇〇年)。

(20)　下山　前掲註(3)。

(21)　黒田基樹『戦国大名の危機管理』(歴史文化ライブラリー、吉川弘文館、二〇〇五年)。
(22)　この際の戦闘については、註(5)に詳しい。
(23)　駿河の国分けについて、黒田氏は註(5)の中で、「上野国人衆の小幡憲重・信真宛の武田信玄書状写(「中村不能斎採集文書九」)」を論拠としている。
(24)　黒田日出男「武田信玄の国家構想と新鎌倉」(同『『甲陽軍鑑』の史料論―武田信玄の国家構想―』、校倉書房、二〇一五年)。
(25)　則竹雄一「北条氏照」(黒田基樹・浅倉直美編『北条氏康の子供たち』、宮帯出版社、二〇一五年)。

付論　武田氏の小田原侵攻における放火と進軍経路

永禄十二年(一五六九)九月、武田信玄は上野より北条領国に侵入するとそのまま武蔵から相模へと南下し、小田原城を包囲した。[1]翌十月には撤退途中の三増峠(神奈川県愛川町)にて北条軍を破り甲斐へと帰還したが、この一連の軍事行動について信玄は諏訪氏宛の書状で「抑北条氏政居住之地撃砕、武相両国悉放火、剰至于相州見増坂遂一戦(以下略)」と述べている。[2]ここで注目したいのが「武相両国悉放火」の箇所である。

武田軍による放火については、小山田信茂願文[3]や上杉謙信宛北条氏政書状[4]にも記述がみられるが、いずれも滝山城や小田原城といった北条方の軍事拠点で行われた放火についてであり、その他の地域で放火が行われたかについては確認できない。そこで、武田軍による放火の被害を受けたとされる寺院に関する史料を『厚木市史』が紹介しているので、それをもとに合戦の被害を受けた寺院や郷村の実態を明らかにし、武田軍の進軍経路についても検討を加えてみたい。

一点目は、神奈川県厚木市妻田にある妻田薬師堂(遍照院)の木造薬師如来坐像墨書銘である。[5]この像は躰幹部と脚部に分かれており、躰幹部の像底に「永禄拾弐年霜月十二日　入仏之」と墨書がある。このことから、三増合戦の翌月にこの像が入仏したことがわかる。一方、脚部の像底には「爰甲州武田信幻《玄》武相両国乱入神社仏寺煙破相州妻田郷白根東光寺本尊薬師如来閣堂打破(以下略)」とあり、信玄が武蔵・相模の寺社に火を放ち、相模妻田郷の東光寺薬師堂（現妻田薬師堂）も破壊されたことが記されている。

二点目は、同市飯山にある千光寺の千手観音立像背部墨書である[⑥]。現存の千手観音立像は後年に作り変えられているが、墨書がある部分のみ古材が用いられている。立像の背部には「（前略）武田信幻《（玄）》相州乱入、爰飯山之（一部欠損）村千光寺堂本尊共放焼、然当別当栄玄振一財本尊新造（後略）」と記されている。信玄の相模侵入によって、千光寺の御堂と本尊が放火されて焼かれたものの、当寺の栄玄和尚によって千手観音立像が新造されたことがわかる。入仏の日付は永禄十二年十二月十八日であり、三増合戦からおよそ二ヶ月後である。

また、同市金田の建徳寺に遺されている由緒書にも興味深い記述がある[⑦]。こちらには「辛酉年《（永禄四年）》、越後乱入、悉々堂寺大破、殊ニ甲州信玄動堂寺悉々破滅、本尊・前立打破、□火ニ取捨也」とあり、永禄四年の長尾景虎（上杉謙信）の小田原侵攻の際に寺院が大破したのち、武田信玄にも寺院をことごとく破壊され、本尊や前立を失ったと由緒書は伝えている。また、長尾軍に関しては「悉々堂寺大破」とあるのに対し、武田軍に関しては「堂寺悉々破滅」とあるため、武田軍による被害は長尾軍のものよりも甚大であったと考えられよう。史料の欠損箇所は、先の二点の仏像墨書の記述を考慮すると、おそらく放火を指すと思われる。この建徳寺は、天正二年（一五七四）に再建されたと伝えられている。由緒書には「付金田之郷僧俗・男女・老少共ニ進、以成助再興也」とあり、金田郷の人びとの支援によって建徳寺が再建されたことがわかる。寺院が郷村の民衆に支えられ、密接した関係にあったことをうかがわせよう。

それでは、なぜ厚木は武田軍による放火の被害を受けたのであろうか。『甲陽軍鑑』には、永禄十二年七月、信玄が小田原侵攻の撤退路として、箱根から三島へ抜ける経路と、三増峠から津久井筋を通過して甲斐郡内に抜ける経路との二つの候補のうち、後者を選択したとある[⑧]。また、小田原侵攻の際は、武田軍が当麻（相模原市南区）で相模川の西側へ渡り、厚木・平塚を通過したと記されている。先に提示した史料が遺されている地域をみると、金田は相模川の西岸にあり、妻田は金田からさらに中津川を挟んで西岸に位置している。これらの地域は、武田軍が通過した地域として『軍鑑』にその名がみえる。飯山は妻田よりもさらに西側で、三増峠へ抜ける街道沿いにある。

一方、相模川の東側にある寒川神社には小田原侵攻の際に信玄が奉納したという兜が遺されているが[9]、奉納が往路と復路のどちらで行われたかは不明であり、東側で放火が行われたかについては、管見の限り史料では確認できない。また、厚木で行われた放火の様子や『軍鑑』の記述から推察すると、信玄率いる武田軍本隊が相模川の東側を通過した可能性は低い。よって、武田軍による放火の被害は相模川の西側に集中していたものと考えられ、その中でも厚木は交通の要衝であったことから、放火の被害を受けたのではないだろうか。

武田氏の小田原侵攻は、北条領国内の寺院や郷村に甚大な被害をもたらした。しかし三増合戦後、被害を受けた寺院は地域の民衆とともに復興を目指した。その背景には民衆と寺院との密接な関係がうかがえるだけでなく、戦禍にさらされた郷村の実態も垣間見ることができよう。

註

（1）本書第五章を参照。
（2）「諏訪文書」（戦武一四六五）。
（3）「諏訪家旧蔵文書」（戦武一四五六）。
（4）「上杉家文書」（戦北一三二〇）。
（5）『厚木市史』中世資料編（以下、厚木と略記する）、七六六頁。
（6）厚木七一四頁。

（7）厚木四六〇号文書。
（8）『軍鑑』三八三・三八六頁。
（9）『寒川町史』6通史編（一九八五年）、三三九頁。

第六章　駿遠国境における武田・徳川両氏の戦争

はじめに

駿遠国境における武田・徳川両氏の攻防は、元亀三年(一五七二)から開始された武田信玄による遠江侵攻を契機とし[1]、天正九年(一五八一)に徳川家康が武田勝頼方の高天神城(静岡県掛川市)を落城させるまで、およそ九年間にわたって続いた長期戦である。この間、天正三年に両氏は奥三河の長篠・設楽ヶ原(愛知県新城市)で大規模な合戦に至ったが、長篠合戦以降、両氏の戦闘は主に駿遠国境で展開された。

外交上における両氏の接点は、永禄十一年(一五六八)に武田氏が駿河、徳川氏が遠江へ侵攻し、今川領国を挟撃したことから生じている[2]。だが翌年、両氏の連携は武田軍の遠江での動向に徳川氏が不信感を抱いたことにより破綻し、徳川氏は武田氏と対立する相模の北条氏と協力して今川氏真が籠城する懸川城(静岡県掛川市)を開城させた[3]。その後、元亀二年に駿河を制圧した信玄は、駿河侵攻を機に敵対していた北条氏と和睦し、翌年には遠江への侵攻を開始する。こうして、武田・徳川両氏は軍事的対立を深めていった。

天正年間における武田・徳川間の対立に関する研究は多数存在する。まず、両氏の攻防戦の中心となった高天神城主の小笠原氏助(信興)に関する研究を行ったのが、黒田基樹氏である[4]。黒田氏は、元亀三年九月と天正二年六月に行われた武田氏の遠江侵攻と、高天神城を防衛していた小笠原氏が武田氏に降伏するまでの過程を検証し、小笠原氏が武田氏によって高天神城主としての地位を改替され、同時に支配領域も収公されたと述べている。小笠原氏は、永禄十一年の武田・徳川両氏による今川領国侵攻の際、今川方から徳川方へ属した経緯があるため、天正二年に徳川方から武田方へ属したことになる。

これにより高天神城は、武田・徳川両氏の駿遠国境における攻防の中心となっていく。

高天神城が武田方になった翌天正三年五月、武田・徳川両氏は奥三河の設楽ヶ原・長篠にて合戦に至る。この合戦には織田信長も参戦しており、織田・徳川連合軍と武田軍が激突した。この合戦で武田勝頼は大敗を喫し、奥三河地域における武田氏の勢力は衰え、武田・徳川間の攻防は駿遠国境を中心に展開されていく。[5]

駿遠国境における両氏の攻防について詳細な検討を行ったのが、大塚勲氏である。[6]大塚氏は主に武田氏発給の文書を主軸として両氏の軍事行動を分析し、その中で両氏の攻防の中核だったのが高天神城であったと指摘している。高天神城については、小川隆司氏も駿遠地域の水上交通と陸上交通の両面から城郭の立地を分析しており、同城が武田・徳川両氏にとって領国維持のために重視すべき軍事拠点であったと評価している。[7]

北条氏側の成果では、国郡境目相論について駿豆国境付近の武田・北条間の合戦から検討した則竹雄一氏の成果がある。[8]

これらに加え、徳川家中で起こった信康事件[9]や武田勝頼の外交に関する研究[10]もあり、武田・徳川の攻防がさまざまな視点から考察が行われている。

しかし、以上のような研究状況にありながら、『家忠日記』[11]（以下、『日記』と表記）を主たる検討対象とした研究は少ない。この『日記』は、三河深溝（愛知県幸田町）を拠点とする松平家忠（弘治元・一五五五～慶長五・一六〇〇）が執筆した日記で、その内容は簡潔ながらも、同時代の政治情勢に関する情報が多く記されており、武田・徳川間の攻防についても、その様子を記述から読み取ることができる。盛本昌広氏が著書の中で、家忠の動向を追いながら武田・徳川両氏の軍事行動を論じてはいるものの、(12)『日記』の解説を目的としたものであり、両氏を中心とした政治情勢の実態を把握するにはさらなる検討を要する。

『日記』原本の記述は、天正五年から現存しているため、対武田戦に関する記事も多い。著者の松平家忠をはじめとする徳川家臣や家康の動向を知る上でも、武田・徳川間抗争の実態を明らかにする上でも有効かつ重要な記録である。特に、徳川家中の動向が把握しやすいため、徳川軍がどのように武田軍と対峙していたのか理解するのに適している。

そこで本章では、『日記』の記録が始まる天正五年から高天神城が落城した同九年までの武田・徳川間抗争の経過を概観しながら、『日記』が書かれた時代背景および諸勢力の政治動向について論じる。また、『日記』には、織田家臣らによる徳川軍への陣中見舞いや織田氏の軍事動向についての伝達が行われるなど、織田・徳川間の関係を考察する上で重要と考えられる記述が散見される。一方で、武田氏にとっても織田氏が重視すべき存在であったことは言うまでもない。これらの点をふまえ、武田・徳川両氏の対立に関連する織田氏の動向についても着目していきたい。

一　武田・徳川両氏の対立と信康事件

天正五年(一五七七)閏七月、徳川軍は高天神城への攻撃を開始した(「名古屋大学文学部所蔵文書」戦武二八四二)。しかし、徳川軍は苦戦を強いられたようで、この攻撃以降はしばらく高天神城への攻撃は行わず、小山城(静岡県吉田

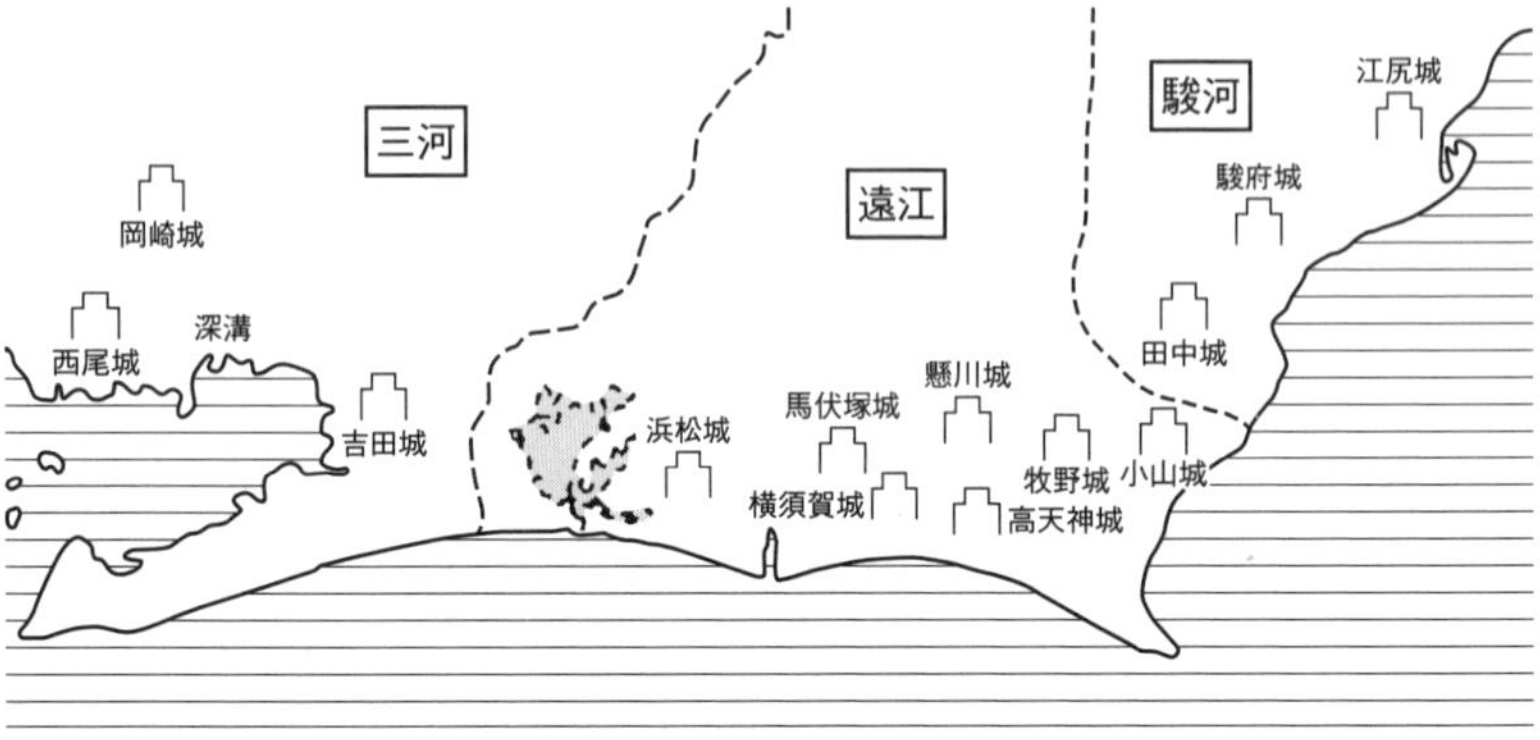

武田・徳川合戦関連地図

町)・田中城(同藤枝市)といった武田方の城への攻撃が中心となっていく。

同年十月、武田勝頼は大井川と小山城を経由して、徳川領国に進軍した。これに対し、家康は馬伏塚城(同袋井市)に入って応戦し、武田軍を撤退させることに成功している(『日記』)。翌六年三月には、家康が小山城・田中城を攻撃して武田軍を牽制しており、対する勝頼は江尻城(静岡市清水区)の穴山信君に、徳川軍の動向に注意するよう促した(『日記』、「孕石家文書」戦武二九五九)。『日記』の天正六年三月九日条には、徳川軍が田中城の外曲輪を破ったことが記されているが、田中城陥落までには至っていない。

こうした中、同年六月になると、勝頼は越後で勃発した上杉謙信の後継者争いである御館の乱への介入を行い、景勝・景虎間の和睦調停を開始した[13]。そのため、勝頼は駿遠での対徳川戦には出陣しておらず、『日記』にも同年六月から九月の間は勝頼の動向が記載されていない。この間、八月に家康は嫡男の信康を従えて小山城を攻撃し、田中城周辺では刈田を働いている。家康は刈田で得た米を兵糧として家忠ら家臣に分け与えており、敵地での刈田が合戦と同時に行われていたことがわかる。翌九月には、牧野衆に小山城を攻撃させ、また家忠らに牧野城(諏訪原城、静岡県島田市)の普請を指示するなど、家康が対武田戦に備えている様子がうかがえる(『日記』)。牧野城は対武田戦における徳川方の拠点の一つであり、家忠はたびたび牧野城番を家康より任されていた[14]。

その一方で、『日記』の同年九月二十二日条によると、家康は「岡崎在郷之儀無用」を家忠ら家臣に命じており、家中で何らかの問題が生じていたようである。岡崎(愛知県岡崎市)は家康嫡男である信康の本拠であり、その岡崎に在郷する必要がないと家康が家臣に命じていることから、この家康の命令に信康が関連している可能性が高い。翌年には信康が岡崎より追放された上に殺害されるという信康事件が起きることを考慮すると、注目すべき記事である。

十月になると、武田・徳川両軍は横須賀城付近(静岡県掛川市)で合戦となった。御館の乱に介入していた勝頼もこの合戦に出陣していたが、十一月晦日に撤退を余儀なくされている(『日記』)。

このように、天正五年から翌六年にかけての武田・徳川間の攻防は、相互的な牽制はみられるものの大規模な合戦は行われておらず、その背景には、武田氏は御館の乱、徳川氏は信康事件があったことにある。

それでは、ここで信康事件について『家忠日記』の記事を中心に検討を加えていきたい。信康事件は、家康嫡男の信康とその母築山殿(西来院殿、関口親永女)が天正七年に殺害された事件であるが、史料上で確認できる記述は極めて少なく、『三河物語』や『松平記』などに書かれている内容が主に通説となっている。通説では、信康と不仲だった正室の五徳が父織田信長に送った書状が原因で信長が激怒し、信康と築山殿の処断を家康に命じたとされる。また、家康・信康父子間の離間を図った武田氏の策略、信忠の将来を案じた信長が信康を殺害しようとしたという説もある。

このように諸説ある中で、改めて信康事件について多角的かつ詳細な検討を行ったのが、新行紀一氏である[15]。新行氏は、信康事件が天正三年四月に起きた大岡弥四郎事件に関連すると指摘し、大岡が同志の信康家臣と結託して武田軍を岡崎城に引き入れ、信康を擁する新体制を築こうとした事件が、のちに家康が信康を処断する事態、すなわち信康事件へとつながったのではないかとしている。

この新行氏の見解をふまえ、『日記』の記事をみていきたい。

〔史料1〕『家忠日記』

（天正六年二月）
四日、（前略）信康御母様（築山殿、関口親永女）より音信被成候（以下略）
九日、（前略）信康（松平）、岡崎の〔家中〕□長老□□⌈　⌋れ候、
（天正六年九月）
廿二日、（前略）戌刻ニ吉田左衛門尉（酒井忠次）所より、家康各国衆岡崎在郷之儀無用之由申来候、
廿三日、在郷ニ付而鵜殿八郎三郎（康孝）・松平太郎左衛門（景忠）・我等両三人之所より石川伯耆（康輝）・平岩七之助（親吉）所江使者をつかハし候へハ、早々在所江越候へ由申来候、
廿五日、丑刻より雨降、石川伯耆・平岩七之助所より在所江越候へ由申来候、
廿六日、酉刻迄雨降、ふかうすへ女とも引越候、（以下略）
廿七日、ふかうすへ越候、人足あらため越候、（以下略）
（天正七年六月）
□□（五日）、家康浜松より信康御⌈　⌋の中なをしニ御越候⌈　⌋時⌈　⌋家康御屋敷へ⌈　⌋御渡し候て、ふかうすかへり候、
（天正七年八月）
三日、浜松より家康岡崎江被越候、
四日、夜より雨降、御親子被仰様候て、信康大浜江御退候、

五日、夜より雨降、岡崎江越候へハ、自家康早々弓てんはう《鉄砲》の衆つれ候て、西尾江越候へ被仰候て、にしをへ越候、家康も西尾へ被移候、（以下略）

七日、午時迄雨降、家康岡崎江御越候、本城御番松平上野《康忠》・榊原小平太《康政》・北端城御番松平玄番《清宗》・鵜殿八郎三郎両三人也、（以下略）

九日、（前略）被仰小性衆五人信康大浜より遠州堀江城江被越候、

十日、自家康、岡崎江越候へ之由、鵜殿善六郎《重長》御使にて岡崎江越候、各国衆信康江内音信申間敷候と、御城きしやう文候、

まず着目したいのが、天正六年二月四日の記事である。ここには、家康の正室で信康の母である築山殿から、家忠のもとに音信があったことが記されている。詳細は不明だが、家忠との音信を試みたということは、何らかの伝達事項があったことになる。新行氏は、この築山殿の行動を当時の社会通念としては異例であるとし、築山殿が信康に関する件で家忠に音信を図ったのではないかと述べている。

同年九月二十二日、家忠は酒井忠次を通じて、家康が家臣たちに岡崎に在郷する必要はないと命じたことを伝えられ、二十七日には本拠である深溝へ帰還している。在郷の件に関して、二十三日に家忠が鵜殿康孝と松平景忠と共に、石川康輝と平岩親吉に使者を派遣して事態の確認を行っていることから、おそらく家忠らにとって岡崎在郷無用の報せは予測していなかった事態だったのであろう。この件に関し新行氏は、岡崎は信康の本拠地であることから、信康と家臣の関係の密接化を防ごうとしたものとしている。しかし、岡崎在郷無用が家忠らに言い渡された後も、信康は家康と共に対武田戦に従事しており、翌年の天正七年四月に武田勝頼が遠江に進軍した際も馬伏塚城にて武田軍と対峙している（『日記』）。

六月になると、家康と信康の関係が悪化していることを示唆する記事が『日記』みられるようになる。六月五日条は欠損が多く、記述の内容を補わなければならない点もあるが、家康が信康と誰かしらとの仲直しをするために、浜松から岡崎へやって来た様子がうかがえる。問題は、家康が仲直しを試みた対象が信康と誰かということになるが、これについて新行氏は、記述の「信康御」以下の欠損部分が「信康御新造様」ではないかと推測し、信康と正室五徳（織田信長女）の仲直しを示すものであるとしている。信康と五徳の仲直しを家康が試みたというのは、『日記』の記述に欠損が多いため確認はできないが、家康が信康の件で浜松からやって来たことは事実であり、両者の関係が緊迫していることを示していると言えよう。

八月になると、家康と信康の対立が決定的なものとなる。三日に浜松から家康は岡崎に向かい、翌日には信康が岡崎から大浜（愛知県碧南市）へ退いている。これは家康・信康間の軍事的対立を示すものであり、新行氏は信康の行動が家康への降伏であると位置づけている。五日になると、家忠は家康より弓・鉄砲衆を連れて西尾城（同西尾市）へ向かうよう命じられ、家康も西尾へ移った。その後、七日に家康は岡崎に帰っている。七日条にみえる本城と北端城は、家忠が同日に西尾に留まっている状況で、本城と北端城の在番を務める松平康忠らを振る舞っていることから、両城とも西尾城内であると捉えるのが妥当であろう。西尾城の在番を務めた家忠らは、大浜に退いた信康を牽制および監視していたものと考えられる。新行氏も、家忠らの動向を信康へ圧力をかけるためであるとしている。そして八日に家康は織田家臣堀秀政に対し、信康の追放について次のように述べている。

〔史料2〕徳川家康書状写（「信光明寺文書」静8―一三三六）

今度左衛門尉（酒井忠次）を以申上候処、種々御懇之儀、其段御取成故候、忝意存候、仍三郎（松平信康）不覚悟付而、去四日岡崎を追出申候、猶其趣小栗大六（重常）・成瀬藤八（国次）可申入候、恐々謹言、

（天正六年）
八月八日　　　　　　　　　　　　家康公御判（徳川）
堀久太郎殿（秀政）

書状の中で家康は、使者として信長のもとに派遣した酒井忠次に対して堀秀政の懇切な執り成しがあったことへの感謝の意を述べ、信康が不覚悟であったために岡崎から追放したと報じている。家康が酒井忠次を通じて信長に言上した内容は不明であるが、四日に家康が信康を岡崎から追放した事実が信長に伝達されたことが確認できる。

信長に信康追放の旨を報じた家康は、九日に信康を堀江城（浜松市西区）に移すと、十日には家臣たちに信康と音信しないよう起請文の提出を命じた。これにより、徳川家臣は信康との関係を家康によって完全に断絶されたことになる。そして九月十五日、信康は二俣城（同天竜区）で殺害され、信康事件は終結した（「五輪塔陰刻銘」静8―一二三八）。また、信康の母である築山殿も、同年八月二十九日に富塚（同中区）にて殺害されている（『松平記』）。夫信康を失った五徳は、天正八年二月二十日に美濃へ帰国している（『日記』）。

ここまで、信康事件の過程を『日記』の記述を中心に概観してきたが、その中で明らかとなったのは、家忠ら家臣が岡崎在郷を解かれ、信康との接点を制限された点や、家康が自ら岡崎へ赴いていた点といった、信康をめぐって岡崎が不安定な情勢にあった点である。この事件が起きた要因は、新行氏が指摘する大岡弥四郎事件と、『三河物語』や『松平記』にみられる信康・五徳の不仲にあるとみて良いだろう。[16]これらの記述によると、五徳は父信長に対し、信康との不仲だけでなく、築山殿の不行儀や武田氏との内通疑惑等についても言及したため、信長が信康と築山殿に対して激怒し、家康に確認を求めたという。しかし、実際は大岡弥四郎事件とその後の徳川家中における信康の立場について、五徳が父信長に報告したにすぎないということではないだろうか。信康と五徳の婚姻関係は、織田・徳川同盟の維持を目的に結ばれたものであったため、信康の一件が織田・徳川間の外交関係に波及する問題であったことは言うまでもない。平野明夫氏は、信康事件を家康が信長の従属下にあったことを端的に示す事件であると評価しているが、[17]徳川家中の問題である信康の処断を信長に報じる行為に、その一端が確認できると言えよう。

また、『日記』には通説にあるような信長による信康殺害指示に関する記述は見当たらず、史料2にもそのような内容は確認できない。したがって信康事件は、信康をめぐる家中の混乱を治めた家康が、その経緯を信康正室の父である信長に報じたというのが真相であろう。

以上、述べてきたように、家康は武田軍と小規模な軍事衝突を繰り返す一方で、信康事件という家中の混乱および信長との同盟関係維持に警鐘を来す事態に陥るといった状況に置かれたが、信康の処断が終結したことによって、家康は対武田戦に集中する態勢を整えることが可能となった。対する武田氏も、御館の乱に介入したことで、甲越間の外交関係に変化が生まれた。こうして駿遠国境における両氏の攻防は、新たな局面を迎えることとなっていくのである。

二　徳川・北条同盟成立と武田勝頼の外交

徳川氏は家中分裂の危機にあった一方で、駿遠国境での武田氏との攻防がいまだ終結をみない状況にあったが、天正六年(一五七八)に武田氏が御館の乱へ介入したことにより、外交上の転機が訪れた。それが、徳川・北条同盟の成立である。

先述したとおり、御館の乱は天正六年に勃発した上杉謙信の後継者争いであるが、謙信甥の上杉景勝と対立していた上杉景虎は北条氏の出身であり、北条氏は景虎支援の姿勢を取っていた。しかし、天正七年秋に武田勝頼が景勝に妹（大儀院殿、菊姫）を嫁がせて外交関係を強化させたため（「富永家文書」戦武三一六〇）、甲相同盟に亀裂が生じたのは言うまでもない。

乱が続いていた天正七年正月段階では、北条氏直が勝頼に年始贈答への御礼を述べているため、甲相同盟は維持されていた（藤巻惇氏所蔵「西郡筋鮎沢村藤巻家伝写」戦武四〇八五）。しかし、北条氏政は武田氏に対抗するため、元亀三年（一五七二）より続いていた甲相同盟[18]の破棄と徳川氏との同盟を画策するようになる。

〔史料3〕北条氏照書状写（「静嘉堂本集古文書ア」戦北二〇四八）

未申通雖思慮千万ニ候令啓候、仍為祝義太刀一腰・馬一疋并青鷹一鳥屋進入候、於自今以後者、節々可申承候、至于御同意者可為本望候、委曲重而可申達之間令省略候、恐々謹言、

正月廿八日《（天正七年）》　　陸奥《（北条）》守氏照（花押）

謹上浜松《（徳川家康）》

御宿所

北条氏は徳川氏に対し、太刀や馬などの品を祝儀として贈り、徳川氏との同盟が成立すれば本望であると述べている。また「委曲重而可申達之間令省略候」とあり、詳細については重ねて徳川氏に申し伝えるので省略するとしている。このことから、徳川・北条間で史料3が発給される以前より交渉が行われていたことがわかる。おそらく、前年末あたりから交渉が開始されていたのであろう。したがって、北条氏は甲相同盟を継続した状態で徳川氏との同盟交渉を開始していたことになる。

同年三月、景虎が自害したことで御館の乱は終結し、景勝が当主となった。その際、景勝との間で甲越同盟が成立したことから、甲相関係はさらに悪化した。

同年八月になると、駿豆国境で情勢が不安定になり（「相州文書所収愛甲郡久右衛門所蔵文書」戦北二〇九八）、さらに九月には、武田氏が三枚橋城（静岡県沼津市）の普請を開始したことを契機に、北条氏の武田氏に対する疑念が強まった。武田氏の動向に対し、北条氏政は次のように述べている。

〔史料4〕北条氏政書状（「渡邊忠胤氏所蔵文書」戦北二〇九九）

先段中村但馬所迄申越候条、定可披露候、然者甲・相両国近年改而結骨肉、別而令入魂候処、無其曲、表裏追日連続、取分去年越国錯乱以来、敵対同然之擬耳、雖然、於愚者堪忍令閉口候処、此度駿・豆之境号沼津地、被築地利候、此時者、不及了簡候、於当方も、豆州之構可致之候、廻愚案、始末之備、此砌極一ヶ度候、遠境与申、無心千万候へ共、扨又思慮可申御間ニ無之間、抛是非申届申候、一途ニ御人衆数多立給候ハ、可為本望候、有御遅々者、其曲有間敷候間、御内意候者、一刻も早々待入候、大手之人衆も、悉来七日・八日ニ者、爰元へ可来候条、返々於此砌者、無二被思召詰、御出勢可為本懐候、恐々謹言、

（天正七年）九月三日　（北条）氏政（花押）

（邦胤）千葉殿

氏政は下総佐倉城（千葉県佐倉市）の千葉邦胤に対し、北条氏と同盟関係にある武田氏が御館の乱に介入して北条氏に敵対同然の行動を取り、さらに駿豆国境の沼津で三枚橋城の普請を開始したことを報じている。その上で氏政は、武田氏と敵対する意向であることを伝え、千葉氏に協力を要請している。書状の冒頭にある「甲・相両国近年改而結骨肉、別而令入魂候処」とは、天正五年に勝頼が氏政妹（桂林院殿）を正室に迎えたことを指しており[19]、甲相同盟が婚姻によって強化されていたのにもかかわらず、武田氏が御館の乱に介入していたことがわかる。一連の武田氏の動向に対し、氏政は「於愚者堪忍令閉口候処」と、武田氏とは敵対せずに沈黙を守る考えであったが、武田氏が沼津に三

枚橋城を築き始めたことを契機に敵対を決めたと述べている。三枚橋城を築城したことから、おそらく武田氏は北条氏と合戦となることを予測していたか、あるいは初めから北条氏と敵対する意向であったのだろう。結果として甲相同盟は破綻し、両氏は敵対関係となった。

こうして武田氏との対立姿勢を強めた北条氏は、同じく武田氏と対立関係にある徳川氏との同盟成立を目指すようになる。一方で、武田氏との攻防に進展がみられない徳川氏にとっても、北条氏との同盟は武田氏を牽制するためには有効であった。そして同月、相互的に利害が一致した両氏は、駿河・遠江を中心に武田領国を挟撃することを目的として同盟を成立させる。その交渉過程と両氏の軍事行動が、『日記』にみられる。

〔史料5〕『家忠日記』

（天正七年九月）
五日、定番衆ふる舞候、伊豆（北条氏）御あつかいすミ候て、朝伊奈弥太郎（朝比奈泰勝）昨日被越候由、浜松より申越候、
十三日、伊豆御曖彌相すミ候て、来十七日ニ御手合之働候ハん由、はままつより申来候、
十七日、伊豆手合ニ諸人数懸河出陣候、
廿八日、伊豆より早々御帰陣候へと申越候て、井籠ヲ牧野迄御きちん候由候也、

まず、五日にみられるように、同盟成立に向けた交渉のために、北条方の朝比奈泰勝が家康のもとを訪れていたことがわかる。十三日には北条氏との交渉が終了し、十七日に「御手合」を働くことが決まったと記されており、徳川・北条両軍で武田領国を挟撃することが決定している。そして、十七日に家忠は北条軍との連携のため、懸川城へ向かっている。二十八日になると、北条氏から撤退を促す要請があったため、徳川軍は牧野城に帰還した。また、二十日には北条氏政が榊原康政へ書状を発給しており、家康が駿河に向けて出陣したことを肝要と述べ、両氏の連携の

重要性を説いている(「諸州古文書遠州廿二」戦北四四八六)。こうした経緯から、徳川・北条同盟および両氏による武田領国挟撃は、北条氏側から積極的に働きかけていたものと考えられる。そして、同盟成立から軍事行動の実行までが迅速に行われていることから、この同盟が軍事協定としての性格が非常に強かったことがわかる。

北条氏との同盟が成立したことにより、対武田戦において徳川氏は有利な状況となった。同盟成立後の同年十月にも北条氏からの使者が海運で家康のもとへやって来ており、引き続き両氏は武田氏への挟撃態勢を取っている。また十一月には、家忠らが井籠(静岡県島田市)にて武田軍を牽制しており、武田・徳川両氏が合戦に至っていたことがわかる(『日記』)。家康も横須賀城に入り、武田軍と対峙した(「香川県多和文庫所蔵甲州古文集」戦武三一九六)。十二月も、両軍は高天神城周辺で合戦になっている(『日記』)。

こうした中、苦境に立たされた武田勝頼は、同年十月に北条氏と敵対関係にある常陸の佐竹義重との同盟を成立させた。その内容が佐竹家臣梶原政景宛の武田信豊書状写にみられ、書状の中で信豊は、佐竹氏との同盟成立を確認しつつ、徳川・北条両氏に挟撃を受けている状況を伝え、佐竹氏に協力を仰いでいる(「紀伊国古文書所収藩中古文書」戦武三一七七)。丸島和洋氏は、勝頼が佐竹氏と同盟を成立させた理由について、北条氏との戦闘に備えるためであると指摘している。さらに丸島氏は、勝頼による織田氏との和睦交渉(甲江和与)についても明らかにしており、勝頼が甲江和与を成立させることで家康と停戦し、北条氏に対抗しようとしたものとしている[20]。翌十一月になると、勝頼は織田氏と和睦交渉を行うにあたって、佐竹氏に仲介を要請すると同時に、上杉景勝へその経過を伝えている(「歴代古案」七、戦武三二〇〇)。これは、武田氏同様に上杉氏も織田氏と敵対していたことから、織田氏と和睦して上杉氏に敵対することが目的ではないと勝頼が示したものである。

勝頼による織田氏との和睦交渉は、翌天正八年になっても続いたが進展することはなく、三月には佐竹氏の仲介によって武田氏の人質となっていた織田信房が織田氏に返されるという風聞が上杉氏のもとに届き、景勝が勝頼に対し真偽を詰問する事態に陥った。これを受けて勝頼は景勝に対し、織田氏との和睦が成立していないことを主張し、甲越同盟の維持に努めている（「歴代古案」一、戦武三二八八）。武田氏は信玄期より、織田氏を通じて徳川氏との交渉を行う傾向がみられ、勝頼も信玄と同様に織田氏と和睦することで徳川氏との停戦を試みたものと考えられるが、織田氏が勝頼の意に応じることはなく、戦況が好転することはなかった。三月・閏三月と武田氏は徳川・北条両氏から攻撃を受けており、依然として劣勢であったことがわかる（『日記』、「那須家古文書」戦武三二九三、「東京大学資料編纂所所蔵文書」戦武三三〇七）。

以上のように、徳川・北条同盟が成立したことにより、徳川氏は対武田戦において戦況を優位な方向に転換させることに成功したが、一方の武田氏は徳川・北条両氏からの攻撃を受けることとなり、苦境に立たされる結果となった。戦況を改善させるために武田氏は織田氏との和睦交渉を行うものの実現せず、甲越同盟にも動揺が生じるなど、外交面で有益な成果を得ることはなかった。数年間にわたって進展が見られなかった駿遠国境の戦況は、武田・徳川両氏の軍事衝突ではなく、外交によって変化していったのである。

三　高天神城攻防戦と織田信長

天正八年（一五八〇）三月、北条氏との同盟成立によって戦況が優位になった徳川氏は、駿遠国境における武田氏の最前線である高天神城を攻略するため、城周辺に複数の砦を築き始めた。『日記』には砦普請の様子が細かく記されており、家忠も家康の命によって数多くの砦普請に従事していた。高天神城攻略のための砦普請は、同年三月二十日から開始されており、家忠が大坂砦・中村砦(ともに静岡県掛川市)の普請に着手している。また、同時期に北条氏も駿豆国境に布陣して武田軍と対峙しており、武田氏が戦力を分散させなければならない状況であったことがわかる(「弘前市那須家文書」戦武三二九三、「東京大学史料編纂所所蔵文書」戦武三三〇七)。

さらに家康は、四月から五月にかけて自ら出陣して田中城を攻めると、六月に高天神城攻略のために獅子ヶ鼻砦(同菊川市)の普請を開始し、家忠らに砦の普請を命じた。そして、同月に家忠の義叔父にあたる松平清宗が北条氏との交渉を終えて帰還していることから、引き続き北条氏との連携が継続していることが確認できる。

こうして高天神城攻略の準備を進めた家康は、七月二十七日に小山城・田中城周辺で刈田を行った後、家臣らに「陣番無沙汰有間敷之起請文」を提出させた。これは家康が家臣らに軍の統制を求めたものであり、高天神城攻略が本格的に開始されることを示すと同時に、武田氏との対決姿勢を強く認識させる効果を期待したものとみられる。そして十月から徳川軍は高天神城下に布陣し、堀・橘ヶ谷(同城西峰から北東)・萩原口(同城西側にある裏口)の普請を行いながら、高天神城に籠城する武田軍と対峙した。この時期より注目されるのが、織田氏からの使者による徳川軍への陣所見舞いである。

織田氏からの使者に関する記事が『日記』にみえるのは、同年十一月十八日条からで、使者を迎えるにあたって家忠がその準備を行っていたことが確認される。翌十二月二十日には、猪子高就・福富秀勝・長谷川秀一・西尾吉次が御使衆として陣所見舞いに訪れ、陣場を披見したことが記されており、四人は二日後に帰っている。これは、徳川氏が織田氏の監視下のもとで武田軍と合戦を行っていたことを示すものであると同時に、高天神城攻略に織田軍が本格的に参入するにあたっての事前準備として、陣所見舞いが実施されたものと考えられる。

翌天正九年正月三日、高天神城攻略に向けた織田氏からの援軍が徳川氏へ派遣された（『日記』）。援軍は水野忠重を中心とした大野・緒川・刈谷衆で、織田信忠の家臣であった。同日、信忠も清洲城（愛知県清須市）に入っており、徳川軍の後詰として信忠も出陣するのではないかとの風聞があったようである（『信長公記』『武徳編年集成[23]』）。援軍で横須賀城に入った水野忠重に対し、信長は次の朱印状を発給している。

〔史料6〕織田信長朱印状（「下総結城水野家文書」愛11―一四二一）

（包紙ウワ書）「高天神之時
信長様之御書　壱通」

切々注進状、被入情（精）之段、別而祝着候、其付城中一段迷惑候躰、以矢文懇望之間、近々候歟、然者、命を於助者、最前ニ滝坂を相副、只今ハ小山をそ（添）へ、高天神共三ヶ所可渡之由、以是慥（造）意心中令推量候、抑三城を請取、遠州内無残所申付、外聞実儀可然候歟、但見及聞候躰ニ、以来小山を始取懸候共、武田四郎（勝頼）分際にてハ、重而も後巻成間敷候哉、以其両城をも可渡と申所毛頭無疑候、其節ハ家康気遣、諸卒可辛労処、歎敷候共、信長一両年内ニ駿甲へ可出勢候条、切所を越、長々敷弓矢を可取事、外聞口惜候、所詮号後巻敵彼境目へ打出候ハヽ、手間不入実否を可付候、然時者、両国を手間不入申付候、自然後巻を不構、高天神同前ニ小山・滝坂見捨候へハ、以其響駿州之端々小城拘候事不実候、以来気遣候共、只今苦労候共、両条のつもりハ分別難弁候間、此通家康ニ物語、家中之宿老共にも申聞談合尤候、これハ信長思寄心底を不残申送者也、

（天正九年）正月廿五日　信長（朱印、印文「天下布武」）

水野宗（惣）兵衛（忠重）とのへ

この朱印状からは、高天神城に籠城する武田氏側から降伏の申し出があったことが確認される。武田氏は矢文でそ

の意思を伝えていたようで、「命を於助者、最前ニ滝坂を相副、只今ハ小山をそへ、高天神共三ヶ所可渡之由」とあるように、高天神城に籠城する城兵の助命と引替に滝坂城（滝堺城ヵ、静岡県牧之原市）と小山城も高天神城と共に徳川方へ引き渡すと述べている。これに対し信長は、「武田四郎分際にてハ、重而も後巻成間敷候哉、以其両城をも可渡と申所毛頭無疑候」と、勝頼が高天神城の後詰に出陣できないことを予測し、武田氏側からの申し出に疑う余地がないとしている。また信長は、「自然後巻を不構、高天神同前ニ小山・滝坂見捨候へハ、以其響駿州之端々小城拘候事不実候」と、勝頼が後詰せず高天神城同様に小山城と滝坂城を見捨てれば、駿河の城にまで影響を及ぼすと家康に述べている。

この点に関し平山優氏は、勝頼が高天神城を見殺しにしたという体裁をとることに信長はこだわり、武田氏滅亡の決め手として政治的に利用したと評価している㉔。降伏の意向を示したのが勝頼自身であるのか高天神城に籠城する武田家臣であるかは明確にわからないが㉕、高天神城・小山城・滝坂城を降伏の条件として差し出す意向であったということは、武田氏としては何としても徳川氏と停戦したかったものと考えられる。こうして信長は、武田氏からの降伏の申し出に応じずに高天神城を攻略することで、勝頼の威信を失墜させようとしたのである。

二月になると萩原口の普請が終了し、高天神城の包囲網は完成した（『日記』）。同月、信長は家康に対し書状を送り、高天神城攻略について次のように述べている。

〔史料7〕織田信長書状（折紙）（「市川廸子氏所蔵文書」静8―一三七六）

於洛陽《京都》馬揃之儀申付候、依之馬一疋鹿毛被牽上候、為悦候、殊馬形乗心勝候、自愛不斜候、此節一入懇情不少候、
従是も一疋蘆《油》毛進之候、今度方々より乍□此類多候間、任所在候、将又、高天神弥無正体由候、落居不可有幾程
候、猶以無由断被仰付之由、可然候、委曲西尾《光教》可申候、恐々謹言、

（天正九年）二月十九日　　　信長（黒印、印文「天下布武」）

（徳川家康）三河守殿

書状の中で信長は「高天神弥無正体由候、落居不可有幾程候、猶以無由断被仰付之由、可然候」と述べ、高天神城は落城寸前であるが、油断なく武田軍に対応するよう家康に命じている。史料6と同様に、この書状からも家康が織田氏の監視下で高天神城攻略を行っていたことが確認でき、さらに織田氏が武田氏との徹底抗戦の姿勢をみせていたことがわかる。また、徳川氏に援軍を派遣したことによって、織田氏による武田領国への侵攻が本格化する契機を生んだと言えよう。

同年三月二十二日、高天神城に籠城していた兵が城から打って出て徳川軍と戦うも敗北し、高天神城は遂に陥落した。翌日には、周辺の山々で徳川軍による武田軍の残党狩りが行われたものの、目立った叛乱はなかったようである（『日記』）。『信長公記』は、高天神城に籠城していた者は大半が餓死していたとし、結果として勝頼は高天神城を救援することなく見殺しにしたため、世間の評価を失墜させたと評している。この頃、勝頼は伊豆で北条軍と戦っており、高天神城への後詰が叶わなかったため、このような評価が生まれたのであろう（「お茶の水図書館所蔵小浜家文書」戦武三五三四、「中村林一氏所蔵文書」戦武三五三五）。こうして、長期にわたる徳川軍からの包囲を受けた高天神城は、籠城兵の反撃からわずか一日足らずで落城したのである。

高天神城陥落後の四月、家康は信長のもとへ上洛するため、その土産金と献上品の調達を家臣たちに命じた（『日記』）。家忠も馬鎧を割り当てられており、翌月には順調に準備が進んでいるかどうか家康から検視が派遣されていることから、家康が上洛に向けて厳重に監視していた様子がわかる。上洛の目的は『日記』に記されていないが、家康は高天神城陥落によって遠江のほぼ全域を領有することになったため、上洛して遠江領有の認可を信長に求めるのが目的であったとみられる。

長期にわたった駿遠国境における武田・徳川両氏の攻防は、高天神城が陥落したことによって徳川氏が遠江全域を領有することで終結を迎えた。以後、徳川氏は駿河への侵出を目標に軍事行動を展開していく。一方、高天神城を失った武田氏は威信を著しく低下させ、翌十年二月から開始される織田・徳川連合軍と北条軍による挟撃によって、滅亡の一途を辿るのである。

おわりに

以上、『家忠日記』の記述やその時代背景を中心として、武田・徳川両氏の駿遠国境における合戦の推移や諸勢力との外交について論じてきた。駿遠国境をめぐる攻防は、当初は小山城・田中城、または横須賀城や大井川周辺など、駿遠国境の各地で展開されていたが、やがて両氏の攻防は高天神城に集約され、天正九年（一五八一）三月の落城によって武田氏は徳川氏に敗北し、遠江は徳川領国となった。

両氏の攻防が高天神城に集約されるまでには、武田氏による御館の乱への介入やそれに伴う甲相同盟の破綻、また徳川・北条同盟の成立など、軍事的な結果よりも外交の推移が大いに関係していた。特に徳川氏にとって北条氏との同盟成立は、進展が見られない駿遠国境での対武田戦を有利に戦う上で、非常に重要かつ有効な軍事協定として機能した。逆をいえば、徳川氏単独では武田氏を圧倒する軍事力を有していなかったと考えられるが、徳川氏は外交によって戦況を好転させることに成功し、武田氏に勝利したのである。この徳川・北条氏同盟成立は武田氏による御館の乱への介入に起因しており、上杉氏との同盟締結は実現したものの、結果として武田氏の外交が徳川氏との攻防での

がっていったと述べている[26]。平山優氏は、北条氏との同盟破綻が武田氏の外交上の孤立を生み出し、やがて滅亡へとつな
敗戦を招いたといえる。

また、徳川氏の高天神城攻略には織田信長も援軍を派遣し、対武田戦に参入した。これは、信長が武田領国への侵攻を開始するにあたっての布石であると同時に、徳川氏が信長の監視下で武田氏と戦っていたことを示す動向であることが改めて確認された。徳川家中分裂の危機であった信康事件の際も、家康は信長に事件の経緯を説明しており、徳川氏が織田氏の従属下にあることを示す行為として捉えることができよう。そして天正十年二月より、織田氏は信濃から武田領国への侵攻を本格化させ、これにあわせて徳川氏も駿河への侵攻を開始するのである。

註

（1）鴨川達夫氏は信玄の三河・遠江侵攻について、元亀二年四月に行われたとされていた三河侵攻が虚構であるとし、同時に遠江への侵攻も行われていなかったと指摘している（同『武田信玄と勝頼―文書にみる戦国大名像の実像―』、岩波新書、二〇〇七年）。

（2）武田信玄の駿河侵攻に関しては、前田利久「武田信玄の駿河侵攻と諸城」（『地方史静岡』二二、一九九四年）、黒田基樹「北条氏の駿河防衛と諸城」（同『戦国期東国の大名と国衆』、岩田書院、二〇〇一年。初出一九九六年）に詳しい。

（3）駿河侵攻時の信玄と家康との外交関係については、本書第四章を参照されたい。

（4）黒田基樹「遠江高天神小笠原信興の考察」（同『戦国期東国の大名と国衆』、岩田書院、二〇〇一年に所収。初出一九九九年）。小笠原氏に関しては、本書第十章でも検討している。

（5）奥三河地域における武田氏の動向については、鴨川　前掲註（1）、および柴裕之「三河国衆奥平氏の動向と態様」（同

『戦国・織豊期大名徳川氏の領国支配』、岩田書院、二〇一四年。初出二〇〇六年）、同「武田信玄の遠江・三河侵攻と徳川家康」（前掲『戦国・識豊期大名徳川氏の領国支配』。初出二〇〇七年）に詳しい。長篠・設楽ヶ原合戦に関する近年の研究としては、藤本正行『長篠の戦い―信長の勝因・勝頼の敗因―』（洋泉社文庫、二〇一〇年）、柴裕之「長篠合戦再考―その政治的背景と展開―」（前掲『戦国・織豊期大名徳川氏の領国支配』。初出二〇一〇年）、柴辻俊六「元亀・天正初年間の武田・織田氏関係について」（同『戦国期武田氏領の地域支配』、岩田書院、二〇一三年。初出二〇一一年）、平山優『敗者の日本史9　長篠合戦と武田勝頼』（吉川弘文館、二〇一四年）、同『検証　長篠合戦』（歴史文化ライブラリー、吉川弘文館、二〇一四年）等がある。また、東海地域における家康の政治動向を概略的にまとめたものとして、本多隆成『定本　徳川家康』（吉川弘文館、二〇一〇年）がある。

（6）大塚勲「武田・徳川攻防の推移」（同『駿遠中世史雑考』、旭出版、二〇〇六年。初出一九九八年）。

（7）小川隆司「武田・徳川両氏の攻防と城郭」（『藤枝市史研究』二、二〇〇〇年）。

（8）則竹雄一「戦国期駿豆境界地域の大名権力と民衆―天正年間を中心に―」、同「戦国期『国郡境目相論』について」（いずれも同『戦国大名領国の権力構造』、吉川弘文館、二〇〇五年。初出一九九九年）。

（9）信康事件を取り上げている研究として、新行紀一執筆分「五か国大名徳川氏」（『新編岡崎市史』中世2、一九八九年）、平野明夫「徳川氏と織田氏」（同『徳川権力の形成と発展』、岩田書院、二〇〇六年）がある。

（10）武田勝頼の外交に関する研究に、丸島和洋①「甲佐同盟に関する一考察―武田勝頼期を対象として―」（同『戦国大名武田氏の権力構造』、思文閣出版、二〇一一年。初出二〇〇〇年）、同②「武田勝頼の外交政策」（柴辻俊六・平山優編『武田勝頼のすべて』、新人物往来社、二〇〇七年）がある。また、同時代史料における武田勝頼の人物評に関する研究として、平山優①「武田勝頼の再評価―勝頼はなぜ滅亡に追い込まれたのか―」（網野善彦監修『新府城と武田勝頼』、新人物往来社、二〇〇一年)、同②「同時代史料からみた武田勝頼の評価」(萩原三雄・本中眞監修『新府城の歴史学』、新人物往来社、二〇〇八年)がある。

(11) 現在、『日記』の原本は駒澤大学図書館所蔵となっている。また、『家忠日記』に関する論文集として、久保田昌希編『松平家忠日記と戦国社会』(岩田書院、二〇一一年)がある。なお、『日記』中で深溝は平仮名で表記されるが、「ふかうそ」と読める箇所が多く散見される。本書では混乱を避けるため、読史料大成に記載されているとおり「ふかうす」と表記する。

(12) 盛本昌広『松平家忠日記』(角川書店、一九九九年)。

(13) 御館の乱は、天正六年五月から翌年の三月まで続いた上杉謙信の後継をめぐる内訌で、謙信甥である上杉景勝と北条氏からの養子である上杉景虎が対立した。当初、勝頼は同盟関係にある北条氏政の要請で景虎支援のために越後に向かうが、景勝から和睦要請を受けたため、勝頼は両者の和睦調停を行う方向に転換した(「杉原謙氏所蔵文書」戦武二九八四、「歴代古案一」同二九九五、「上杉家文書」同三〇〇三、「覚上公御代御書集二」同三〇〇七等)。八月には一旦両者の和睦は成立するが(「上杉家文書」戦武三〇〇九)、すぐに破綻してしまい、勝頼は越後から引き揚げた(「上杉家文書」上越一六六六)。その後、天正七年三月に景虎が自害したことによって御館の乱が終結する(「上杉家文書」上越一八〇九)。一般に、勝頼は景勝を支援するために天正六年九月に軍事的支援を開始したとされているが、この点に関し丸島和洋氏は、景勝による一方的な宣伝であった可能性が高いことを指摘し、勝頼が和睦調停失敗後も中立の立場を維持していたことを明らかにしている(丸島② 前掲註(10))。

(14) 盛本 前掲註(12)二四頁掲載の表を参照。

(15) 新行 前掲註(9)。

(16)『松平記』『三河物語』の内容および比較については、註(12)を参照。
(17)平野　前掲註(9)。
(18)元亀三年の甲相同盟成立については、黒田前掲註(2)に詳しい。
(19)黒田基樹「甲相同盟と勝頼」(前掲『武田勝頼のすべて』)。
(20)丸島①　前掲註(10)。
(21)織田信房は、幼名を御坊丸といい、東美濃遠山氏の岩村城に預けられていたが、元亀三年に岩村城が武田方となった際に、武田氏の人質となっていた。この経緯については、本書第七章を参照。
(22)前掲註(3)。
(23)『武徳編年集成』上(名著出版、一九七六年)。
(24)平山①②　前掲註(10)。
(25)この件に関し柴裕之氏は、勝頼の意向であったのではないかとしている(同「武田勝頼の駿河・遠江支配」、前掲『武田勝頼のすべて』)。
(26)平山　前掲註(5)。

第三部　大名の戦争と国衆

第七章　武田氏の東美濃攻略と遠山氏

はじめに

戦国大名武田氏は、甲斐本国を起点として周辺領国へと勢力を拡大させ、その過程において各地の国衆や土豪といった地域領主らを帰属化させていった。武田氏に帰属した他国衆は先方衆と呼ばれ、彼らの数は武田氏の領国が信濃・西上野・駿河・遠江・奥三河・東美濃へと拡大するとともに増加した。

武田氏に帰属した先方衆に関する研究は、柴辻俊六氏や黒田基樹氏らによる成果を中心に、多数存在する[1]。これらの研究成果は、本国である甲斐の穴山氏や小山田氏による領域支配の実態解明を目的とした論考や、信濃や西上野の国衆が武田氏の先方衆となっていく過程を検討したものが中心である。こうした研究状況に対し柴裕之氏は、武田氏の計略国における先方衆の地域的領主制、武田氏との統制・従属関係の展開という基礎的検討が進められているものの、権力構造も視野に置いた領国構造の分析は、他の戦国大名の研究に比べまだ十分には至っていないとしている[2]。これは、現時点においても課題となっている点である。

柴氏の指摘に付言するならば、対象とする地域によって研究の進捗に差が生じている点にも留意しなければならない。特に武田氏の東美濃攻略と遠山氏との関係について検討を行った専論は、横山住雄氏による成果があるものの[3]、他の武田氏の先方衆に関する論考に比べて非常に少ない現状にある。これは、遠山氏に関する現存史料が少ないことに起因するものとみられる。

専論以外では、まず平山優氏が著書において、川中島合戦に至るまでの過程を詳細に述べており、その中で武田氏の飛驒侵攻に関与した遠山氏の動向を明らかにしている[④]。先方衆に関する研究としては、先に挙げた柴氏のほかに、黒田基樹氏の論考がある。黒田氏は信玄の先方衆統制について、地域ごとに事例を挙げながら、概説的に先方衆が武田氏に従属する過程について述べており、遠山氏を東美濃先方衆の事例として挙げている[⑤]。また丸島和洋氏は、武田氏の外交および戦争を論じる中で武田氏の東美濃攻略について言及しており、遠山氏が武田・織田間の外交関係に深く関与していた点を指摘している[⑥]。

こうした先行研究の成果を受け、筆者も本書第三章にて武田・織田同盟を中心とする武田氏の外交について検討を行い、戦国大名間の外交で国衆が果たした役割について考察した。その中で東美濃遠山氏に着目し、武田・織田両氏の間で両属の状態にあった遠山氏の存在が武田・織田同盟の成立に不可欠であったことを指摘した。しかし、武田・織田同盟の推移を主軸とした検討であったため、対象とした年代が永禄から元亀年間（一五五八〜七三）にかけてと限定的であった。そのため、武田氏の東美濃攻略と遠山氏の動向を明らかにするという点においては、武田領国が東美濃に隣接する木曾方面へと拡大した天文・弘治年間（一五三二〜五八）まで検討範囲を広げる必要がある。

そこで本章では、遠山氏が武田氏に帰属する過程についての検討を重点的に行い、武田氏の東美濃攻略の実態と遠山氏の動向について明らかにしていくこととしたい。なお、本章での東美濃とは、遠山景任・直廉兄弟が城主であった岩村城（岐阜県恵那市）および苗木城（同中津川市）を中心とする、恵那郡全域を指すこととする。

一　武田氏の信濃侵攻と遠山氏

武田氏の関連史料に遠山氏が登場するのは、管見の限りでは天文二十三年（一五五四）からで、天野景泰宛の長坂虎房副状にみられるのが初見である（「天野家文書」戦武四一一）。この遠山氏は、東美濃の遠山氏の遠縁にあたる南信濃の和田城（長野県飯田市）を本拠とした一族である。[7] この史料は、天文二十三年に武田氏が下伊那を制圧した際、[8] 武田家臣である長坂虎房が遠江犬居（浜松市天竜区）の国衆で今川方の天野氏[9]に対して発給したもので、史料上に「内々以此次遠山江可乱入之趣被申付候処」とみえることから、武田氏は遠山氏の領域へ侵攻する計画であったことがわかる。しかし、天野氏が武田氏に遠山氏の領域への侵攻を中止するよう赦免を願い出たため、これを信玄は了承して、遠山氏に対し人質を提出するよう天野を通じて命じている。おそらく、天野氏は遠山氏と友好関係にあり、さらに武田氏が今川氏と同盟関係にあったことから、信玄に対し遠山氏の領域への侵攻を中止するよう求めたのであろう。

この史料が発給された四日後、同年九月六日には信玄が自ら天野氏に書状を発給しており、遠山氏の赦免を報じるとともに、遠山氏が今後逆心を企てる事態となった場合、武田・今川間で相談済みであるから天野氏がその際は対応するように求めている（「布施美術館所蔵文書」戦武四一二）。こうして南信濃の遠山氏は、武田氏の従属下へと組み込まれた。また、同年十一月に信玄が天野氏に発給した書状（「天野良吉氏所蔵文書」戦武六五〇）からは、下伊那が安定した情勢にあったことと、遠山氏が出仕して信玄に人質を提出することが決定した様子が確認でき、ここでも武田氏の下伊那攻略の際に天野氏が遠山氏の赦免を求めてきたことがわかる。このように、武田氏の領国拡大を受け、南信濃の遠山氏は武田氏に従属する意思を早急に示したことでその存立を認められたわけだが、東美濃の遠山氏に関して

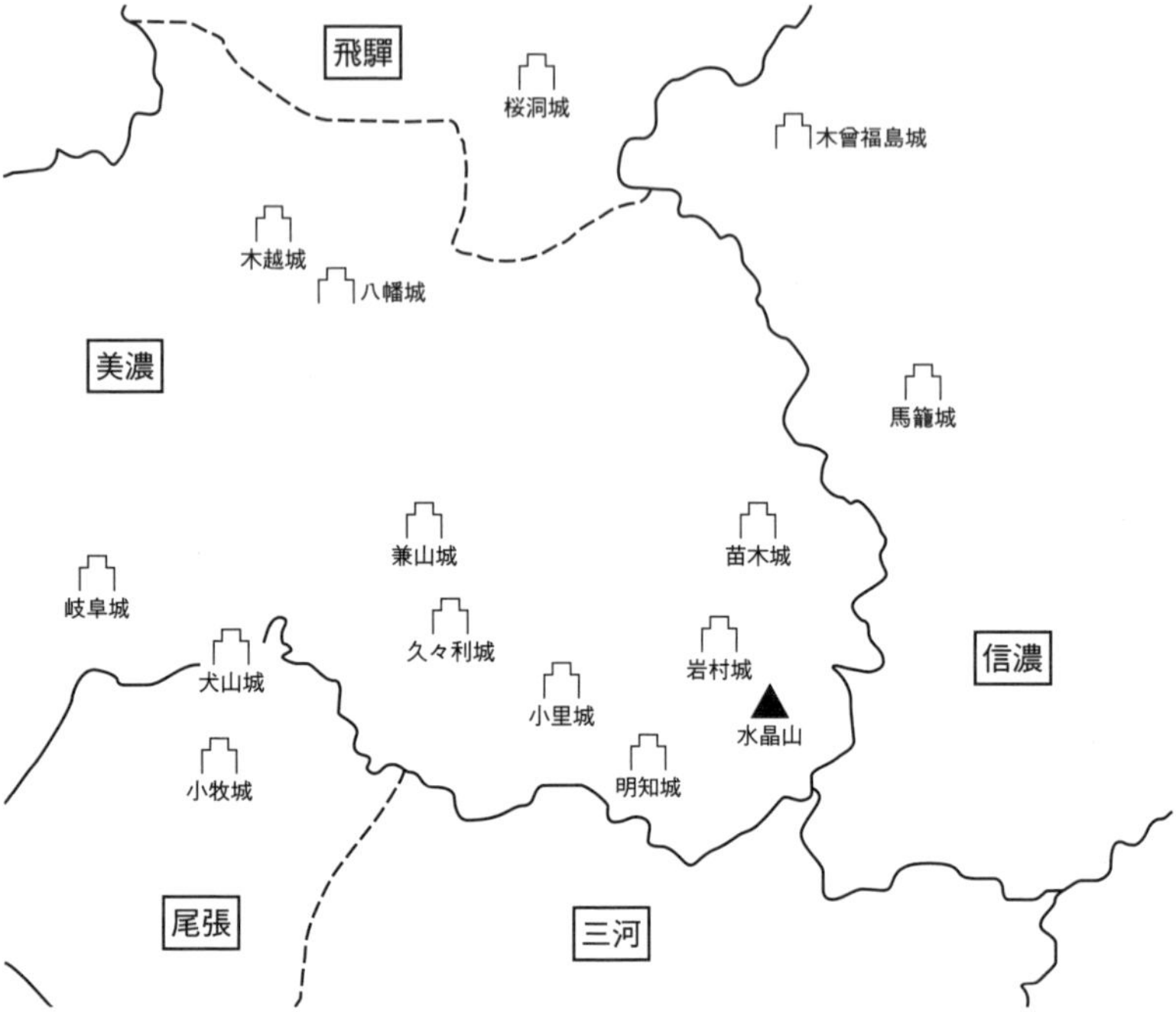

東美濃関連地図

も同様の事例が確認できる。その契機となったのが、武田氏の木曾侵攻である。

天文二十三年、信玄は下伊那とほぼ同時期に木曾方面への侵攻を開始し、下伊那の国衆らを従属させるとともに、木曾福島城（長野県木曽町）を本拠とする木曾氏を従属させることに成功した[10]。木曾氏を従属させたことにより、武田氏は西信濃へ勢力を拡大させるに至ったが、そこで新たな懸念が生じた。それが東美濃の情勢である。

また同年、三国同盟が成立したことにより、武田氏は従来までの今川氏との同盟関係を強化させるに至ったが、その今川氏が敵対していたのが尾張の織田信長と美濃の斎藤利政（道三）であった。武田氏もまた、信濃を攻略していくと同時に領国が美濃に近接していくことから、斎藤氏の動向を無視できない状況となっていたのである。そのような中、武田氏と斎藤氏の領国に挟まれていたのが、東美濃の遠山氏であった。そこで、武田氏と遠山氏との関係が確認できる史料を検討したい。

〔史料1〕武田晴信書状写（早稲田大学図書館所蔵「諸家文書写」戦武六四五）

就高森之儀、□□□預御飛脚候、祝着存候、諸口御味方相調、城中堅固之由肝要候、仍尾州（織田）・井口（斎藤）、只今対今川（義元）当敵之儀、晴信（武田）駿州へ入魂之事者、可有御存知候歟、若高森之城尾州・井口へ有御渡者無曲候、其御分別尤候、猶自甘利藤三（昌忠）所可申候、恐々謹言、

追而、御用之子細候間、以中村美作守申□、御同心可被□候、

九月廿七日　晴信（武田）（花押影）

木曾□（務）大輔（義康）殿

史料冒頭に見える「高森」とは苗木城の別称であり、また城が築かれた山の名である。途中、欠損個所はあるものの、冒頭の記述から、木曾義康から信玄のもとへ飛脚が派遣された様子がうかがえる。おそらく、義康は信玄に苗木城の情勢を探るよう命じられ、その結果を伝えたのであろう。信玄は書状の中で、木曾氏が周辺勢力を味方につけて城の防備を固めることが重要であると説いている。その理由として信玄は、織田・斎藤両氏が今川氏と敵対している旨を述べ、その今川氏と信玄が同盟関係にあることを主張している。そして、木曾氏が苗木城を織田・斎藤両氏の手に渡すような事態になることを快く思っていないとし、木曾氏にその意志を確認している。史料中にみられる「城中」とは苗木城であると考えられ、信玄は木曾氏にその防衛を任せていたようである。

この史料の年代比定について横山住雄氏は、織田・斎藤両氏が同盟関係にある様子が史料上からうかがえることから、斎藤利政が嫡男義龍に殺害される弘治二年（一五五六）四月以前であるとし、この史料を弘治元年と比定している[11]。

また、黒田基樹氏や丸島和洋氏もこの史料を天文二十四年（十月改元、弘治元年・一五五五）として武田氏と遠山氏の関

係について述べている。[12]一方で柴辻俊六氏は、多賀秋五郎氏の論考をふまえ、[13]この史料を弘治二年としている。[14]それではここで、年代について検討したい。

まず、注目すべきなのは「尾州・井口、只今対今川当敵之儀」という文言である。当時、今川氏は隣国の織田氏と敵対状態にあり、三河・尾張国境付近で軍事衝突していたが、斎藤氏の領国である美濃は今川領国とは隣接しておらず、直接的に軍事衝突をしていたわけではない。しかし、史料上では織田・斎藤両氏が並列して記されている。そのため、ここでは今川氏と敵対している織田氏に斎藤氏が協力している状況にあると捉えられよう。したがって、この史料にみえる「尾州・井口」とは、両氏が同盟関係にあることを指しているものと思われ、横山氏が指摘するように、利政が嫡男の義龍に殺害される弘治二年四月より前に発給された可能性が高い。[15]また、木曾氏が武田氏に苗木城の状況を報じていることから、木曾氏が武田氏に従属した後に発給された文書であると言える。

木曾氏が武田氏に従属したのは、天文二十三年から弘治元年にかけてであるため、史料1はこの間に発給されたものと考えられる。さらに、天文二十三年段階では、斎藤氏が東美濃に侵攻した形跡は管見の限り史料上では確認できない。天文二十四年段階では、丸島氏が秋山善右衛門尉宛武田晴信書状（「吉田家文書」戦武六四二）にみられる「従井口相揺之由候」という文言から、天文二十四年八月に斎藤氏が遠山氏の領域に侵攻したとしており、東美濃の情勢が緊迫した状況であったと指摘している。[16]また、黒田氏も同文書を弘治年間発給としている。[17]これらの見解や史料1の文言を考慮すると、史料の発給は天文二十四年であると考えられよう。

次に、史料1および弘治年間における武田氏と遠山氏に関する先行研究について整理したい。史料1について横山氏は、「若高森之城尾州・井口へ有御渡者無曲候」という文言から、織田・斎藤両氏が苗木城（遠山氏）と友好関係があるため、木曾氏に命じてこれを妨害しようとしていたとしている。[18]一方で丸島氏は、木曾氏が武田氏に対し、苗木城の遠山氏が織田・斎藤両氏から攻撃を受けている旨を伝達しているとしている。[19]また黒田氏は、武田氏の先方衆について述べた論考の中で、今川氏と敵対する織田氏が斎藤氏と同盟し、その斎藤氏が遠山氏と敵対していることから、信玄は三国同盟の関係から今川氏の敵対勢力をけん制するため、斎藤氏と敵対している遠山氏を支援しようとしたとしている。[20]このように、先行研究ではさまざまな見解が示されているため、ここで改めて史料1を中心に検討を加えてみたい。

着目したいのが、「若高森之城尾州・井口へ有御渡者無曲候」という文言である。これは、もし苗木城が織田・斎藤両氏の手に渡ることがあったとするならば快くないことである、と信玄が述べているのであり、これは織田・斎藤両氏（とりわけ領域が隣接している斎藤氏）が苗木城に何らかの調略、あるいは軍事的圧力をかけていた可能性が考えられる。横山氏が指摘するような、織田・斎藤両氏と遠山氏が友好関係にあったという事実はこの史料からはうかがえない。また、木曾氏についてであるが、発給者の木曾義康は苗木城の情勢を武田氏に伝えているものの、横山氏が述べている織田・斎藤両氏と遠山氏の関係を妨害するといった行為をしていたかについては、史料中からは確認できない。信玄は「諸口御味方相調、城中堅固之由肝要候」と、城の防備を固めるよう木曾氏に指示しており、これは苗木城の情勢が不安定であったことを受けての指示であると思われる。おそらく、斎藤氏が東美濃に軍事介入を行っていたのであろう。この点に関し丸島氏は、先にも述べたように、斎藤氏による東美濃侵攻が弘治元年八月に行われていたと指摘している。[21]したがって、史料1が発給された天文二十四年八月段階では、遠山氏は織田・斎藤両氏と対立関係にあったと捉えられよう。

それでは、この史料が発給された段階における武田氏と遠山氏はどのような関係であったのであろうか。先にも述べたように、信玄が木曾氏に対し、苗木城が織田・斎藤両氏の手に渡ることを懸念していることから、武田・遠山間の関係は対立していないことが確認できる。それだけではなく、木曾氏に苗木城の防衛強化を指示していることからも、信玄が東美濃に向けた斎藤氏の動向に留意していることは明白である。その上で苗木城が織田・斎藤両氏方になることを懸念しているため、遠山氏は武田氏に従属していた可能性が指摘できる。遠山氏が武田氏に従属した過程については史料的制約から確認することはできないが、武田氏の勢力が木曾方面に拡大した段階で、遠山氏と接する機会を得ていたのではないだろうか。

また、そこに斎藤氏による東美濃侵攻が行われたことにより、武田氏は信濃・美濃国境の防衛強化を余儀なくされ、木曾氏に命じてそれを実行しようとした。遠山氏もまた、斎藤氏からの侵攻を受けたことから、武田氏に従属することを決断したのではないだろうか。このことから、戦国大名領国の境目に存立する国衆が、戦国大名からの侵略を受けた際、侵略してきた大名とは別の大名に従属することによって、自身の領域を維持しようとした様子がうかがえる。こうした国衆の動向が、戦国大名間の外交関係にも何らかの影響を及ぼしたことは想像に難くない。

武田氏に従属したことにより、遠山氏は先方衆として武田氏に協力するよう求められることとなる。次に、武田氏の軍事行動に関わった遠山氏の動向についてみていくこととしたい。

二　武田氏の飛騨侵攻と遠山氏の動向

次に、実際に遠山氏が武田氏に従属している様子が確認できる史料をみていきたい。

〔史料2〕武田信玄書状（「塩原家文書」戦武八〇五）

如来意、去秋大島越候砌、可遂面談之由存候処、不例故無其儀候、無念候、仍近日氏康《北条》為合力関東へ出馬候間、

岩村家中弥堅固之異見肝要候、猶飯富源四郎（昌景）可申候、恐々謹言、

（永禄五年）十月廿九日　　信玄（武田）（花押）

遠山三郎兵衛入道殿

この史料は永禄五年（一五六二）に発給された書状である。冒頭で信玄は、去秋に大島（長野県松川町）に出陣した際に遠山氏と面談する予定であったが、結局それを果たすことができず無念であると述べている。その上で信玄は、近日中に北条氏康を支援するため関東に出陣する意向であると伝え、遠山氏に家中をまとめて防備を固めるよう指示している。ここで登場する岩村であるが、これは遠山氏のことを指し、史料1に登場した苗木はその分家である。岩村城主が遠山景任、その弟が苗木城主の遠山直廉であることは、横山氏によって明らかにされている[22]。こうして、信玄から直接的に軍備の指示を受けていることから、永禄五年段階で東美濃の遠山氏は武田氏に従属していたことがわかる。

「仍近日氏康為合力関東へ出馬候間」とあるのは、前年の永禄四年に北条氏康が上杉軍に関東侵入を許して小田原城を包囲され[23]、この事態を受けての出陣であると遠山氏に伝えたことを示している。実際に、信玄は同年より西上野への侵攻を開始している[24]。信玄は、自らが西上野に出陣するため、その間に斎藤氏の動向に留意するよう、遠山氏に岩村城の防備を固めるよう命じたのである。永禄六年頃には、信玄が久々利城（岐阜県可児市）に兵糧を補給し、さらに遠山景任・直廉に人夫を出すよう指示していることから、ここでも遠山氏が武田氏に従属している様子がうかがえる（東洋文庫所蔵「水月古鑑」五、戦武八五六）。

続いて遠山氏の動向が確認できるのが、永禄七年である。この時期、武田氏は上野攻略と併行して飛騨への侵攻も試みており、それに関係して第五次川中島合戦が勃発している。武田氏の飛騨侵攻に関する先行研究としては、まず

岡村守彦氏の論考が挙げられる[25]。岡村氏は、飛騨国内で勃発していた江馬時盛・輝盛間の内紛に武田氏が介入し、時盛を支援したことによって輝盛が越後の上杉氏を頼った経緯を明らかにし、それが第五次川中島合戦の要因となったとしている。平山優氏は、信玄の飛騨侵攻について、武田氏の信濃領国化に必要不可欠の戦略であったと評価している[26]。柴辻俊六氏は、岡村氏の研究成果をふまえながら武田氏の飛騨侵攻について論じており、武田氏による飛騨・美濃攻略がかなり前から行われていたことを指摘している[27]。筆者もまた、武田・織田同盟の成立過程を明らかにする中で遠山氏の存在に着目し、遠山氏が両属の立場を保持していたことが武田・織田同盟成立および継続の要となっていたことを本書第三章にて指摘した。

一連の飛騨国内の争乱は、武田氏が江馬時盛を支援して時盛と対立する三木良頼を攻撃したことに始まった（飛騨の地図については二七一頁を参照）。武田氏の介入を受け、三木氏と同様に時盛と対立していた江馬輝盛が上杉氏を頼ったことにより、謙信が川中島に侵攻する契機が生まれた。そして、謙信の軍事行動によって信玄は自らの出陣を余儀なくされ、やがて第五次川中島合戦に至ったのである。一方で、斎藤氏の動向をめぐって美濃における情勢も不安定であったことから、遠山氏は方々での対応に追われる状況となっていた。それではここで、この時期に信玄が遠山氏に発給した史料を確認してみたい。

〔史料3〕武田信玄書状（尊経閣文庫所蔵『武家手鑑』戦武八九九）

今度万可指越候処、尾州（織田）金山江其方入魂之由候、誠令安堵候、仍越後衆信州へ出張之由候間、至于実儀者、乗向可遂一戦候、為虚説者、以次越府（上杉）江可及行候、旁々不図出馬候、約束之鉄放衆五十人、急速ニ加勢憑入候、万可如申者、苗左（苗木遠山）可有出陣様ニ支度之由候、於志者不浅次第候、雖然候自井口（斎藤）金山へ揺之由聞及候条、必苗左出陣延行尤候、恐々謹言、

（永禄七年）六月十三日　　　　　　（武田）信玄（花押）
遠山左衛門尉殿（景任）
同左近助殿（直廉）

この史料は、永禄七年に信玄が遠山景任・直廉兄弟に宛てた書状である。この史料の年代について横山住雄氏は、織田家臣森可成が金山城に入った永禄九年ではないかとし[28]、柴辻俊六氏も横山氏の説を支持している[29]。しかし、金山が織田方であるならば、あえて「尾州・金山」と、信長と森を併記する必要はないのではないだろうか。また、上杉軍が信濃に進軍していることについてもふれられているため、第五次川中島合戦が勃発する直前の様子を示したものと思われる。そして、斎藤氏が金山城を攻撃している状況をふまえると、織田氏以外で斎藤氏と敵対していた勢力が金山城にいたものと想定される。丸島和洋氏は、斎藤家中の内紛で当主の龍興と対立していた長井氏ではないかとしており[30]、筆者もその見解に賛同する。したがって本章では、この史料を永禄七年のものと比定したい。

改めて史料の文言を確認してみると、冒頭に「尾州金山江其方入魂之由候、誠令安堵候」とあり、遠山氏が織田信長および金山城（兼山城とも、岐阜県可児市）と入魂になったことに信玄が安堵している様子がわかる。史料一にもみえるように、斎藤氏当主を指す場合は「井口」と表記される場合が多い。井口（同岐阜市）は、斎藤氏の本拠である稲葉山城がある金華山の麓の平坦地を指す地名である。遠山氏が斎藤龍興と通じたのであれば、史料上に「井口」とみえるはずであることから、丸島氏が指摘するように、遠山氏が入魂となった金山城は斎藤龍興と対立していた勢力と捉えることができる。

次に、この史料にみえる遠山氏の立場について検討していきたい。「仍越後衆信州へ出張之由候間、至于実儀者、乗向可遂一戦候」とあるように、上杉軍が信濃に侵攻してくるとの風聞を受けて、信玄が一戦を交える意向であることを示している。上杉軍の侵攻に対し、信玄は自らが出陣予定であることを告げ、遠山氏に対し「約束之鉄放衆五十人、急速ニ加勢憑入候」と、事前より約束していた鉄砲衆を五〇人加勢として迅速に出すよう命じている。ただし、苗木城の直廉に対しては、井口の軍勢が金山城に侵攻してくる可能性があることから、武田氏への加勢が延期となるのはやむを得ないとしている。こうして、遠山氏が武田氏の軍事行動に際して加勢を出すよう求められていることから、遠山氏が武田氏に従属し、軍役を果たしていたことがわかる。さらに、遠山氏は先方衆として武田氏の信濃での戦闘に従事するだけでなく、隣接する美濃の斎藤氏や尾張の織田氏の動向についても武田氏に報じる役目を負っていたものと思われ、武田領国西部の守備の要として遠山氏が重要な立場に置かれていた様子がうかがえよう。

　また、遠山氏が武田氏の飛騨侵攻に深く関与していたことが確認できる史料が、横山氏によって紹介されているので[31]、検討してみたい。

〔史料4〕武田信玄書状写（「岐阜県中津川市苗木遠山史料館所蔵文書」）

急度以飛脚申候、仍益田江被出人衆候、尚以於爰者無疑心候、雖然昨日自飯富(昌景)三ノ兵所如注遣者、去十三日当手之衆、至国中乱入之由候、此刻無用捨飛州へ越境、片時も可被相急候、但其方者越跡部(信秋)伊賀守口上候、於半途会面尤候、御人衆者大略飛州へ可被相立事、可為本望候、恐々謹言、

(永禄七年)七月十五日　　(武田)信玄(花押)

遠山(直廉)左近助殿

この史料は永禄七年発給と推定されているもので、三木良頼の本拠がある飛騨益田（岐阜県下呂市）へ武田軍が侵攻を開始したため、至急出陣するよう信玄が遠山直廉に命じたものである。これにより、武田氏が飛騨に侵攻して三木氏と敵対し、さらに遠山氏が武田氏の飛騨侵攻に従軍するよう指示を受けていたことがわかる。宛所が直廉のみなの

は、史料3が発給された時点で直廉が出陣を控えるよう武田氏から指示を受けていたためと思われ、このたび改めて出陣するよう命じられたものとみられる。そして、史料4が発給された翌八月、川中島で信玄と謙信は対峙した（第五次川中島合戦、「佐竹文書」上越四二八）。その後、両軍の在陣期間は六十日に及び、合戦が終結したのは十月に入ってからであった。その際、江馬時盛が上杉氏に仲介を頼み、輝盛との和睦が成立したため、飛驒の情勢は一時安定を取り戻したようである（「上杉家文書」ほか上越四三七～四四〇）。このように、飛驒と北信濃の情勢が不安定であった中、遠山氏は武田領国西部の守備の要であっただけでなく、武田氏の飛驒侵攻においても軍事的に重要な役割を果たしていたのである。

こうした遠山氏の立場は、武田氏と織田氏が外交上で接近する際に、さらに重要な位置を占めるようになる。武田・織田間の外交は永禄元年から確認できるが（「新見家文書」戦武四〇二〇）、実際に両氏の外交が活発化したのは永禄八年頃である。武田・織田間の交渉過程については本書第三章を参照願いたいが、両氏の領国に挟まれた状況にあった遠山氏は、両属の立場にあったことからその存続を武田・織田両氏から認められ、自らの領域を保持していた。そして、遠山氏が存立することで安定した東美濃の情勢は、永禄十年の織田氏による稲葉山城攻略（斎藤氏滅亡、『信長公記』）と翌永禄十一年の武田氏による駿河侵攻を経て、新たな局面を迎えるのである。

三　武田・織田間の対立と東美濃の情勢

永禄十一年（一五六八）十二月、信玄が駿河への侵攻を開始した。これにより三国同盟は崩壊し、今川家当主の氏真は駿府を追われて遠江懸川城（静岡県掛川市）への敗走を余儀なくされ、氏真は正室早川殿の実家である北条氏に支援を求め、北条氏はこれを容認した。こうして武田・北条両氏は敵対関係となり、北条氏はそれまで険悪であった上杉氏との和睦を画策し、のちに越相同盟の成立へと発展する。

この武田氏による駿河侵攻は、三河の徳川家康との連携のもとに行われた。そのため、武田氏の駿河侵攻に呼応して徳川氏が遠江に侵攻し、今川領国を挟撃したのである。しかし、この両氏の連携は事前に綿密な交渉が行われていなかったようで、さらに信玄が当初より駿河のみならず遠江までの侵攻を視野に入れていたことから、徳川軍と武田軍の別働隊が衝突する事態となった（本書第四章）。この事態を受け、家康は信玄に抗議し、さらに信玄は弁解の執り成しを信長に要請している（『古典籍展観大入札会目録』収録文書」戦武一三五一）。武田氏の駿河侵攻は武田・織田・徳川間の外交関係を変化させ、さらにそれに起因して東美濃の情勢も大きく変化していく。

武田氏の駿河侵攻に関する論考は多く、[32]また、元亀年間（一五七〇～七三）の武田氏の軍事行動についても、信玄の上洛の意思や西上作戦といった観点から、多くの研究蓄積がなされてきた。[33]しかし、鴨川達夫氏が新説を提示したことにより、元亀年間における武田氏の軍事行動に関してさらなる検討を加える必要性が生じた。[34]鴨川氏は、通説において元亀二年（一五七一）四月に行われたとされていた武田氏の遠江侵攻は虚構であると論じている。その上で、信玄の西上作戦は朝倉氏や本願寺からの要請によるもので、信玄本隊が進軍した徳川領国（三河・遠江）ではなく別働隊が担当していた岐阜方面が本線で、信玄は信長と対決する意向であったとしている。

この鴨川氏の説を受け、武田氏の三河・遠江侵攻の過程および遠江天野氏や奥三河の山家三方衆といった先方衆の従属時期を検討したのが、柴裕之氏である。[35]この中で柴氏は元亀三年十月以降の武田軍の進軍経路についても検討を加えており、信玄本隊が駿河口から遠江へ、山県昌景・秋山虎繁が率いる別働隊は信濃から遠江を経て三河へ侵入し、それから二俣城（浜松市天竜区）を攻撃する信玄本隊と合流したことを明らかにした。また柴氏は、同年十一月に岩村遠山氏が自発的に武田氏に従属したことにより、武田氏の東美濃侵攻が行われたとしている。一方でこの点に対し、柴辻俊六氏は疑問を呈しており、今後の検討課題であるとしている。[36] こうした研究成果をふまえ、遠山氏の動向を中心に東美濃の情勢について検討していきたい。

永禄十一年から十二年にかけて武田氏が駿河に侵攻した際、遠山氏はこれに従軍していたようである。それを示す史料があるが、長文のため抜粋して次に掲げる。

〔史料5〕三木良頼副状（「上杉家文書」上越六六六）

事長々敷申様、雖如何候、遠路御尋之義候条、如此候、如仰、沓絶音問候処、急与示預、本望候、

（中略）

一、駿・甲取合之義、尋承候、信州通路一円依無之、慥成儀不相聞候、乍去、当口取沙汰之躰、武田信玄以調義、駿府へ被相働、悉放火候、今川氏真遠江之内懸川之地入城之由候、然処、北条氏政為後詰被相働、甲府ヨリ通路取切、在陳〔陣〕之衆令難儀候間、新道ヲ切、雖通融候、曽而不自由之由候、近日之取沙汰、武田信玄紛夜被入馬候間、敗北之由候、東美濃遠山人数少々立置候、彼者共帰陣候而、申鳴分如此候、必定候歟、

一、岐阜・甲州挨拶之義、甲府ヨリ使者付置、可有入魂由候、其子細者、対駿州織弾忠（織田信長）、遺恨在之事候間、面向可為比一義候、奥意淳熟之義、不可有之歟、貴辺之儀者、不被混善悪、被対岐阜、無御等閑躰可然候、別而申通事候条、不残心底申事候、

（中略）

（永禄十二年）二月廿七日　　（三木）良頼（花押）

（上杉輝虎）山内殿

この書状は、飛騨の三木良頼が上杉謙信に宛てたもので、書状は五箇条書きとなっている[37]。一条目は上杉家臣本庄繁長の叛乱に対し、上杉氏が奥州の伊達・芦名氏に協力を要請している件について、二・三条目が先に示した箇所にあたり、四条目は京都における足利義昭や三好三人衆らの動向に関するもの、五条目が越中の情勢を報じたものである。ここでは武田氏の動向に関する二・三条目を抜粋して内容を確認していきたい。

二条目では、信玄の駿河侵攻の様子が詳細に述べられている。ここから、信玄が駿河で放火を働いたことや、今川氏真が懸川城へ敗走したことなどが確認できる。さらに、北条氏政が今川氏の援軍として武田軍と対峙し、甲府への撤退路を封鎖したことから、信玄が新道を切り開き、夜に紛れて敗走した様子についても書かれており、信玄の駿河侵攻について三木氏が詳細を把握していたことがわかる。ここで着目すべき点は、三木氏の情報が遠山氏から伝えられている点である。三木氏は信玄の駿河侵攻の様子を伝えると同時に、「東美濃遠山人数少々立置候、彼者共帰陣候而、申鳴分如此候」と述べている。これは、遠山氏が帰陣後に武田氏の駿河侵攻の様子を三木氏に伝えていたことを示すものであり、東美濃と飛騨が相互的に各々の情勢を伝達していたことがわかる。

先に述べたように、武田氏は三木氏と対立した経緯があり、また三木氏は武田氏と対立する上杉氏を頼っていた。三木氏が武田氏の動向を遠山氏からの連絡を受けて上杉氏に伝達していたという経緯は注目すべき点である。黒田基樹氏は、永禄十年に織田氏が斎藤氏を滅ぼして美濃一国の経略を遂げた際に遠山氏もこれに従ったため、武田氏との従属関係は解消されたと思われるとしている[38]。しかし、史料5で確認できるように、遠山氏が武田氏に従軍している状況から、この時機に武田氏に従属していることは明らかである。その一方で、上杉氏と近い関係にある三木氏に武田氏の動向を報じていることから、武田氏が駿河侵攻を開始した永禄十一年の段階では、遠山氏は武田氏に従属の意思を示していた一方で、三木氏と通じていたと言えよう。

三条目では、武田・織田間の外交関係について述べられている。両氏が入魂の間柄、すなわち同盟関係に至った経緯には、武田氏側からの強い要望があった、と三木氏は上杉氏に伝えている。このことから、武田・織田同盟が永禄十二年段階でも維持していたことが確認され、これにより、武田・織田両氏の領国に挟まれた遠山氏の東美濃の情勢も安定していた、と捉えることができよう。しかし、一方で遠山氏は武田氏の駿河侵攻の様子を三木氏に伝達していた。この点を念頭に置きつつ、続けて遠山氏の動向をみていきたい。

元亀二年になると、遠山氏の領域に近い小里（岐阜県瑞浪市）を本拠とする土豪の小里氏が武田氏に対し謀反を起こした。小里氏の謀反を受けた信玄は遠山景任・直廉に対し、自らが前々からの作戦に従事しなければならないため軍勢を派遣することができないが、時機が来たら必ず小里氏を屈服させると伝えている（神宮文庫所蔵「武田信玄古案」戦武一〇九〇）。横山住雄氏は、この小里氏の謀反を織田氏側への寝返りと評価している[39]。この小里氏の謀反は東美濃の情勢が不安定になっていることを示していると思われ、これがのちの武田・織田両氏による東美濃の攻防に発展していった可能性が指摘できよう。

次に遠山氏の動向が史料上で確認できるのが、元亀三年である。前年末に武田氏が駿河制圧を完了させ、北条氏と和睦したことによって、甲相同盟が成立した（「高橋大吉氏所蔵文書」戦武一七六二等）。これにより、武田氏による徳川領国への侵攻が本格化し、さらに武田・織田同盟も破綻を迎えることとなる。

元亀三年十月、遠山兄弟（景任・直廉）が病死したことを受け、織田信長は織田信広と河尻秀隆を岩村城へ派遣し、遠山領を奪取した。この経緯は河田重親宛上杉謙信書状写（「歴代古案」一、上越一一二〇）に記されている。それまで武田・織田両氏に両属している立場であった遠山氏に対し、織田氏が軍事的圧力を加え、制圧したのである。それに併行するように、恵那では延友佐渡守[40]が織田氏と結んで武田氏に抵抗するようになり、この延友氏に対し信長は日吉郷および釜戸本郷を宛行っている（「上原準一氏所蔵文書」信長文書三四八）。先に述べた小里氏と同様に、延友氏もまた武田氏に抵抗しており、遠山氏が武田・織田のどちらに従属するかという問題と併行して、こうした土豪の叛乱も東美濃の情勢を不安定にさせる要因となっていたと考えられる。

しかし、翌月になると、岩村城を中心とする東美濃の情勢が一転する。織田氏に制圧されていた岩村城が、武田氏に味方したのである。それを示すのが、次の史料である。

〔史料6〕武田信玄書状（「徳川黎明会所蔵文書」戦武一九八九）

如露先書候、去月三日出甲府、同十日当国江乱入、敵領不残撃砕、号二俣地取詰候、殊三州山家・濃州岩村属味方、対信長（織田）為当敵動干戈候、此所御分別肝要候、為其以玄東斎委細説彼口上候間、不能具候、恐々謹言、

（元亀三年）十一月十九日　　信玄（武田）（花押）

謹上　朝倉左衛門督（義景）殿

この書状は、信玄が越前の朝倉義景に宛てて発給した文書である。この中で信玄は、十月三日に甲府を出立して十日に三河へ侵攻し、二俣城を攻略していると伝えている。さらに信玄は、山家三方衆と美濃の岩村城、すなわち遠山氏が味方となり、信長と敵対して軍事行動を起こした点を強調している。このことから、奥三河と東美濃が武田領国に組み込まれたことがわかる。この書状のみならず、同日付で朝倉義景に発給された武田信玄条目にも「付、二俣之地取詰候、落居可為近日之事、一、岩村之城属当手候之間、人衆相移候事」とあり、武田軍が近日中に攻略中の徳川方の二俣城が落城する見込みである旨が書かれているとともに、岩村城の遠山氏が武田方となり、そこに信玄が軍勢を移した様子がわかる（「徳川黎明会所蔵文書」戦武一九九〇）。

また、十一月十二日付遠藤胤勝宛武田信玄書状写にも、郡上（岐阜県郡上市）の遠藤氏が武田方となったことを祝着

と評した上で「岩村江移人数候条、至春者、濃州江可令出馬候、其以後、向岐阜江被顕敵対候」と述べ、岩村城へ軍勢を移し、春になったら岐阜へ信玄自ら出陣し、それ以後は織田氏との敵対を明らかなものにするとしている(「鷲見栄造氏所蔵文書」戦武一九八七)。さらに信玄は同月十九日にも遠藤氏に書状を発給しており、その中でも「就中去十四日岩村之城請取、籠置候人数」と、同月十四日に岩村城へ軍勢を移した旨を伝えている(「鷲見栄造氏所蔵文書」戦武一九九二)。以上の点から、十月に織田氏の軍事介入を受けて織田方についた遠山氏が、翌十一月には一転して武田方についたことがわかる。しかし、これらの史料には武田氏が岩村城を攻撃したとの記述はなく、「岩村江移人数候」もしくは「岩村之城請取」という文言がみられるだけである。また、「岩村城逆心」に関する記述は、十一月十五日付延友佐渡守宛織田信長朱印状にもみられ、信長が冒頭で「今度岩村之儀、無是非題目候」と述べたあと、織田に忠節を尽くした延友氏に対し所領を扶助していることからも、岩村城が主体的に織田方から武田方へ逆心していたことは明らかであろう(「上原準一氏所蔵文書」信長文書三四八)。

それでは、武田氏による岩村城攻撃はあったのであろうか。これまで通説では、岩村城は元亀三年に武田家臣秋山虎繁によって攻略され、未亡人となっていた景任の正室(信長の叔母)が秋山の妻となったとされていた。

しかし、こうした通説に対し、鴨川氏は秋山の軍事行動は良質の史料では確認できないと指摘している。さらに鴨川氏は、信玄の目標は徳川領国ではなく、別働隊が侵攻した東美濃を通る岐阜こそが本線であると述べている(41)。一方で柴氏は、元亀三年の信玄による三河・遠江侵攻の過程を検討した中で、山県昌景とともに秋山虎繁が高天神城(静岡県掛川市)や二俣城の攻略に従事していたことを明らかにし、秋山による元亀三年の東美濃攻略は行われておらず、秋山が東美濃に侵攻したのは元亀四年三月ではないかとしている。そして、武田氏の岐阜侵攻は遠江侵攻が展開する中で遠山氏が武田氏に従属したことで持ちだされたものであるとし、鴨川氏の信玄の本線は岐阜方面であったとする説を否定している。また柴氏は、岩村城が武田方となった経緯について、遠山氏による自発的な行動と評価している(42)。この点について本多隆成氏は、秋山による岩村城攻撃がなかったとする柴氏の説に賛同しながらも、信玄が家康の本拠である浜松城を陥落させなかったことなどから、信玄の目標は家康ではなくあくまで信長であったとの見解を示している(43)。

史料6や遠藤氏宛の書状には、岩村城が武田方に属したと記されている一方で、武田氏が軍事行動を働いたかどうかについては明記されていない。史料中にみられる「味方」という文言から推察するならば、柴氏が指摘するように遠山氏が自発的に武田氏に属したと捉えて良いだろう。そして、これまで述べてきたように、遠山氏が武田・織田両氏に両属の立場であったことから武田・織田同盟は成立していたが、その反面、遠山氏の動向によっては同盟が破綻する危険性を孕んでいたとも言える。遠山景任・直廉が病死したことにより、織田氏は軍事介入を行って遠山氏に対し織田方に属すよう促したが、翌月に遠山氏は武田氏に味方した。長年にわたり、遠山氏は武田・織田領国に挟まれた地域で両属の立場を取っていたことを考慮すれば、この遠山氏の行動は、織田氏の軍事介入に対する反発から生じたものと思われ、弘治元年に斎藤氏から侵攻を受けて武田氏に従属した際と類似した事例とみて良いだろう。おそらく、織田氏の軍事介入を知った武田氏が遠山氏に支援を約し、それに応じた遠山氏が織田信広・河尻秀隆を追放したか、武田氏の動向を知った信広らが退却したか、どちらかの動向があったのではないだろうか。

遠山兄弟の死亡によって東美濃の情勢が不安定になったことにより、武田・織田同盟は破綻し、武田氏は織田領国への侵攻を朝倉氏や石山本願寺に表明した。つまり、武田氏が岐阜への侵攻を実行に移すためには「濃州岩村属味方」という状況となることが必要不可欠だったといえよう。

こうして、遠山氏を従属させて岩村城に軍勢を移したことにより、武田氏は東美濃を勢力下としただけでなく、織田氏に対する軍備を整えるに至った。史料6をはじめとする朝倉氏宛書状や遠藤氏宛の書状にて信玄が信長と敵対する意思を示していることからも、この点は明らかである。元亀三年に入ってから武田氏は三河・遠江への侵攻を開始し、主に徳川氏の先方衆を攻略することによって勢力の拡大を図った。その一方で、東美濃は遠山兄弟の死亡によりその情勢が乱れ、織田氏の岩村城への軍事介入が行われたことにより、武田・織田同盟は破綻した。そして、元亀三年十二月の三方ヶ原合戦を経て、武田氏と織田・徳川両氏との対立が本格化していくのである。

おわりに

東美濃に本拠を置く遠山氏は、武田氏をはじめ、斎藤・織田氏といった強大な勢力に囲まれた状況の中で、複数の戦国大名に従属するという立場を取ることによって、その領域を維持していた。

東美濃の遠山氏と遠縁にあたる南信濃の遠山氏は、天文二十三年（一五五四）に武田氏が下伊那地域を制圧した際に、今川方の国衆である遠江犬居の天野氏からの申し出によって、武田氏の従属下に組み込まれた。それに引き続き、弘治元年（一五五五）に木曾地域が武田氏によって制圧されると、領域が近接する東美濃の遠山氏は、南信濃の遠山氏と同様に、武田氏に抵抗することなく従属の意向を示した一方、斎藤・織田両氏に対しても従属の意思を表明し、その領域を維持させた(44)。やがて、斎藤氏が没落し、織田氏の勢力が拡大すると武田・織田間の関係は緊張状態に陥るが、両氏に領域を挟まれていた遠山氏が両属であったことで戦闘は免れ、結果として永禄八年（一五六五）に武田・織田同盟が成立した。両属である遠山氏の存在が東美濃の情勢を安定させ、それが武田・織田同盟の維持に大きく関わっていたのである。境目に本拠を置く国衆の存在が戦国大名の外交関係を動かしていたことが、この点から明らかとなろう。

永禄十一年に武田氏が駿河に侵攻してからも、遠山氏は両属の立場を取り続けていた。駿河侵攻によって徳川氏との外交関係が悪化したため、織田氏との外交関係にも何らかの影響が及ぶ危険があった武田氏であったが、東美濃の情勢が安定していたために武田・織田同盟は継続していた。これは、境目地域の情勢が安定することで戦国大名間の戦闘が回避されたことを示す事例であると言えよう。

しかし、元亀三年(一五七二)に遠山景任・直廉兄弟が死亡したことにより、東美濃の情勢は一転して不安定なものとなった。同年十月、遠山兄弟の死亡を受けて織田氏は軍勢を派遣して岩村城を占拠したものの、翌十一月には遠山氏が武田氏の軍勢を受け入れ、岩村城は武田氏の領国に組み込まれた。これによって東美濃は武田氏の勢力下となり、武田・織田同盟関係はここで破綻を迎えた。東美濃の情勢は、武田・織田間の外交関係をも左右していたのである。また同月、武田氏は越前の朝倉氏や石山本願寺に対し、織田領国である岐阜への侵攻を示唆した。しかし、これは武田氏の徳川領国侵攻の最中に、遠山氏の帰属をめぐる武田・織田間の対立が起きた後に持ちだされた計画であったものと考えられる。したがって、遠山氏の問題がなければ、武田氏の織田領国侵攻の計画は実行には移せなかったと言えよう。武田氏は、同年十二月に三方ヶ原で徳川家康を破った後、織田・徳川領国への攻勢をさらに強めていく。しかし、元亀四年春に信玄が死去したことにより、戦況は新たな局面を迎えるのである。

以上、武田氏の東美濃攻略について、遠山氏の動向を明らかにしながら検討を行ってきたが、戦国大名領国の境目に存立する国衆の存立形態、先方衆としての動向、両属の実態、および周辺に及ぼす影響力について考察した。信玄死去後に武田氏を継いだ勝頼と織田・徳川両氏との対立、また東美濃の情勢に関する考察は、本書第八章にて検討することとする。

註

（1）武田氏の先方衆に関する研究は多数存在する。代表的な論著として、柴辻俊六『戦国大名領の研究―甲斐武田氏領の展開―』（名著出版、一九八一年）、同『戦国期武田氏領の展開』（岩田書院、二〇〇一年）、同『戦国期武田氏領の形成』（校倉書房、二〇〇七年）、黒田基樹『戦国大名と外様国衆』（文献出版、一九九六年）、同『戦国期東国の大名と国衆』（岩田書院、一九九九年）、栗原修『戦国期上杉・武田氏の上野支配』（岩田書院、二〇一〇年）等がある。

（2）柴裕之「武田氏の領国構造と先方衆」（平山優・丸島和洋編『戦国大名武田氏の権力と支配』、岩田書院、二〇〇八年）。

（3）横山住雄「中世末の苗木城と苗木氏の動向」（『美文会報』二七〇～二七五、一九九一年）、同『武田信玄と快川和尚』（戎光祥出版、二〇一一年）。

（4）平山優『川中島の戦い』上・下（学研M文庫、二〇〇二年）。

（5）黒田基樹「信玄の先方衆統制」（柴辻俊六編『新編武田信玄のすべて』、新人物往来社、二〇〇八年）、柴　前掲註（2）。

（6）丸島和洋「信玄の拡大戦略　戦争・同盟・外交」（前掲『新編武田信玄のすべて』）。

（7）『南信濃村史　遠山』（一九七六年）。

（8）武田氏の下伊那侵攻については、丸島和洋「室町～戦国期の武田氏権力―守護職の評価をめぐって―」（同『戦国大名武田氏の権力構造』、思文閣出版、二〇一一年）を参照。

（9）註（7）では、「奥山由緒」の記述から、和田城の遠山氏と天野氏被官奥山氏の間に婚姻関係があったとしている。また、天野氏に関する論考として秋本太二「犬居天野氏について」（『地方史静岡』創刊号、一九七一年）をはじめ、鈴木将典編『遠江　天野・奥山氏』（岩田書院、二〇一二年）がある。

(10) 木曾氏の従属時期については、註(3)や註(14)において弘治元年とされているが、『勝山記』天文二十三年条八月の項には「去程ニ木曽殿モ、笠殿モナラヘテ御出仕被成候」という記述がみえるため、天文二十三年の可能性が高い。また、弘治元年四月から閏十月にかけては北信濃において第二次川中島合戦が起きており、信玄は越後長尾(上杉)軍と対峙していたため、これと並行して木曾攻めが行われたとは考えにくい。したがって、本章では木曾氏の従属時期を、『勝山記』にみられる天文二十三年としたい。註(5)・(8)や武田氏研究会編『武田氏年表　信虎・信玄・勝頼』(高志書院、二〇一〇年、平山優氏執筆分)では、天文二十三年説が取られている。なお、本章の『勝山記』の記述は、『山梨県史』資料編6(中世3上、県内記録、二〇〇一年)による。

(11) 横山　前掲註(3)。

(12) 黒田　前掲註(5)、および丸島　前掲註(6)。

(13) 多賀秋五郎『飛驒史の研究』(濃飛文化研究会、一九四一年)。

(14) 柴辻俊六「戦国期武田氏の飛驒侵攻と織田信長」(同『戦国期武田氏領の地域支配』、岩田書院、二〇一三年。初出二〇〇七年)。

(15) 斎藤利政・義龍父子の戦いと信長の動向については、『信長公記』首巻「山城道三討死之事」の箇所に詳しい。『信長公記』六六～七一頁。

(16) 丸島和洋氏は、註(6)において、年未詳八月十八日付秋山善右衛門尉宛武田晴信書状(「吉田家文書」戦武六四二)を弘治元年に比定し、「従井口相揺之由候」という文言から、弘治元年八月に斎藤氏が東美濃方面に侵攻し、それを受けて史料1の木曾氏宛の書状が発給されたとしている。また、同文書の追而書に「先日調候井口へ之書状、早々可被遣歟」とあることから、武田氏が斎藤氏との和睦を試みていた可能性を指摘している。

（17）黒田基樹「秋山伯耆守虎繁について」（『戦国遺文　武田氏編』第二巻月報二、二〇〇二年）。黒田氏は同文書が武田氏の東美濃侵攻に関わるものであるとしている。
（18）横山　前掲註（3）。
（19）丸島　前掲註（6）。
（20）黒田　前掲註（5）。
（21）前掲註（16）。
（22）遠山景任の正室は織田信定女（信長叔母）、遠山直廉の正室は織田信秀女（信長妹）である（『戦国人名辞典』、吉川弘文館、二〇〇五年、黒田基樹氏執筆分）。また、直廉の娘（龍勝寺殿）は信長の養女となり、永禄八年（同九年説もあり）の武田・織田同盟成立の際に武田勝頼のもとへ嫁ぎ、のちに信勝を産んでいる（同、平山優氏執筆分）。また、横山住雄氏は註（3）論考において、織田・遠山間の婚姻は、斎藤・織田同盟成立に伴って結ばれたものであるとの見解を示している。
（23）永禄四年四月十三日、上杉軍の関東侵攻を知った信玄は、小山田信有に北条氏康を支援するよう命じている（内閣文庫所蔵「楓軒文書纂」戦武七三五・七三六）。上杉軍は六月に撤退し、八月には北信濃へ侵攻を開始し、第四次川中島合戦に至る。川中島合戦の経緯については、註（4）を参照。
（24）信玄は永禄四年十一月より西上野への侵攻を開始、西牧（群馬県下仁田町）・高田（同富岡市）・諏訪（同安中市）などを攻撃し、その勢力を拡大させている（「松原神社文書」ほか、戦武七六〇～七六五）。
（25）岡村守彦『飛騨中世史の研究』（戎光祥出版、二〇一三年。初版一九七九年）。
（26）平山　前掲註（4）。

(27)　柴辻　前掲註(14)。
(28)　横山　前掲註(3)。
(29)　柴辻俊六「武田信玄の東美濃進攻と快川国師」(前掲『戦国期武田領の地域支配』)。初出二〇一二年)。
(30)　丸島　前掲註(6)。
(31)　横山　前掲註(3)。
(32)　武田氏の駿河侵攻に関する研究として、前田利久「武田信玄の駿河侵攻と諸城」(『地方史静岡』二二、一九九四年)、同「戦国期薩埵山の戦い」(清水市教育委員会『薩埵山陣場跡その現況遺構確認等分布調査報告書』、二〇〇二年)、黒田黒田基樹「北条氏の駿河防衛と諸城」(同『戦国期東国の大名と国衆』、岩田書院、二〇〇一年。初出一九九六年)などがある。
(33)　ここでは代表的な研究として、渡邊世祐『武田信玄の経綸と修養』(更級郡教育会、一九二八年)、奥野高広『人物叢書　武田信玄』(吉川弘文館、一九五九年)、高柳光寿『戦国戦記　三方原の戦』(春秋社、一九五八年)、磯貝正義『武田信玄』(新人物往来社、一九七〇年)、染谷光廣「武田信玄の西上作戦小考―新史料の信長と信玄の文書―」(『日本歴史』三六〇、一九七八年)、須藤茂樹「武田信玄の西上作戦再考」(同『武田親類衆と武田氏権力』、岩田書院、二〇一八年。初出一九八八年)、小和田哲男『三方ヶ原の戦い』(学研M文庫、二〇〇〇年。初出一九八九年)、平山優『武田信玄』(歴史文化ライブラリー、吉川弘文館、二〇〇六年)、柴辻俊六『信玄の戦略　組織、合戦、領国経営』(中公新書、二〇〇六年)を挙げるにとどめる。
(34)　鴨川達夫『武田信玄と勝頼―文書にみる戦国大名の実像―』(岩波新書、二〇〇七年)。
(35)　柴裕之「武田信玄の遠江・三河侵攻と徳川家康」(同『戦国・織豊期大名徳川氏の領国支配』、岩田書院、二〇一四年。初出二〇〇七年)。

(36)　柴辻俊六「武田信玄の上洛戦略と織田信長」(同『戦国期武田氏領の地域支配』、岩田書院、二〇一三年。初出二〇〇九年)。
(37)　三木良頼は、同内容の書状を村上国清にも宛てている(「上杉家文書」上越六六八)。
(38)　黒田　前掲註(5)。
(39)　横山　前掲註(3)。
(40)　横山氏は註(3)論考において、笠木神社鐘銘(岐阜県恵那市)より、延友氏が遠山氏の分家であったとしている。
(41)　鴨川　前掲註(34)。
(42)　柴　前掲註(35)。
(43)　本多隆成『定本　徳川家康』(吉川弘文館、二〇一〇年)。
(44)　天文〜永禄初期の東美濃・奥三河が、非常に密接かつ相互的に影響を受けやすく、武田氏をはじめとした複数の大名の介入を受けていた地域であることが、小川雄氏によって明らかにされている(同「一五五〇年代の東美濃・奥三河情勢—武田氏・今川氏・織田氏・斎藤氏の関係を中心として—」『武田氏研究』四七、二〇一三年)。

〔追記〕　近年、菊池敏雄「美濃攻略における信長の外交」(『日本歴史』八三〇、二〇一七年)が発表された。菊地論文では、遠山氏は武田氏にのみ帰属した国衆で、織田氏との両属はなかったとし、『甲陽軍鑑』の記述が誤りであると指摘している。しかし、天文年間の東美濃情勢や、織田・遠山両氏の関係については再検討の余地があると思われるため、この点については今後の研究課題としたい。

第八章　元亀・天正年間における武田・織田間の戦争と東美濃

はじめに

近年、武田氏の戦争に関する研究として、元亀三年（一五七二）の遠江侵攻や天正三年（一五七五）の長篠合戦をめぐる議論が活発化している。遠江侵攻に関しては、信玄の軍事行動が西上作戦であるのか、あるいは対徳川戦を想定した局地戦であったのかという議論に加え、信玄の軍事目標が徳川領国ではなく織田領国であったのではないかという指摘もなされている。[1]一方、長篠合戦についても、奥三河の情勢をふまえた検討や、関連史料の再検討などが進められている。[2]

このような議論の中で着目されているのが、国衆の存在である。柴裕之氏は、元亀三年に行われた武田氏の遠江侵攻に関して検討を行い、武田氏の軍事行動が奥三河の国衆を帰属させるために実施されたものと評価している。[3]柴氏は、長篠合戦に関する検討も行っており、奥三河の国衆である山家三方衆の動向を明らかにするとともに、長篠合戦が山家三方衆の帰属をめぐる武田・織田間の対立であったと指摘している。[4]また、武田氏に帰属した国衆（先方衆）に関する研究として、黒田基樹氏や柴氏の成果もあり、大名領国の最前線に存立する国衆の独立性が指摘されている。[5]

こうした研究状況を受け、筆者もまた東美濃遠山氏を事例として、大名間の戦争と外交に深く関与した国衆の実態に迫った（本書第三章および第七章）。東美濃を本拠とした遠山氏は、武田・織田両氏の領国に挟まれていた。いわば、大名領国の境目に存立していた国衆であり、武田・織田それぞれに帰属し、両属の立場をとることで自らの存立をはかっていた。武田・織田間では永禄～元亀年間において同盟が結ばれていたが、これは遠山氏を介在として実現したもので、国衆の存在が大名同士の同盟成立に深く関わっていたことを明らかにした。

しかしながら、前回の検討は元亀三年段階にとどまっており、天正年間における武田・織田両氏の東美濃をめぐる対立過程と、その際の遠山氏の動向については今後の検討課題としていた。また、遠山氏と深く関わる元亀三年の武田氏の遠江侵攻についても新たな見解が示されており、こちらについても改めて検討を加える必要があろう。

そこで本章では、元亀三年の武田氏の遠江侵攻と岩村城の帰属について再検討を行うとともに、武田・織田氏の対立が東美濃にどのような影響を及ぼしたのか、遠山氏の動向を明らかにしながら考察していくこととしたい。

一　元亀年間の東美濃と岩村城

武田氏と東美濃遠山氏の接点は、天文二十四年（一五五五）までさかのぼる。武田氏が木曾地域まで勢力を拡大したことによって遠山氏の領域と隣接したため、武田氏は木曾氏を通じて遠山氏に帰属を促している（早稲田大学図書館所蔵「諸家文書写」戦武六四五）。その後、遠山氏は武田氏から援軍を求められていることから、武田氏の先方衆（大名に帰属した国衆）として活動していた様子がうかがえる（「苗木遠山史料館所蔵文書」）。一方で遠山氏は織田氏と姻戚関係にあり、この遠山氏を介在として永禄八年から九年の間に、武田・織田同盟が成立している(6)。この同盟成立に際し、武田勝頼のもとに織田信長の姪で養女となった遠山直廉の娘（龍勝寺殿）が嫁ぎ、両氏は姻戚関係を結んだ（『甲陽軍鑑』）。

以後、武田・織田同盟は継続していたが、永禄十一年（一五六八）に武田氏は駿河侵攻を決行したことにより、三河の徳川氏との関係を悪化させた。これは、武田・徳川両氏が今川領国を挟撃すべく進軍した際、遠江において武田軍の別働隊が徳川軍と衝突したことに起因する（「松雲公採集遺編類纂」一五一、戦武一三五〇）。武田氏は、当初より駿河と遠江の制圧を視野に入れており、それを実現させるべく遠江に別働隊を侵入させたため、遠江に侵攻していた徳川氏は武田氏の行動に疑念を抱いた（本書第四章）。この事態を回復するため、武田氏は徳川氏と関係が深い織田氏へ執り成しを頼んでいる（「古典籍展観大入札会目録」戦武一三五一）。しかし、徳川氏は武田氏と対立する北条氏と結び、今川氏真が籠城していた懸川城を開城させた（「神田孝平氏所蔵文書」戦武一四一〇）。したがって、武田氏は駿河侵攻後の永禄十二年の段階において、織田氏と友好関係にありながらも、徳川氏との関係は悪化していたことになる（本書第三章および第四章）。鴨川達夫氏は、武田・徳川間の関係悪化を元亀元年（一五七〇）の徳川・上杉同盟の成立にあると指摘しているが[7]、実際には永禄十二年の時点で悪化していたと見るべきであろう。

こうした状況をふまえた上で、元亀年間の東美濃の情勢についてみていくこととしたい。元亀三年五月に苗木城（岐阜県中津川市）城主である遠山直廉（弟）が、同年八月には岩村城（同恵那市）城主である景任（兄）が病死した。遠山兄弟が相次いで死去したことを受け、織田氏は東美濃への軍事介入を開始する。元亀三年十月十八日付の河田重親宛上杉謙信書状写（「歴代古案」一、上越一一三〇）には、織田信広と河尻秀隆の軍勢が東美濃に侵入して岩村城を制圧し、周辺の遠山一族を掌握したことが記されている。長年にわたり、武田・織田両氏に対して両属の立場にあり、両氏の同盟成立にも影響を与えた遠山氏であったが、織田氏によって岩村城を奪取されたのである。では、なぜ織田氏は岩村城に対し軍事介入を行ったのであろうか。

織田氏が軍事介入を行う理由として考えられるのが、織田氏と遠山氏が婚姻関係にあった点である。『軍鑑』によると、遠山景任夫人（以下、景任夫人）は織田信秀の妹にして信長の叔母であるという。景任夫人について小和田哲男氏は、信長の祖父信定が高齢の時に生まれた子で、甥にあたる信長よりも年下であったと述べている[8]。景任が死去したとなれば、嫡子がその跡を継ぐはずだが、景任には子がいなかったため、代わりに信長五男の御坊丸が岩村城に入ったと『軍鑑』には記されている。これが事実とするならば、景任夫人は御坊丸を後見する立場であったと推察される。そして、御坊丸を岩村城へ入れた後に織田軍が岩村城に向かったとなると、織田氏の軍事行動は岩村城の乗っ取りが目的で、景任死後の正式な後継者に御坊丸を据えようとした可能性が高い。また、岩村城側に何らかの問題が生じていた可能性も否定できない。この点については後述する。

一方、武田氏は同年十月に徳川領国への侵攻を開始した。その際、信玄は越前の朝倉氏や北近江の浅井氏に対し自らの出馬について述べ、協力して信長に対抗するよう要請している（静嘉堂文庫所蔵「南行雑録」戦武一九六四・五、「思文閣古書目録一五〇」戦武一九六七）。同月六日付の上杉謙信書状（「上杉家文書」上越一一二六）によると、ほぼ同時期に足利義昭・織田信長の仲介で武田・上杉間の和睦交渉も行われたようであるが、実際は信玄が信長との敵対を朝倉・浅井両氏に表明しており、この時点で武田・織田同盟が崩壊していたことがわかる。そうした矢先、織田軍による岩村城制圧が実行されたのである。それまで両属状態にあった遠山氏の領域に織田軍が侵入したということは、武田氏との敵対を視野に入れた行動と捉えることができよう。

織田氏の岩村城制圧を受け、武田氏は東美濃で何らかの対策を講じる必要性が生じた。武田氏が岩村城を攻撃した経緯は『軍鑑』などにみられるものの、一次史料からは確認できない。そこで、武田氏と岩村城の動向を考察する上で手がかりとなるのが、信玄が朝倉義景に宛てた次の史料である。

〔史料1〕武田信玄書状（「徳川黎明会所蔵文書」戦武一九八九）

如露先書候、去月三日出甲府、同十日当国江乱入、敵領不残撃砕、号二俣地取詰候、殊三州山家・濃州岩村属味方、対信長《織田》為当敵動干戈候、此所御分別肝要候、為其以玄東斎委細説彼口上候間、不能具候、恐々謹言、

十一月十九日《元亀三年》　信玄《武田》（花押）

謹上　朝倉左衛門督《義景》殿

冒頭に「去月三日出甲府、同十日当国江乱入、敵領不残撃砕、号二俣地取詰候」とあるように、十月三日に甲府を出立した信玄は、十日に遠江へ侵入し、二俣を制圧した。着目すべきは、次の「殊三州山家・濃州岩村属味方」という箇所である。三河の山家三方衆と美濃の岩村城が武田の味方となったという意味であるが、この点について柴裕之氏は、武田氏が徳川領国に侵攻して優勢だったことを受け、岩村城が自発的に武田氏に味方したとの見解を示している[9]。これは、通説で東美濃攻略を担当したとされる武田家臣秋山虎繁が、実際には山県昌景とともに遠江・三河侵攻に従軍していたことを明らかにしたことによるもので、武田軍による岩村城攻略はなかったのではないかと柴氏は述べている。

秋山の東美濃攻略については、鴨川達夫氏も良質の史料で確認できないとしながらも、信玄の目標は東美濃を経由した岐阜方面であり、徳川領国ではないと述べている[10]。さらに鴨川氏は、柴氏が示した岩村城が自発的に武田氏に味方したとする説について、「属味方」と史料にあるのみで、それに至る経緯は書かれていないため、武田氏による軍事的・政治的圧力によって従属した可能性もあると柴氏の説を否定し、岩村城へは秋山以外の武田家臣が進軍したのではないかとしている[11]。しかし、鴨川氏は遠山兄弟の死去や東美濃の情勢については言及しておらず、一概に武田氏が織田氏打倒を目標としていたと結論づけるには難があるように思われる。織田氏の軍事介入に反抗した岩村城が武田氏を頼ったと捉えることも可能であろう。

それでは、岩村城が武田氏に味方したことについて、織田氏はどのような反応を示したのであろうか。次の史料で確認してみたい。

〔史料2〕織田信長朱印状（「上原準一氏所蔵文書」信長文書三四八）

今度岩村之儀、無是非題目候、雖然其方事無疎略、覚悟之通神妙候、仍日吉郷釜戸本郷令扶助候、弥忠節簡〔肝〕要候、

恐々謹言、

元亀三
十一月十五日　信長（織田）（朱印）

延友佐渡守殿

信長は延友佐渡守に対し、岩村城のことについては是非もないが、延友氏に疎略がなかったことについて、その覚悟は神妙であると評し、日吉郷と釜戸本郷（ともに岐阜県瑞浪市）を与えている。

岩村城が武田氏に味方したことについては、信長嫡男の信重（のち信忠）も次のように述べている。

〔史料3〕織田信重判物案（「上原準一氏所蔵文書」信長文書三四八〔参考〕）

岩村逆心之刻、其方忠節段、日吉釜戸本郷、信長如朱印、知行不可有相違候、恐々謹言、

天正元
九月六日　信重（織田）

延友佐渡守殿

史料冒頭にあるように、信重は岩村城が逆心したと述べている。これは、岩村城が織田氏を裏切ったと信重が認識していたことを示すものであり、岩村城が自発的に武田氏に味方したことの証左となる文言である。では、岩村城はなぜ織田氏に逆心したのであろうか。一連の岩村城の行動は、織田氏に制圧される状況を拒んだと解釈することがで

きる。この点について、若干の考察を加えてみたい。

景任夫人が織田氏の血縁者であるにもかかわらず、岩村城が織田軍を拒絶して武田氏に帰属した背景には、岩村城内で織田氏に反感を抱く者が多数存在した可能性があろう。大名の帰属先をめぐって国衆が家中で争う事例は、奥三河の奥平氏⑫や遠江の小笠原氏⑬でも確認できる。黒田基樹氏が、国衆の家中における政治対立が外交路線をめぐって顕在化したと述べていることからも、⑭岩村城内で武田方につくか織田方につくかをめぐる対立があったことは充分に想定されよう。織田氏が岩村城に軍事介入を行ったのも、岩村城内の内紛を制するためであったと考えられる。

景任夫人の動向について小和田哲男氏は、武田氏が岩村城を攻撃した際に遠山景任が戦死したため、景任夫人が城兵の助命のために降伏し、武田家臣秋山虎繁と結婚したとしている。⑮しかし、これは『軍鑑』の記述をもとにしており、検討を要する。景任・直廉兄弟が病死したことは元亀三年十月十八日付の河田重親宛上杉謙信書状写（「上杉家文書」上越一一二六）に記されているため、『軍鑑』にみられる景任の戦死は誤りである。景任夫人が秋山と結婚したことについては一次史料では確認できないため判然としないが、岩村城に彼女が残留したとするならば、次のような理由が考えられよう。

先に述べたように、景任夫人は信長の叔母であり、信長の子御坊丸を預かる立場にある人物であったが、岩村城は武田氏に帰属することを選択した。彼女は、この段階で岩村城を出て織田氏のもとに帰還することも可能であったと思われるが、岩村城に残留している。これは、岩村城が武田氏に帰属するにあたり、彼女が証人として必要であったことを示しているのではないだろうか。一方で、武田氏側が景任夫人の岩村城残留を求めた可能性もあろう。『軍鑑』には秋山が景任夫人を妻としたとあるが、景任夫人は岩村城が武田氏に帰属するにあたっての証人、いわば人質として城内に残ったものと考えられる。

以上、岩村城が武田氏に帰属する経緯を検討してきた。その背景には、武田・織田両氏に対し両属の状態にあった国衆遠山氏の存在があり、大名領国に挟まれた遠山氏およびその領域の安定が武田・織田間の関係にも大きく影響していた。しかし、岩村・苗木城主が相次いで死去したことにより、城主不在となった遠山氏の領域は不安定な情勢になった。そのため、岩村城では残された家臣たちの間で、武田方につくか織田方につくかで意見が分かれたとみられる。これが、織田氏の軍事介入や岩村城の武田氏への帰属などを引き起こし、結果として武田・織田間の軍事対立へと発展したのである。次節では、岩村城を中心とする東美濃の情勢が、周辺の国衆や地域にどのような影響を与えたのか、検討していく。

二　郡上遠藤氏の動向

元亀三年(一五七二)十一月、岩村城が武田方となったことによって、周辺地域はどのような影響を受けたのであろうか。ここでは、郡上(岐阜県郡上市)に本拠を置く国衆遠藤氏に着目してみたい。

遠藤氏に関する研究は、自治体史である『郡上八幡町史』[16]や高橋教雄氏による基礎的研究[17]があるものの、大名の動向や大局的な政治情勢を交えた本格的な議論はなされていない。そのため、郡上において遠藤氏が国衆としてどのような立場にあったのか、近隣の遠山氏の動向もふまえた上で検討していく必要があろう。まず、遠藤氏と織田氏との関係についてみていきたい。

『寛政重修諸家譜』(以下、『寛譜』[18])によると、遠藤盛枝(慶隆)は当初斎藤氏に帰属していたが、勢力を拡大してきた織田氏との接近をはかり、織田氏が稲葉山城(岐阜城、岐阜県岐阜市)を制圧した永禄十年(一五六七)、判物を信長より受給し、郡上支配を認められたという。

その後、織田氏に帰属した遠藤氏は郡上支配を続け、時に織田氏より援軍派遣を求められた。元亀元年五月、織田氏は姉川の戦いの際、遠藤氏に参陣するよう求めている。

〔史料4〕織田信長朱印状（「武藤文書」信長文書二三三）

尚以前人数之事、分在よりも一廉奔走簡要候、次鉄炮之事、塙九郎左衛門尉《原田直政》・丹羽五郎左衛門尉《長秀》かたより可申候、別而馳走専用候、

江州北郡ニ至而可相働候、来月廿八日以前、各岐阜迄可打寄候、今度之儀天下之為、信長《織田》為、旁以此時候間、人数之事、不撰老若於出陣者、忠節可為祝着候、依働訴訟之儀、可相叶之状如件、

五月廿五日《元亀元年》　　信長（朱印）

遠藤新右衛門尉殿《胤俊》

遠藤新六郎殿《慶隆》

信長は遠藤氏に対し、近江北郡へ進軍するため、来月二十八日以前に岐阜まで来るよう要請し、老若を問わず人数を出すよう命じているが、ここで注目すべきは、信長が遠藤氏の働きによっては訴訟の件を叶えると伝えている点である。国衆は大名に帰属する際、大名からの要請に応じて軍役を果たさなければならないが、ここでは遠藤氏が抱えている訴訟の解決を大名である信長が戦果次第で行う意向であることが示されている。こうした関係から、朱印状が発給された元亀元年の段階で遠藤氏が織田氏に帰属していたことがわかる。

織田氏と良好な関係を保っていた遠藤氏であったが、元亀元年九月になると、状況が一変した。本願寺の顕如が郡上の一向宗門徒に対し、信長の上洛に本願寺が迷惑している旨を伝え、一層の忠節を尽くすよう求めたのである（「安

養寺文書[19]」)。織田氏と本願寺の関係悪化は、郡上へも大きな影響を及ぼすことになった。

郡上にある有力な一向宗寺院は、安養寺(現浄土真宗大谷派)である。遠藤氏と安養寺は密接な関係にあり、永禄十二年に飛騨の三木自綱が郡上へ侵攻した際、遠藤盛枝は安養寺の支援を受けて三木軍を撃退している[20]。安養寺は、遠藤氏が郡上支配を進める上で強力な後ろ盾であったが、この安養寺の存在が、武田氏が郡上に介入する契機を生み出すのである。元亀三年五月、武田信玄が安養寺に対し、次の書状を送っている。

〔史料5〕武田信玄書状(切紙)(「安養寺文書」戦武一八九七)

珍札披読、快然ニ候、貴寺・両遠藤別而入魂之由候之間、去比染一翰候キ、自今以後者弥有相談、其表之備、可然様ニ調略　極此一事候、信玄(武田)も偏大坂(本願寺)へ申合候之上者、無他事可申談候、委曲従土屋右衛門尉(昌続)所可申候、恐々謹言、

(元亀三年)五月廿日　信玄(武田)(花押)

安養寺

信玄は、安養寺と両遠藤氏が入魂であることを受け、今後は相談の上、郡上の防備について調略を行う旨を伝えている。さらに信玄は本願寺(大坂)と申し合わせると述べており、本願寺と安養寺の関係および安養寺と遠藤氏の関係を視野に入れながら、郡上に介入する意向であったことがわかる。両遠藤とあるのは、遠藤氏が郡上八幡城を本拠とする宗家(盛枝の系統)と、木越城(郡上市大和町)を拠点とする分家(胤勝の系統)とがあるためである[21]。この史料から、信玄が武田・本願寺間の関係が良好であることを示した上で、安養寺に働きかけて遠藤氏を味方につけようとしたことがわかる。同年閏正月段階では、信長嫡男の信忠と信玄息女(信松尼、松姫)との婚約が具体化される動きがあった[22]。また武田氏は、同年九月に織田・本願寺間の和睦仲介を将軍足利義昭の命で行っている(龍谷大学所蔵「顕如上人御書

札案留」戦武四〇五二)。つまり、閏正月から九月の間、武田・織田同盟は維持していたことになる。しかし、一方で武田氏は本願寺と安養寺を通じて遠藤氏を味方に引き入れようと工作していたのである。

同年九月になると、武田氏と遠藤氏は本格的に交渉を行うようになった。その経緯を次の史料から追ってみたい。

〔史料6〕武田信玄書状写(「鷲見栄造氏所蔵文書」戦武一九五九)

態使者喜悦、仍而向後別而可被相談旨、得御意候、然者同名中在一味、一逢之忠節、此時極候、委細露条候間、
略紙面候、恐々謹言、
(元亀三年)九月廿六日　「(後筆)晴信御判」(信玄花押)
(遠藤胤勝)遠加賀殿へ

信玄は遠藤胤勝から使者が送られたことを喜び、遠藤氏が武田氏に忠節を尽くす機が熟したと述べている。武田氏はこの書状が発給された翌月に遠江侵攻を開始していることから、織田・徳川両氏と敵対することを想定して遠藤氏を味方にしようと働きかけていたものと考えられる。また、武田氏は遠藤氏に対し、遠藤氏が武田に味方したので信濃および美濃において一〇〇貫の地を与えると述べている(『古今消息集』二・戦武一九五八、「鷲見栄造氏所蔵文書」戦武一九六三)。

武田氏が遠藤氏を調略していた頃、東美濃の遠山兄弟の死去に伴い、織田氏が岩村城に軍勢を派遣してこれを制圧した。しかし、翌月には岩村城が武田氏に味方する事態となった。岩村城が武田方となったことについて、信玄は遠藤氏に次の書状を送っている。

〔史料7〕武田信玄書状写(「鷲見栄造氏所蔵文書」戦武一九八七)

於其表、別而当方荷担之由、祝著〔着〕候、当国過半任存分候畢、岩村江移人数候条、至春者、濃州江可令出馬候、其

以後、向岐阜江被顕敵対候、悉皆馳走、可為本望候、委曲三村兵衛尉口上候、謹言、

十一月十二日《（元亀三年）》　信玄《（武田）》　御判

遠加々守殿《（遠藤胤勝）》へ

先に挙げた史料1の七日前に発給された書状である。冒頭で信玄は、遠藤氏が武田に味方したことを喜んでいることから、武田氏が美濃で着実に勢力を伸ばしていたことがわかる。そして、「岩村江移人数候条、至春者、濃州江可令出馬候、其以後、向岐阜江被顕敵対候」と述べ、岩村城に軍勢を移して来春には美濃へ信玄自らが出馬し、信長への敵対を明らかにすると遠藤氏に伝えている。さらに七日後、信玄は遠藤氏に次の書状も送っている。

〔史料8〕武田信玄書状写（「鷲見栄造氏所蔵文書」戦武一九九一）

如前々給先書候、当備近日任存分候、就中去十四日岩村之城請取、籠置候人数、此時無用捨、岐阜江可乱対歟否、可為其馳走専候、又越前陣へ越使者候、路次無相違様、指南可為祝著《〔着〕》候、恐々、

十一月十九日《（元亀三年）》　信玄《（武田）》　御判

遠加々守殿《（遠藤胤勝）》へ

信玄は遠藤氏に対し「就中去十四日岩村之城請取、籠置候人数」と、十一月十四日に岩村城を請け取り、軍勢を移したことを報告し、さらにここでも信長への敵対の意思を強調している。また、「越前陣へ越使者候、路次無相違様」とあり、信玄が越前の朝倉氏に使者を派遣した際、その使者が遠藤氏の支配領域である郡上を通過していたことがわかる。国衆が大名の使者が通過する路次の安全を保障していたと丸島和洋氏が指摘していることからも、[23]遠藤氏が武田・朝倉間の使者が郡上を通過するにあたり、その安全を保障していたことが史料8から明らかとなろう。郡上は、信濃・東美濃から越前へ抜ける途上にあることから、武田・朝倉間の連絡において重要な地域であった。史料5で検

討したように、織田氏との同盟が破綻する前から武田氏は遠藤氏への調略を行っていたが、朝倉氏との交渉を円滑に行うために遠藤氏を味方につける必要があったのである。

遠藤氏に対し、調略を行っていたのは、織田氏と敵対関係にあった朝倉氏や浅井氏も同様であった。朝倉義景は遠藤氏に対し、次の書状を送っている。

〔史料9〕朝倉義景書状写（「鷲見栄造氏所蔵文書」岐阜七五九頁）

今度就武田晴信公江、至遠州出馬之儀、遠・三両国之様体、山崎長門守（吉家）迄注進之趣、具ニ披露候、誠ニ御気遣之段、祝着之至候、仍而其顕行等之儀、弥々無油断様ニ可馳走有事肝要候、猶長門守可申候、恐々謹言、

（元亀三年）十一月五日　　朝倉佐（ママ）右衛門督　義景判

遠藤加々守（胤勝）殿

史料には、信玄が遠江に出陣した件と遠江・三河の様子について、遠藤氏が朝倉家臣山崎吉家に伝達していたことが記されており、義景は遠藤氏の気遣いについて祝着であると述べている。遠藤氏は、武田氏の戦況や遠江・三河の情勢を朝倉氏に伝えるよう信玄に指示されていたとみられ、遠藤氏が武田・朝倉間の連絡に重要な役割を果たしていたことがわかる。朝倉氏は、同日付で遠藤氏と関わりが深い安養寺にも同様の書状を送っており、安養寺も武田・朝倉間の情報伝達を担っていたことが確認できる（「安養寺文書」岐阜八九九頁）。先述のように、安養寺は本願寺勢力下の寺院である。これらの事実から、武田・朝倉両氏と本願寺が遠藤氏に接近し、織田氏への敵対を強めていこうとしていたことがわかる。

また、朝倉氏と同盟関係にある浅井長政も、遠藤氏に次の書状を送っている。

〔史料10〕浅井長政書状写（「鷲見栄造氏所蔵文書」岐阜七五八頁）

雖未申通候、令啓候、仍甲州江御使者被差越候処、胤繁《（遠藤）》殿御入魂之段、難謝存候、殊ニ貴辺之種々御馳走由、快然至極ニ而、遥々、早速、信玄《（武田）》公江被属存分之義、珍重此事ニ候、向後者飛脚等、切々可被通条、無御退屈御調儀可為畏悦候、万事期来音候、恐々謹言、

十一月《（元亀三年）》十五日　　浅井備前守　長政判

遠藤加賀守《（胤勝）》殿

史料前半の記述から、浅井氏が甲斐へ使者を派遣する際、無事に郡上を通過できるよう遠藤氏が配慮している様子がうかがえる。そして、「胤繁殿御入魂」とあるように、浅井氏も遠藤氏と良好な関係を築いていたことがわかる。さらに注目すべきは「信玄公江被属存分之義、珍重此事ニ候」という文言で、長政は遠藤氏に対し、武田氏に帰属するよう促している。この点を考慮すると、遠藤氏は武田・朝倉・浅井氏に協力的な姿勢をみせていたものの、織田氏との関係も断絶していない状況にあったと考えられよう。

十二月になると、武田氏は三方ヶ原で徳川軍を破り、さらに三河の野田城（愛知県新城市）に進軍するなど、遠江・三河での戦闘を優位に進めた。そのような中、信玄は遠藤氏に対してさらに協力を求めている。

〔史料11〕武田信玄書状写（「東家遠藤家記録」戦武一九九八）

於其別而当方荷担之由祝着候、当国過半任存分候、幸岩村へ移人数候条、明春者濃州可令出勢候、其以前向于岐阜被顕敵戦之色候様、悉皆馳走可為本望候、委曲附与三村兵衛尉口上候、恐惶謹言、

十二月《（元亀三年）》十二日　　信玄《（武田）》（花押影）

遠藤加賀《（胤勝）》殿

信玄は書状の冒頭で遠藤氏が武田に荷担したことを祝着であるとした上で、岩村城に兵を入れたことを報じている。

さらに、明春に美濃へ出陣する予定があるため、それ以前に織田氏（岐阜）に対し遠藤氏が敵対の意志を明らかにすることが本望であると述べている。遠藤氏は、史料6にみられるように武田・朝倉間の使者の安全を保障することで武田氏に味方していた。しかし、遠藤氏が織田氏に敵対の意志を示すことを信玄が求めているため、この段階で遠藤氏は織田氏から完全に離反していなかったといえる。史料10にみられるように、浅井氏も遠藤氏に武田氏への帰属を促していた。したがって、元亀三年十二月の時点で遠藤氏は武田・織田両氏に対し、両属の立場であったことがわかる。武田氏が美濃へ侵攻するには、朝倉・浅井氏との協力関係が必要不可欠であり、両氏との関係を維持し、美濃での戦闘を優位に進めるためには、遠藤氏を織田氏から離反させ、武田氏に帰属させる必要があった。史料7・8で信玄が武田に岩村城が味方した旨を続けて遠藤氏に報じているのは、武田氏の勢力が美濃に浸透しつつあることを伝えるとともに、織田から離反した岩村城の存在を強調することで、遠藤氏を織田氏から離反させようとしたからではないだろうか。信玄が自ら美濃に侵攻する予定であると表明することによって、遠藤氏を味方につけようとしたものと考えられる。

ではここで、元亀三年における武田氏の軍事行動について、改めて考察してみたい。武田氏の軍事行動については、遠江・三河（徳川領国）と美濃（織田領国）のどちらが攻撃目標であったのか、二〇〇〇年代に入り議論が活発化している。柴裕之氏は、武田氏が美濃侵攻を計画したのは、遠江侵攻中に岩村城が武田氏に味方して持ち出されたからであるとしている[24]。この点については筆者も、武田氏が岐阜への攻撃を朝倉氏に示唆したのは、徳川領国侵攻中に遠山氏の帰属をめぐる武田・織田間の対立が起きたからであるとした（本書第七章）。一方で鴨川達夫氏は、信長打倒こそが信玄の目的であったとしている[25]。また本多隆成氏は、岩村城の開城については柴氏の説を支持しながらも、信玄が三方ヶ原で勝利したにもかかわらず、家康の本拠である浜松城（浜松市中区）を落城させなかったことから、本来の攻撃目標は織田領国であったのではないかとしている[26]。しかし、信玄が自ら出陣したのは遠江であるため、やはり徳川領国侵攻を第一の目的と捉えるべきである。

そこで注目したいのが、武田氏と徳川氏の関係である。両氏は今川領国侵攻をめぐって、永禄十二年の段階で関係が悪化していた。その原因は、武田氏が徳川氏に今川領国を挟撃しようと約しながらも、駿河のみならず遠江までの侵攻を視野に入れていたためである[27]。また、『三河物語』にも、今川領国の分割について武田・徳川間で見解に差があり、徳川氏が武田氏に疑念を抱いていた様子が記されている[28]。その後、武田・徳川間で和睦は成立したものの、両氏の関係が悪化していたことは明白であり、元亀二年に駿河制圧を達成した信玄が徳川領国への侵攻を画策するのは必然と言えるのではないだろうか。

一方、武田氏と織田氏の関係をみてみると、両氏は元亀三年九月頃まで同盟関係にあった[29]。しかし、十月に織田氏が軍勢を派遣して岩村城を制圧したことで状況が一変し、十一月には岩村城が武田氏に味方したため、武田氏と織田氏は敵対関係となった。信玄は朝倉氏に対し、これらの経緯を説明していたが（史料1）、十二月の三方ヶ原合戦後、朝倉氏が大半の軍勢を越前に撤退させてしまったため、信玄は義景に対し抗議を行っている（「伊能家文書」戦武二〇〇七）。また、先述したように武田氏は郡上の遠藤氏を帰属させるべく調略を行っていたことから、美濃への侵攻に対し慎重な姿勢であったことがわかる。武田氏が織田領国に侵攻するには、織田氏に敵対している朝倉・浅井氏や本願寺との連携が必須であった。それに加え、本願寺と入魂である安養寺との関係が深い遠藤氏を織田氏から離反させ、朝倉・浅井氏との連絡路を確保することも武田氏は重視していたのである。

武田氏にとって織田氏との敵対は、徳川領国侵攻の最中に起きたもので、全面的に織田氏と戦うためには、相応の備えが必要であった。そこで進められたのが、朝倉・浅井・本願寺との連携強化と、遠藤氏への懐柔だったのである。

したがって、武田氏は徳川領国侵攻の中で状況判断をし、岐阜への侵攻を模索していたと言えよう。
郡上の遠藤氏は、織田氏に帰属していたが、武田・朝倉・浅井といった大名や本願寺から調略を受け、元亀三年末の時点では武田・織田間に対して両属の状態にあった。そのような中で遠藤氏は、三大名間を行き交う使者の路次の安全を確保することを求められた。奥三河の山家三方衆や岩村城が武田氏に帰属する中、遠藤氏は両属の立場でもって郡上での領域支配を維持していたのである。

三　秋山虎繁の岩村入城と織田氏の侵攻

元亀四年（一五七三、同年天正に改元）四月、信玄が死去し、勝頼が武田家当主となった。岩村城には守将として武田家臣の秋山虎繁(30)が配置された。通説では、元亀三年十月に信玄が遠江へ侵攻した際、秋山虎繁が別働隊を率いて岩村城を攻撃したとされていたが、柴裕之氏は秋山が同年十一月末の時点で山県昌景とともに遠江二俣城（浜松市天竜区）を攻撃していたと指摘している(31)。

それでは、秋山が岩村城に入ったのはいつのことであろうか。秋山が岩村城に入城した事実が確認できるのが次の史料である。

〔史料12〕武田信玄書状写（京都大学所蔵「古文書集」戦武二〇二七）

尾州織田信長、東濃州出張之由申来候間、早々彼地懸向、追払尤候、遠・三領国之事者、別人申付候間、其心得尤候也、仍如件、

三月六日　　　　　　　　信玄（武田）（花押影）

秋山伯耆守《虎繁》とのへ

信玄は秋山に対し、織田信長が東美濃に侵攻するとの話があったため、早々に東美濃へ出向き、織田軍を撃退するよう指示している。また、遠江と三河のことについては、別の人物に任せると伝えていることから、それまで秋山が遠江・三河方面の軍事にたずさわっていたことがわかる。武田・織田間の関係が悪化したのが元亀三年十月以降であること、信玄の死去が元亀四年四月であることを考慮すると、この史料は元亀四年のものと推定される。

秋山の岩村入城後、東美濃の情勢はどのように変化したのであろうか。元亀四年から天正二年（一五七四）にかけては一次史料で確認できないので、『軍鑑』の記事を追ってみたい。

〔史料13〕『甲陽軍鑑』巻十九

「天正二年春勝頼公東美濃発向之事」

此伯耆守ハ、則、居城美濃侍岩村殿《遠山景任》の後家をさいじょに仕リ候、彼後家ハ、織田弾正忠《信秀》いもおと、信長のためにおばなる故、内々種々、信長より伯耆守《秋山虎繁》かたへ、無事をつくり申され候へ共、伯耆守少もがつてんなき故、信長より美濃先方の侍衆、小城をかまへたる人々へ、信長衆を十騎・拾五騎計宛けいごにさしそへ、其外、取手をこしらへ、都合拾八ヶ所、岩村秋山伯耆守おさへのために、申つけらるゝ、子細ハ、其比ハ美濃のぎふ信長の居城成故、やうじんのためにおほくの城を取たてられ候、

この記事は、天正二年に武田勝頼が東美濃に侵攻するよりも前にあったとされる内容である。冒頭にみられる「居城美濃侍岩村殿」とは、岩村城主であった遠山景任のことで、秋山が未亡人となった景任夫人を妻にしたとある。信長が景任夫人を妻とした秋山に対し「無事」を求めたが、秋山が少しも同意しなかったので、美濃の先方衆（ここでは織田氏に帰属している国衆）や小城を構える者に対し警護の兵を派遣し、さらに秋山の動きを封じるために十八ヶ所

に及ぶ砦を築かせたとある。また、岐阜城の用心のために多くの城を築いたとも記されている。「無事」には和睦や停戦といった意味が含まれるが、ここではおそらく景任夫人と御坊丸の引き渡しを織田氏が武田氏に求めたのではないだろうか。しかし、両氏が和睦することはなく、翌年に武田氏による東美濃侵攻が開始されるのである。

天正二年正月、勝頼は岩村城に入ると、織田方の明知城（岐阜県恵那市）攻略を開始した。明知城は岩村城・苗木城とならぶ遠山氏の拠点の一つであった。岩村城は元亀三年に武田方となったが、『寛譜』の遠山友勝・友忠・友政の項によると、苗木城は武田方とならずに織田方であったようである。[32]同様に明知城も織田方であったが、『寛譜』の遠山景行・利景の項によると、景行が亡くなったとされる元亀三年から子の利景が還俗した天正二年の間、城主が不在であったとみられる。[33]近世に編纂された『寛譜』の記事に拠るので憶測の域を出ないが、城主不在の状態であったことが、武田氏の明知城攻略の契機となった可能性があろう。また、平山優氏は、朝倉氏滅亡後に朝倉遺臣の反乱や一向一揆が起き、織田諸将が越前から追放されたことが勝頼を織田領国攻撃へと転じさせたのではないか、としている。[34]

明知城をめぐる抗争の経緯は『信長公記』に詳しいので、ここで確認してみたい。

〔史料14〕『信長公記』巻七（天正二年）

正月廿七日、武田四郎勝頼岩村へ相働き、明智の城取巻くの由注進候、則、後詰として、二月朔日、先陣尾州・
　濃州領国の御人数出ださる、
二月五日、信長御父子御馬を出だされ、其日はみたけ《（御嵩）》に御陣取、次日高野《（神篦）》に至つて御居陣、翌日馳向はるべきの処、山中の事に候の間、嶮難節所の地にて互に懸合ならず候、山々へ移り御手遣ひなさるべき御諚半の処、城中にていゝば《（飯羽間）》さま右衛門謀叛候て、既に落居是非に及ばず。高野の城御普請仰付けられ、河尻

与兵衛《秀隆》定番として置かせられ、おり《小里》の城是又御普請なされ、池田勝三郎《恒興》御番手にをかせられ、二月廿四
日、信長御父子岐阜御帰城、

『信長公記』には、勝頼が自ら出陣して岩村城に入り、そこを拠点として織田方の明知城に進軍した様子が記されている。武田軍の動向に対し、織田氏は尾張・美濃から軍勢を集めて現地に派遣している。二月五日には信長・信忠父子が御嵩(岐阜県御嵩町)・神篦(同瑞浪市)まで陣を移したものの、明知城内で飯羽間遠山氏の右衛門という人物が謀叛を起こしたため、武田軍によって明知城は落城したとある。

これらの経緯で着目すべきは、勝頼の軍勢が岩村城を拠点に明知城へ進軍した点である。かつて、国衆である遠山氏の持城であった岩村城であるが、勝頼の明知城攻略では武田軍の軍事拠点の一つとして機能している。つまり、岩村城が遠山氏の拠点ではなく、武田氏が直轄する城となっていたのである。さらに、明知城を落城させたことにより、武田領国が信玄の頃より西へ拡大したことがわかる。

こうした状況を受け、信長は家臣の河尻秀隆に神篦城、池田恒興に小里城(同瑞浪市)の普請と定番を命じている。明知城落城を受け、信長は武田軍がさらに進軍してくるのを警戒したのであろう。東美濃が武田氏に制圧されれば、岐阜城が武田軍からの脅威にさらされることとなる。これを回避するため、信長は東美濃での防衛体制を強化したのである。

一方、『当代記』には、次のような記述がある。

〔史料15〕『当代記』(天正二年条)

天正二甲戌正月、武田四郎《勝頼》岩村表江発向、かう野《神篦》串原以下小城共攻落す、信長《織田》則大井中津河まで有出馬、けれ共、
人数未相揃、殊に為節所之間、不被覃合戦、三川の人数移足助小原、此時越後謙信《上杉》与信長一味之間、至于上州沼

田出張之条、武田則引入、信州特に深雪之事也、此後詰を信長江為忠節之由、謙信存念之処に、自信長無礼謝事、謙信為遺恨之由、以状啓之、

此度武田東美濃江出しより、不亡武田可為天下大事之由、信長弥思玉ふ、

岩村城に進軍した勝頼が、神篦と串原（同恵那市）をはじめとした織田方の小城を攻め落とした一方、信長は大井（同恵那市）と中津川（同中津川市）まで出陣したが軍勢の人数が揃わず、地形が難所だったこともあり、思うような合戦にならなかったという。そこで信長は、徳川家康に対し足助と小原（ともに愛知県豊田市）に兵を出すよう要請している。これは、武田軍の東美濃侵攻によって織田・徳川領国が危機的状況に陥ったことを示すものと言える。東美濃と奥三河は隣接しており、東美濃の情勢が徳川氏にも影響を及ぼしていたことは明らかである。平山優氏は、『甲陽軍鑑』に記載されている勝頼が攻略した城のうち、三河の武節城（同豊田市）と信濃の馬籠城（岐阜県中津川市）があることに着目し、東美濃と奥三河に武田・織田・徳川三氏の勢力が入り組んでいたと述べている[35]。

実際に家康が武節城と馬籠城に兵を入れたかは定かでないが、上杉謙信が徳川家臣酒井忠次に宛てた書状によると、徳川軍は武田軍の東美濃侵攻とほぼ同時期に遠江の二俣城へ侵攻している（「徳川黎明会所蔵文書」上越一一八七）。織田・徳川・上杉三氏は、武田領国の挟撃を画策しており、家康はそのために二俣へ侵攻したものとみられ、謙信は沼田（群馬県沼田市）に出陣し、西上野を放火している。一方、信長は深雪を理由に信濃へ侵攻しなかったため、謙信が遺恨の意を示したとある。織田軍が信濃へ進軍するためには、東美濃を通過しなければならず、同地が安定している必要がある。信長が謙信の意に沿えなかったのは、武田軍の東美濃侵攻を受けて劣勢を強いられていたからに他ならない。武田氏の東美濃侵攻が、織田・徳川・上杉三氏の連携を牽制したのである。その後、武田氏は同年四月に徳川方だった遠江高天神城（静岡県掛川市）を攻略し、国衆小笠原氏を帰属させた（本書第十章）。高天神城を救援すべく、信

長は子信忠を伴って浜名湖まで進軍していたが、高天神城敗北を聞き、そのまま岐阜へと引き返した（『信長公記』）。この時期までは、武田氏は織田・徳川両氏に対し優勢だったのである。

しかし、天正三年になると状況が一変した。長篠合戦の勃発である。長篠合戦で武田氏は多くの家臣を失ったばかりか、奥三河の拠点も失った。長篠合戦での敗北は、奥三河に隣接する東美濃にも多大な影響を及ぼしたのである。長篠合戦から一ヶ月後の同年六月、信長は上杉謙信に対し、武田氏が占拠する岩村城に侵攻する意志を表明している（「編年文書」愛知11—一一一一）。また信長は、家臣の佐久間信盛に対し、次の黒印状を送っている。

〔史料16〕織田信長黒印状（「野崎達三氏所蔵文書」愛11—一一一四）

猶々炎天之時分、方々辛労ニ候、

廿五日折紙今日廿八到来披見候、仍武節城落居候段、誠以早速入手候事、感悦無極候、併無由〔油〕断情〔精〕を入如此候条珍重候、殊即至岩村出陣事、尤以可然候、旁祝着不斜候、度々如申菅九郎（織田信忠）若年之間、万々肝煎専一候、就其松平三郎（信康）出張事、於此上者不入事候、被相留候由近比可然候、我々昨日廿七京着候、岩村表事節々注進簡要候、恐々謹言、

（天正三年）六月廿八日　　信長（織田）（黒印）「天下布武」

佐久間右衛門殿（信盛）

冒頭の文言にみられるように、三河の武節城が落城した報せを受けた信長は、佐久間が岩村城へ出陣することに同意している。また、「度々如申菅九郎若年之間、万々肝煎専一候」とあるように、信長は子の信忠が若年であるので配慮するよう、たびたび佐久間に指示していた様子がうかがえる。また、信長は二十七日に京都へ到着したと述べていることから、岩村城へは信長ではなく信忠が出陣し、それを佐久間が支援する体制であったことがわかる。信忠は

同年十一月二十八日に信長から家督を譲られ、岐阜を本拠とすることから（『信長公記』）、岩村城への信忠出陣は、その足がかりとして行われた可能性が高い。また、信忠は、天正十年の武田氏討伐の際も、美濃より信濃・甲斐へと侵攻している[36]。

七月になると、信長は上杉家臣村上国清に対し、信忠が美濃・信濃国境（岩村城周辺）に出陣していることを伝え、信濃に出陣して武田氏を牽制するよう要請している（「諸州古文書」愛11—一一一八）。村上は越中に出陣していたようであるが、信長は織田・上杉が共闘して武田氏に対抗すべきだとして、村上に武田領国への侵攻を促している。このことから、長篠合戦以降、織田氏が武田氏への攻勢を強めていったことがわかる。

一方、武田氏も岩村城の防衛体制を強化していた。『信長公記』には、「武田四郎、岩村へ後巻として甲斐・信濃の土民百姓等迄かり催し罷出で、既に打向ふの由注進候」とあり、岩村城の後詰に甲斐・信濃の百姓らが動員されていた様子が記されている。おそらく、長篠での敗戦と織田氏の動向を受けて実施されたのであろう。

そして、同年十一月になると、岩村城周辺で戦闘が開始された。その様子が『信長公記』に詳しいので、ここで確認してみたい。

〔史料17〕『信長公記』巻八（天正三年）

去十日の夜、岩村の攻衆の陣取水精《（晶）》山へ、敵方より夜討を入れ候、則、河尻与兵衛《（秀隆）》・毛利河内《（長秀）》・浅野左近・猿荻甚太郎、爰かしこを支へ水精山を追払ひ、岩村の城に盾籠り、尺を引破り夜討の者と一手になり候はんと仕候を、信長御息織田菅九郎《（信忠）》御先懸なされ、城へ追入れさせられ、今度の御働き御高名申すばかりなし、夜党の者山々へ逃散り候を尋出し、甲斐・信濃大将廿一人、究竟の侍千百余斬捨、岩村籠城の者筋力ヲ抛て一命御扶なされ候の様にと塚本小大膳を以て御詫言候、爰にて塚本小大膳目付に塙伝三郎《（原田直政）》仰付けらる、

霜月廿一日、秋山（虎繁）・大島・座光寺・御謝面の御礼申上候を召捕り、濃州岐阜へ召寄せられ、右三人長良の河原に
張付に懸置かせられ、其外諸卒、遠山市丞丸へ追攻めさせられ候、時刻を移さず切て出て、遠山二郎三
郎・遠山市丞・遠山三郎四郎・遠山徳林・遠山三右衛門・遠山内膳・遠山藤蔵、切て出で散々に切崩し、
余多に手を負せ終に生害候、残党悉く焼殺になされ候、

十一月十日、水晶山（岐阜県恵那市）へ武田軍が夜襲をしかけたものの、河尻ら織田軍に追いやられ、さらに織田信忠の奮戦で岩村城に合流することもできず、甲斐・信濃の大将二一人と兵千百人あまりが斬り捨てられたとある。また、岩村城に籠城していた者は助命を申し出たが、翌日に秋山虎繁らが捕らえられて美濃へ送られ、長良川で磔にされた。そのほか、遠山一族や残党もことごとく殺されたと記されている。助命を嘆願したにもかかわらず、秋山や遠山一族が織田氏に成敗されたのは、元亀三年に岩村城が武田方に逆心した経緯があったためであろう。織田氏にとって、この措置は岩村城の制圧に必要だったのである。

秋山らと共にいたとされる景任夫人については、『甲陽軍鑑』や『三河物語』に記述がある。いずれも、信長自身によって成敗されたとあり、成敗された場所については『三河物語』が小牧山（愛知県小牧市）であると伝えている。また、御坊丸は武田氏のもとで元服して信房を名乗り、天正九年に織田氏のもとへ還されている。[37]

岩村城を落城させた信長は、徳川家康に次の朱印状を送っている。

〔史料18〕織田信長黒印状（「安土城考古博物館所蔵文書」愛知14―三六三）

就岩村城落居、書中披見珍重候、秋山（虎繁）事引寄、今日掛磔候、其外籠城者共不残刎首、近来之散鬱憤候、次遠・駿
境目城之事、□□□承可□□□東西南北隙明候条、吉良辺鷹野節可致直談候哉、重而可承候、猶小栗大六（重常）ニ申述
候、謹言、

（天正二年）
十一月廿六日　　　　（織田）「天下布武」
信長（朱印）

徳川□□□□
（三河守殿カ）

信長は、岩村城の落城と秋山の礫のことにふれ、籠城していた者の首を残らず刎ねたと家康に伝えている。次いで、遠江・駿河の境目にある城について言及し、東西南北の隙が明らかであるため、吉良（愛知県西尾市）で鷹狩を催して直接話し合いの場を持ちたいと述べている。遠駿境目の城とは、高天神城のことであり、天正二年に徳川方から武田方に転じた国衆小笠原氏の城である。東西南北の隙が明らかというのは、高天神城が攻略しやすい状況にあると、信長が認識していたことを示している。岩村城が陥落した後、信長は次なる標的として高天神城を想定し、家康と談合を行ったのである。

その結果、岩村城落城後の武田・徳川間の攻防は、高天神城を中心に展開している（本書第六章）。天正四年になると、武田氏は高天神城主小笠原信興（氏助）を転封させ、高天神城を武田氏直轄とした上で対徳川戦の拠点として軍備強化を行った[38]。その後、高天神城をめぐる戦いは長期化し、徳川軍が高天神城を落としたのは天正九年になってからのことであった。高天神城を落城させるにあたり、信長は徳川軍の陣に検分の使者を派遣しており（『家忠日記』）、武田氏を滅ぼすにあたり、高天神城の落城をその布石としたのである。

以上、岩村城をめぐる武田・織田間の攻防について検討してきた。これら一連の対立は、国衆である遠山氏が武田・織田両氏に対し両属の状態にあったことに起因していた。遠山氏は織田氏と婚姻関係にあるだけでなく、武田・織田同盟の成立にも重要な役割を果たしており、両氏に対する影響力も甚大であった。そのような立場にあった遠山氏の当主が相次いで亡くなったことで、武田・織田両氏の関係は悪化し、東美濃は両氏の支配領国の最前線となり、軍事衝突の場となっていったのである。

おわりに

以上、元亀から天正年間における東美濃をめぐる政治情勢を整理し、武田・織田間の対立について検討してきた。東美濃には国衆遠山氏が武田・織田の両大名領国に挟まれながら存立し、両氏に対し友好的な立場を取ることで自立的な地域支配を実現していた。遠山氏は、永禄八年(一五六五)に直廉の娘が織田信長の養女となって武田勝頼に嫁いだ経緯から、武田・織田同盟成立の介在としての役割を果たした。同盟成立後、遠山氏は両属の状態を保ち続け、それに伴って武田・織田同盟も元亀年間まで維持された。

しかし、元亀三年(一五七二)に遠山景任・直廉兄弟が死去したことで、武田・織田同盟は崩壊の一途をたどった。この事態を受け、同年十月に織田氏が岩村城を軍事的に制圧したものの、翌月になると岩村城は逆心し、武田氏に味方した。同時期、武田氏が徳川領国への侵攻を開始して優位な戦況にあったこともあり、岩村城は武田氏に味方することで自らの存立をはかったのである。一方で、織田氏の軍事介入は岩村城の自立的な地域支配を脅かすものであったため、岩村城は織田氏を拒絶したものとみられる。また、こうした背景には、岩村城内で武田につくか織田につくかをめぐって対立があったことが想定され、国衆内部の対立が大名に介入の機会を与えていたものと考えられる。

また、国衆の帰属先が変わることは、周辺の国衆の動向にも大きな影響を与えた。本章で取り上げた郡上の遠藤氏は顕著な事例である。武田氏は岩村城の遠山氏が味方になったことを幾度も遠藤氏に伝えることで、味方に引き入れようと工作し、朝倉・浅井両氏に関しても同様の手段を執った。対する遠藤氏は、三氏からの工作を受けながらも、織田氏から離反せずにいた。こうした中立性も、大名領国の境目で自立的支配を行う国衆の特徴として位置づけられよう。

武田氏に味方した岩村城には秋山虎繁が入城し、岩村城は武田氏の直轄となった。勝頼は岩村城を拠点として東美濃の制圧に乗り出し、明知城などを攻略して織田軍を圧倒した。岩村城は、武田氏の東美濃侵攻で最も重要な軍事拠点として機能し、天正二年(一五七四)の段階で武田領国は織田氏の岐阜城を脅かすほどに西へと拡大したのである。

岩村城を拠点に東美濃で優位に戦闘を展開した武田氏であったが、天正三年の長篠合戦での大敗により戦況が一気に悪化し、東美濃も窮地に立たされた。勝頼は岩村城に援軍を派遣したが、織田軍の攻撃を退けることができずに敗北し、城を明け渡した秋山虎繁は連行され、織田氏に処刑された。武田氏による岩村城支配は、長篠合戦を契機に暗転し、やがて東美濃を失うこととなったのである。

武田氏と織田氏の関係は、両氏の領国に挟まれて存立していた遠山氏を介在として推移しており、同盟の成立、その破綻、敵対時も遠山氏が深く関与していた。これは、大名同士の敵対が国衆の帰属先をめぐることに起因していたことを意味する。武田・織田両氏の関係は、遠山氏の存在に左右されていたのである。

一方、遠山兄弟が死去して東美濃が織田氏の介入を受けた時、岩村城は武田氏に味方する道を選んだ。天正二年に武田氏が明知城を攻略した際も、城主が不在であった。これらの点から、城主が死去して後継がいなかった場合、国衆は大名から介入を受ける可能性が高かったと言える。国衆は大名間の外交関係を左右する存在である反面、地域支配に支障が生じた際は大名から介入を受ける危険性を伴っていたのである。

以上、武田・織田両氏の同盟・敵対の過程と東美濃の情勢、また遠山氏の動向について検討してきた。東美濃は、両氏にとって領国の最前線に位置する地域であるとともに、国衆である遠山氏の東美濃支配を容認することで互いに戦闘を回避していた。しかし、国衆側で城主の死去や内乱などが起きた場合、その均衡が崩れ、軍事衝突へと発展する危険性を抱えていたと結論づけることができよう。

註

（1）元亀年間における武田氏の遠江侵攻に関する研究は多数行われている。近年の成果では、鴨川達夫①『武田信玄と勝頼―文書にみる戦国大名の実像―』（岩波新書、二〇〇七年）、同②「元亀年間の武田信玄―「打倒信長」までのあゆみ―」（『東京大学史料編纂所研究紀要』二二、二〇一二年）、柴裕之「武田信玄の遠江・三河侵攻と徳川家康」（同『戦国・織豊期大名徳川氏の領国支配』、岩田書院、二〇一四年。初出二〇〇七年）、柴辻俊六「武田信玄の上洛戦略と織田信長」（同『戦国期武田氏領の地域支配』、岩田書院、二〇一三年。初出二〇〇九年）、本多隆成①『定本徳川家康』（吉川弘文館、二〇一〇年）、同②「武田信玄の遠江侵攻経路―鴨川説をめぐって―」（『武田氏研究』四九、二〇一二年）などがある。

（2）柴裕之「長篠合戦再考―その政治的背景と展開―」（前掲『戦国・織豊期大名徳川氏の領国支配』。初出二〇一〇年）、柴辻俊六「元亀・天正初年間の武田・織田氏関係について」（同『戦国期武田氏領の地域支配』、岩田書院、二〇一三年。初出二〇一一年）、平山優『敗者の日本史9　長篠合戦と武田勝頼』（吉川弘文館、二〇一四年）。

（3）柴　前掲註（1）。

（4）柴　前掲註（2）。

（5）黒田基樹「武田氏家中論」、柴裕之「武田氏の領国構造と先方衆」（ともに平山優・丸島和洋編『戦国大名武田氏の権力と支配』、岩田書院、二〇〇八年）。

（6）本書第三章。また、武田氏と東美濃の関わりについて述べた論考として、横山住雄『武田信玄と快川和尚』（戎光祥出

版、二〇一一年）、同『尾張時代の織田信長』（戎光祥出版、二〇一二年）、柴辻俊六「美濃進攻と快川和尚」（同『戦国期武田氏領の地域支配』、岩田書院、二〇一三年。初出二〇一二年）がある。
（7）鴨川②　前掲註（1）。
（8）小和田哲男『賢妻・千代の理由』（NHK出版、二〇〇五年）。
（9）柴　前掲註（1）。
（10）鴨川①　前掲註（1）。
（11）鴨川②　前掲註（1）。
（12）奥平定能・信昌父子は、天正元年九月に逆心し、作手城（愛知県新城市）から出奔して武田方から徳川方へと寝返っている（「本成寺文書」戦武二一七七）。一方、定能の父道紋は武田氏に残留しており、勝頼がこれを警戒している（「竹重家文書」戦武二一七三）。
（13）天正二年五月、武田軍は駿河を経由して徳川方であった遠江高天神城を包囲した。この際、城主である小笠原氏助（信興）は武田氏への降伏を試みるが、親類衆からの反対を受けた。結果、家中は氏助に従って武田氏に帰属した者と、徳川氏にそのまま帰属した者とに分裂した。詳しくは本書第十章を参照されたい。
（14）黒田基樹「戦国期国衆論の課題」（『戦国史研究』四〇、二〇〇〇年）。
（15）小和田　前掲註（8）。
（16）『郡上八幡町史』上巻（一九六〇年）。
（17）高橋教雄『郡上の中世と遠藤慶隆（郡上八幡城主）』（私家版、一九九八年）。
（18）『新訂寛政重修諸家譜』第九（続群書類従完成会、一九六六年）。遠藤慶隆（盛枝）の項に「永禄五年遺領を継斎藤龍興

に属す。七年八月織田右府美濃国にいり、龍興降るのとき慶隆も右府に属し、十年九月郡上の本領故のごとくたるべきむね、右府より判物をあたふ」とある。

(19)『岐阜県史』史料編　古代・中世一（一九六九年）八九八頁。以下、岐阜と略記する。

(20)前掲註(16)、高橋　前掲(17)。

(21)同右。

(22)遠藤珠紀「織田信長子息と武田信玄息女の婚姻」（『戦国史研究』六二、二〇一一年）。

(23)丸島和洋「境目の城代と「路次馳走」」（同『戦国大名武田氏の権力構造』、岩田書院、二〇一一年。初出二〇〇二年）。

(24)柴　前掲註(1)。

(25)鴨川①②　前掲註(1)。

(26)本多①②　前掲註(1)、同『徳川家康と関ヶ原の戦い』（吉川弘文館、二〇一三年）。

(27)本書第四章。近年、海老沼真治氏が身延文庫「科註拾塵抄」奥書の検討を行い、永禄十三年に入ってからも信玄が家康に対して連携を続ける態度を取っていたと指摘している。ただし、信玄の主張が表向きのものにすぎなかったと、部外者が見ても明らかであったのではないかとしている（同「武田・徳川氏の今川領国侵攻過程―身延文庫「科註拾塵抄」奥書の検討から―」『武田氏研究』五一、二〇一四年）。

(28)『三河物語　葉隠』（岩波書店、一九七四年）。

(29)元亀三年九月、武田氏が織田氏と本願寺の和睦仲裁をしていることから、武田・織田同盟が継続していたことがわかる（「本願寺顕如書状案」龍谷大学所蔵「顕如上人御書札案留」戦武四〇五二）。

(30)秋山虎繁の生涯について書かれた論考として、平山優『新編武田二十四将　正伝』（武田神社、二〇〇九年）がある。

（31）柴　前掲註（1）。

（32）『寛譜』第十三。遠山直廉の死後、信長の命により、一族の飯羽間（飯場）遠山氏の友勝が苗木城主となったようである。友勝の死後は、飯羽間に残っていた子の友忠が苗木城に移ったものの、天正十一年に羽柴秀吉の帰属命令に背き、徳川家康を頼って浜松に赴いたという。関ヶ原合戦後、友忠の子友政が初代苗木藩主となったとある。なお、友忠の妻は信長の姪であるという。

（33）『寛譜』第十三の遠山利景の項には、「はじめ父が命により、美濃国山田村飯高の万松寺に入て僧となり、天正三年明知城没落のゝち累代の家臣等相謀りて還俗せしむ」とある。「天正三年明知城没落」とあるが、これは天正二年の武田氏による明知城攻略をさすものとみられ、誤りであろう。

（34）平山　前掲註（2）。

（35）平山　前掲註（2）。

（36）木下聡「織田権力と織田信忠」（戦国史研究会編『織田権力の領域支配』、岩田書院、二〇一一年）。

（37）丸島和洋「織田信房」（柴辻俊六・平山優・黒田基樹・丸島和洋『武田氏家臣団人名辞典』、東京堂出版、二〇一五年）。

（38）高天神城直轄化の経緯については、黒田基樹「遠江高天神小笠原信興の考察」（同『戦国期東国の大名と国衆』、岩田書院、二〇〇一年。初出一九九九年）、および本書第十章を参照されたい。

第九章　美濃国郡上安養寺と遠藤氏

はじめに

大名領国の境目に存立し、自立的な地域支配を行っていた国衆に注目が集まるようになって久しい[1]。国衆は大名に帰属し、軍役を果たすことで地域支配を維持していたが、戦況に応じて帰属先を変えることも多く、それが大名間の戦争を引き起こす要因ともなった。筆者は以前、その実態に迫るべく武田氏と織田氏の対立過程における国衆の動向を整理し、大名間の戦争と国衆の関係について検討を行い、美濃の遠藤氏を取り上げた（本書第八章）。

遠藤氏が拠点とした郡上は、飛騨に隣接した山間部に位置する。決して石高に恵まれた地域ではないが、美濃・信濃から越中・越前に通じる交通の要衝であった。そのため、元亀年間（一五七〇～七三）に武田・織田間で抗争が起きた際は、武田氏や朝倉氏といった複数の大名から味方になるよう工作を受けるほどに遠藤氏は重視される存在であった。この時、武田氏らが遠藤氏と同等に重視した寺院があった。それが安養寺である[2]。

安養寺は郡上にある有力な一向宗寺院で、周辺地域に大きな影響力を持っていた。安養寺に関する研究は、戦前に近世成立の記録類や系図をもとに編纂された『郡上郡史』[3]を基盤として、『郡上八幡町史』[4]『岐阜県史』[5]といった自治体史で郡上の政治史が整理され、安養寺の名が多く散見される。なお、『岐阜県史』には安養寺文書の翻刻が収録されている。[6] 一九八〇年代になると安養寺そのものに関する論考が発表されるようになり、楠祐淳氏[7]が寺伝をまとめているほか、安養寺の開創過程について検討した脊古真哉氏[8]、石山合戦末期に教如の籠城継続の檄文に呼応した安養寺乗了の動向について検討した小泉義博氏[9]らの論考などがある。近年では、竹間芳明氏が天正年間(一五七三〜九二)における安養寺の白川移転について検討を行っている。[10] また、安養寺と深く関わる国衆遠藤氏の基礎的研究として、高橋教雄氏の著書がある。[11]

以上のように、安養寺に関する研究は自治体史を除けば一向宗寺院としての成立過程や本願寺教団との関係を明らかにするものが中心である。先述したとおり、郡上は国衆遠藤氏の支配領域であるが、諸大名が遠藤氏と交渉する際に安養寺へ協力を求めていることからも、その影響力の強さは遠藤氏に匹敵するものであったことが想定される。遠藤氏が郡上で領域支配を進めていく中で安養寺とどのように関わったのか、諸大名の動向をふまえた上での検討が必要であろう。

そこで本章では、安養寺が郡上に成立する天文年間(一五三二〜五五)における郡上の事実関係を整理し、郡上と同様に一向一揆の勢力が強かった隣国飛驒の動向についても取り上げる。その上で安養寺が周辺地域に与えた影響について検討を行い、国衆と一向宗寺院との関わりや、郡上という地域が周辺の大名からどのように認識され、また位置づけられていたのか、その特色についても論じていくこととしたい。

一　天文八年における郡上の情勢と安養寺

天文年間、郡上と隣国の飛驒では国衆の台頭が相次ぎ、小競り合いが頻繁に起きていた。その中心となっていたのが三木氏である。三木氏は、もとは飛騨守護である京極氏の守護代で、益田郡桜洞（岐阜県下呂市）を拠点に重頼が地盤を固め、大永元年（一五二一）に重頼の子直頼が高山盆地（同高山市）へ侵出し、国司の姉小路氏を圧倒して勢力圏を広げた。[12]そして天文八年（一五三九）、三木氏は郡上へ侵入した。

〔史料1〕寿楽寺大般若波羅蜜多経奥書（『飛騨下呂』三木氏関係史料三七）

天文八年己亥八月下旬ニ、濃州郡上ニハタサ（畑佐）兄弟取合候、ハタサ為合力ト、三木新介（直綱）殿御立候、然間国方衆被罷立候、九月十四（日脱）ニ有合戦、悉郡上衆打取、聽而十六日ニ帰陣候、隣国他国之覚無極候、

この史料は、寿楽寺（岐阜県飛騨市）所蔵の大般若経写奥書に記された一節である。この大般若経は平安後期の成立と伝わり、応永年間（一三九四～一四二八）に補修された古帖と、宝暦十四年（一七六四）から明和六年（一七六九）に補修された新帖のほか、巻子本も存在する。巻六百の奥書には、大永元年・天文八年・天正十年（一五八二）の記事が、それぞれ異なる筆跡で書かれている（『岐阜県史』）。

内容を確認すると、天文八年八月下旬、郡上で畑佐兄弟の対立が起き、三木直綱（直頼弟）が畑佐いずれかの援軍として出陣し、九月十四日に合戦となってことごとく郡上衆を討ち取り、二日後に帰陣したとある。畑佐氏とは、室町幕府奉公衆で郡上を治めていた東氏の庶流である。[13]『郡上郡史』には、「東常縁の子常和より出てたる畑佐氏は、郡の東北畑佐村に在りて近郷を威服す。常和の次男玄蕃和良の鹿倉に在り天文年中宗家と相争ひたるものや」とあり、[14]この記述は和良村（現岐阜県郡上市）に伝わる畑佐氏の系図に基づいている。[15]さらに『郡上郡史』は、畑佐玄蕃和良が鹿倉（同郡上市）を拠点として天文年間に畑佐宗家と争ったとしている。また高橋教雄氏は、畑佐兄弟の不和が安養寺の折檻事件と結びついたことで、郡上は三木氏の侵入を受けたとしている。これは、移転を繰り返していた安養寺が畑佐玄蕃と結び、兄勘解由左衛門と軋轢を起こして内部抗争に発展したとする寺田敬蔵氏の説を受けてのものである。[16]

しかし、これらの説は近世に成立した系図をもとにしており、一次史料とあわせて慎重に検討する必要があろう。そこで、本願寺証如が記した『天文日記』に安養寺の折檻事件に関連する記述がみられるため、その内容を確認してみたい。

〔史料2〕『天文日記』[17]

（天文八年十月十九日）

一、従飛騨三木方音信、以書状綿五把来候、使僧有之、

一、三木申、濃州郡上安養寺事外聞失面目候間、可加成敗之由、上野（法橋）方への書状にあり、

（同年十月二十一日）

一、従内ヶ島兵庫（氏利）以書状、親父（雅氏）被申置之由候て、打刀到来、

一、又就安養寺事、畑佐勘解由左衛門対内ヶ島訴状為披見被上候、

（同年十月三十日）

一、内ヶ島へ返事候、又安養寺事堅加折檻之由、申遣之、

一、三木方へ返事遣候、安養寺如右申下也、

三木氏が郡上に侵攻して約一ヶ月後にあたる十月十九日、三木氏は本願寺に対し、郡上の安養寺のことで面目を失ったので、成敗を加えると伝えている。二十一日には、白川郷（同白川村）の帰雲城を拠点とする内ヶ島兵庫から刀が届けられ、安養寺のことについて畑佐勘解由左衛門から訴状を預かったので、本願寺に披見してほしいと求めている。三十日、本願寺は内ヶ島氏に「安養寺へ折檻を加える」と通達すると、三木氏にも同様の返事をしている。

これらの経緯を整理すると、三木氏・内ヶ島氏・畑佐勘解由左衛門が、安養寺によって面目を失う事態となったた

め、本願寺に対し安養寺へ折檻を求めたことになる。また、三木・内ヶ島両氏が友好関係にあるとともに、本願寺と直接連絡を取ることができる立場にあったことがわかる。一方の勘解由左衛門は、単独で本願寺と連絡を取ることができなかったため、内ヶ島氏を介して訴状を本願寺に送ったのであろう。

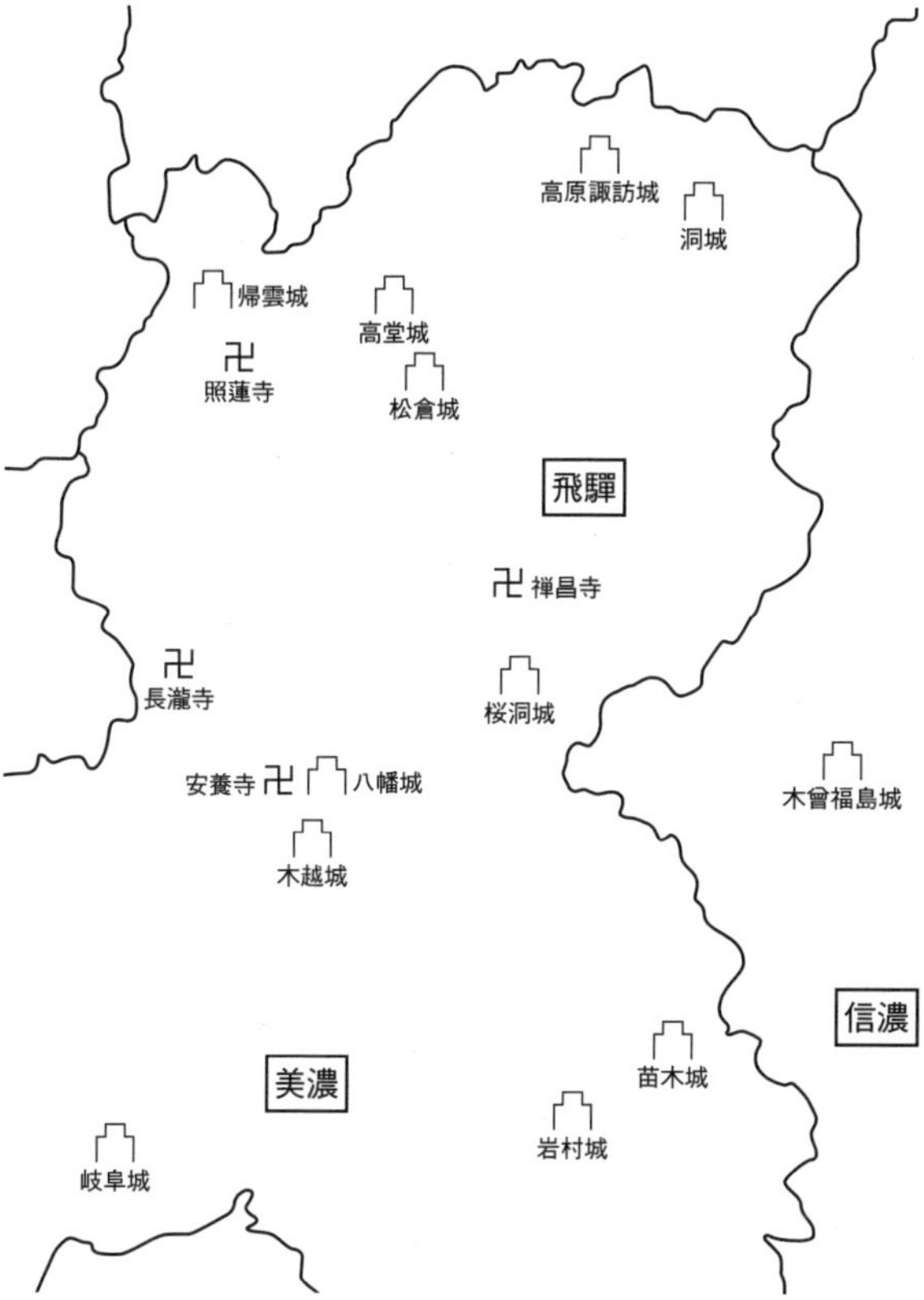

飛驒・美濃関連地図

三木氏が本願寺と友好関係にあったことは、十月二十八日に本願寺が三木氏に通路の馳走について謝意を示していることからも明らかである（「本願寺証如書状案」『飛驒下呂』二二一頁）。本願寺は、飛驒から奥美濃を一向宗門徒が円滑に通行できるよう三木氏に配慮を求めていたのであろう。

また、史料1に「親父被申置之由候て、打刀到来」とあるように、内ヶ島氏が兵庫の父の代から本願寺と友好関係にあったことは明白である⑱。内ヶ島氏は、室町幕府奉公衆で足利義政の命で白川郷に入り、文明年間（一四六九～八七）には土着の有力者であった三島氏との勢力争いに勝利して白川郷を支配したといわれる一族で、岡村守彦氏が指摘するように、白川に建立された一向宗寺院である照蓮寺と密接な関係を持っていた。[19] そのため、本願寺とも頻繁に連絡を取っていたものと思われる。

しかし、十一月になると、近江の六角定頼が本願寺に次のような問い合わせをしてきた。

〔史料3〕『天文日記』

（天文八年十一月十二日）

一、従六角(定頼)以進藤書状被申候、仍濃州郡上郡事、以斎藤宗雄申付旨、飛州内ヶ島入人数候、彼内ヶ島事門下之由候間、此方知候者(歟)、又不知事候者、急度相届候へ、其間路次可相留之由、土岐(頼芸)より対少弼(六角定頼)一札候、為披見来候、

（同年十一月十四日）

一、六角へ返事ニ、内ヶ島事其身奉公之人、此方之所堪(勘カ)に随す《さ》る人也、不可有其隠、彼知行事、曾以不知之、結句彼郡内ニ内ヶ島被官事ニ就テ憤之儀候、返々門下事者、面向之儀候、此趣具進藤方(へ脱カ)申越させ候也、

一、右之通内ヶ島方へ申下候、此儀委書下、彼案文写下候、其文言ニ、此等趣以分別可為遠慮肝要由、認之也、

十一月十二日条をみると、本願寺に届いた定頼からの書状は、土岐頼芸からの問い合わせについて書かれたものであったことがわかる。土岐氏は「郡上郡で起きた事件ついて、斎藤宗雄の指示で内ヶ島氏が郡上へ侵入した。内ヶ島氏は本願寺門下であるから、そちらはこのことを知っていたのか、それとも知らなかったのか、早急に返信するように。その間、路次を留める」と、六角氏を介して本願寺に対し抗議している。谷口研語氏は、斎藤彦九郎（宗雄）の申し付ける旨をもって内ヶ島が郡上へ人数を入れたというので、美濃の土岐氏から抗議があったとしている。[20]

土岐氏は本願寺に抗議するにあたり、土岐・本願寺双方と友好関係にあった六角氏に仲介を依頼した。[21] 日記中に登場する斎藤彦九郎宗雄とは、一向一揆に加担して土岐氏と敵対していた人物である。[22] そのため、斎藤と内ヶ島氏は本

願寺を通じて連携した可能性があり、土岐氏が疑念を抱いたのであろう。土岐氏が路次を留めるとは、一向門徒の美濃から近江にかけての通行を禁止することを意味しており、これは本願寺側にとって厳しい制裁であった。

十一月十四日、抗議を受けた本願寺は、六角氏に対し「内ヶ島は奉公の人（室町幕府奉公衆）であるから、こちらに従う人ではなく、それは隠しようがない。彼の知行については知らないし、挙げ句には郡上郡内における内ヶ島の被官のことについて憤りの儀がある。返す返す、門下のことは正面から向きあうべき儀である。このことを詳しく進藤に申しこさせる」と、苦しい返答をしている。おそらく内ヶ島氏の被官が郡上で押領に等しい行動を取ったのであろう。しかし、本願寺側がいくら弁明しようとも、土岐氏が内ヶ島氏を本願寺の門下として認識していたことは確実で、本願寺としては苦しい言い訳をもってしてでも土岐氏との友好関係を維持し、一向宗門徒の通行を認めてもらいたかったのであろう。本願寺は内ヶ島氏に対し、「此等趣以分別可為遠慮肝要由」と伝え、ただちに郡上から撤退するよう指示した。

ここまでの経緯を整理したい。天文八年八月に起きた畑佐兄弟の争いに乗じて三木氏が郡上に侵入し、郡上衆との戦いで勝利して九月に撤退した。十月には、三木氏が安養寺のことで面目を失うことがあったので成敗したいと本願寺に訴えた一方、内ヶ島氏も畑佐勘解由左衛門の訴状を本願寺に送ったため、本願寺は安養寺へ折檻を加えることを決定した。しかし、十一月になると、今度は六角氏を通じて土岐氏から抗議があり、本願寺は郡上に在陣していた内ヶ島氏を急いで撤退させるに至った。内ヶ島氏が郡上に在陣した点について岡村氏は、内ヶ島氏と関係が深い照蓮寺が関与していたと述べている。その根拠となるのが、次の史料である。

〔史料4〕野田常慶・遠藤胤秀連署起請文（「勝鬘寺文書」岐阜七八〇頁）[23]

起請文

右旨趣者、今度一乱儀仁付而、内嶋殿、照蓮寺以御扱属無事候、然間、於末代、対鷲見殿互成水魚之思、無別儀可申談候、於此上自然之時、中意申族出来候共、大小之事共遂直談、可申合候、万一此旨於偽申者、永世被相放、御門徒中、罷蒙　阿弥陀如来之御罰、於来世者、可墜在無間奈落者也、仍起請文如件、

十二月十七日　　遠藤新兵衛入道
胤秀（花押）
野田左近大夫
常慶（花押）

炤《（照）》蓮寺参

この起請文の発給者は、郡上の有力者である遠藤胤秀と野田常慶となっている。野田常慶は東常慶のことで、野田は東氏の嫡流、遠藤は東氏の傍流であり、史料1に登場した畑佐も東氏の傍流にあたる[24]。東氏は、郡上を領地として室町幕府奉公衆を務めた一族で、応仁の乱の際に土岐氏方の斎藤妙春によって領地を奪われたが、歌人であった東常縁の歌に妙春が感銘を受けたことで領地を返還された経緯をもつ[25]。常慶は、常縁の孫にあたる。

史料4によると、東・遠藤両氏は照蓮寺に対して起請文を提出したことになるが、注目すべきは史料本文の前半である。内容をみてみると、今回の合戦が、内ヶ島氏と照蓮寺の執り成しによって無事に治まり、鷲見氏に対しては水魚の思いをなすとある。この内容から読み取れるのは、郡上で東・遠藤両氏と鷲見氏の間で対立があり、その和睦交渉を内ヶ島氏と照蓮寺が行ったという経緯である。

この史料について岡村氏は、年代が天文八年である確証はないとしながらも、内ヶ島氏が陣を引いて押領地を東（野田）・遠藤両氏に返還した際に、両氏から提出された起請文であろうと推測している。また、谷口研語氏は詳細な理由を明確にはしていないものの、岡村氏の見解ついては従うべきであろうと述べている[26]。史料中にみえる鷲見氏は、東氏と敵対していた郡上の地域領主で、天文十年（一五四一）に東氏に滅ぼされるので、この史料はそれ以前のものと

なる。管見の限り、一次史料では内ヶ島氏と照蓮寺が郡上の争いに介入した事実は史料4以外には見当たらない。史料2・3の『天文日記』の記述をみても、内ヶ島氏の動向こそ読み取ることができるが、照蓮寺が関与していたかは不明である。そして、史料1にみえる郡上での争いの元凶は、あくまで畑佐兄弟の対立である。しかし、史料4では東・遠藤両氏と鷲見氏の対立となっている。

畑佐兄弟の争いについて高橋氏は、畑佐氏の系図に注目し、畑佐玄蕃という人物が安養寺了円の娘を妻としていることから、玄蕃が安養寺を味方にしたことで勘解由左衛門と対立するようになり、争いへと発展したとしている。史料2で、勘解由左衛門が内ヶ島氏を通じて本願寺に「安養寺によって面目を失った」と訴えたことを考慮すれば、畑佐家中で勘解由左衛門と対立し、安養寺と通じていた人物がいたとしてもおかしくはない。それが玄蕃であるかどうかは、系図の成立が近世後期であるため確証は得られないが、可能性は高いと言えよう。

では、畑佐家中の争いに、史料4にみられる東・遠藤両氏と鷲見氏との対立は関連するのであろうか。この点について谷口氏は、郡上での一件は東・遠藤両氏と鷲見・畑佐両氏の争いであったと位置づけ、東・遠藤勢の背後には土岐氏があり、安養寺は本願寺の意向に反して東・遠藤勢に加担し、三木・内ヶ島両氏と照蓮寺は鷲見・畑佐勢に加担したと述べている。谷口氏は、畑佐兄弟の争いについては言及していないが、史料1の記述を考慮するならば、畑佐兄弟の争いを事件の前提として捉えるべきであろう。先にも述べたように、史料4は天文十年より前のものと考えられるが、東・遠藤両氏と鷲見氏の対立については『天文日記』に記述がなく、管見の限りほかの一次史料で確認することができない。岡村氏も天文八年である確証はないと述べているように、史料4を天文八年と断定するのは厳しいと思われる。したがって、史料1から3にみられる畑佐兄弟の争いに端を発した郡上の事件と、東・遠藤両氏と鷲見氏の対立は、切り離して考える方が良いのではないだろうか。

ただ、史料1に「悉郡上衆打取」とあるように、三木氏が討ち取った郡上衆が一体どの勢力を指すかを考慮する必要がある。これまでの検討をふまえると、三木氏が畑佐兄弟の争いで味方したのは勘解由左衛門である。その勘解由左衛門が、翌月に内ヶ島氏を通じて本願寺に対して安養寺のことを訴えているのであるから、三木氏が戦った相手と安養寺が結んでいたと捉えられる。では、勘解由左衛門と対立した畑佐一族と安養寺の軍勢が郡上衆ということになるのだろうか。

この点について多賀秋五郎氏は、郡上衆が東氏なのではないかと推測している[27]。多賀氏は明確な理由は述べず、注でその可能性を示唆しているにすぎないが、東氏が安養寺と密接な関係にあったことを考慮すると[28]、畑佐兄弟の争いに東氏も関与していた可能性はあろう。また、安養寺と入魂であったのは遠藤氏も同様であるため、遠藤氏が関与していたことも十分に想定される。その結果、東・遠藤両氏が、郡上衆と表現されたのであろう。しかし、史料4については、無事の内容が東・遠藤両氏と鷲見氏の間でのことであるため、史料1から3にみえる一連の事件とは別件として捉えた方が良いと思われる。

ここでもう一点検討したいのが、内ヶ島氏の郡上への関与である。史料1から3の経緯をふまえて問題となってくるのが、畑佐兄弟の争いが起きた段階で、内ヶ島氏が郡上に侵入したのかどうかという点である。岡村氏は、郡上侵入の主人公は内ヶ島氏であり、三木氏は援軍を送ったにすぎないと述べており、谷口氏も岡村氏の説を支持している。さらに岡村氏は、内ヶ島氏の郡上攻略が六角氏からの横やりでふいになってしまったとしている。対して寺田氏および高橋氏は、内ヶ島氏の郡上侵入について、本願寺が安養寺に対して行う折檻の代理であると述べており、先行研究の中でも見解に相違がみられる。

史料1をみる限りでは、天文八年八月に畑佐兄弟の争いが起きた際に郡上へ侵入したのは三木氏単独とみられ、内ヶ島氏が郡上に侵入したかは不明である。十一月に内ヶ島氏が郡上に在陣していたことは史料3からも明らかであるが、それがいつからのことであるかは明確ではない。史料2・3の内容を考慮すると、安養寺の折檻を十月に決定し、そのあとに内ヶ島氏の郡上在陣について土岐氏からの抗議を受けていることから、内ヶ島氏が郡上へ侵入したのは十月以降のことで、安養寺の折檻が目的であったものと考えられる。また、土岐氏が一向一揆に加担している斎藤宗雄の指示で内ヶ島氏が郡上に侵入したと認識していることや、六角氏からの問い合わせを受けた本願寺がただちに内ヶ島氏へ郡上からの撤退を促している点も、その証左となろう。したがって、内ヶ島氏の郡上侵入については、寺田氏および高橋氏の説を支持したい。

以上の検討をふまえて、事件の経緯を整理したい。まず、天文八年八月に畑佐兄弟の対立があり、三木氏がこれに介入して九月に勝利をおさめ、高山へと撤退した。この時、三木氏が味方したのは畑佐勘解由左衛門で、対立する玄蕃は東・遠藤氏および安養寺と結んでいた。十月になると勘解由左衛門は内ヶ島氏を通じて本願寺に対し、安養寺の動向によって面目を失ったと訴え、三木氏も同様に意見した。これに対し本願寺は安養寺に折檻を加えることを決め、三木・内ヶ島両氏と安養寺にその旨を伝えた。内ヶ島氏は、本願寺の代理として安養寺に折檻を加えるべく郡上に在陣したが、この行動が土岐氏からの反感を買い、土岐氏が六角氏を通じて本願寺に対し、内ヶ島氏の郡上侵入について知っていたのかどうかを詰問した。土岐氏は、内ヶ島氏が本願寺の門下であり、一向一揆に加担していた斎藤宗雄の指示で郡上に侵入したと認識していた。それに対し、本願寺は内ヶ島氏が幕府の奉公人であるので指示に従わない人であると土岐氏に弁明し、内ヶ島氏を郡上から撤退させた。その一方で、天文年間の郡上では東・遠藤両氏と鷲見氏の間で対立が起き、その和睦仲介を内ヶ島氏と照蓮寺が行う事態となっていて、非常に混沌とした状況であったと捉えることができよう。

飛騨と奥美濃の郡上では、北陸からの影響で一向一揆の力が強く、地域領主は一向宗寺院と密接に関わりながら共存していた。そのような中、安養寺は三木氏や内ヶ島氏といった本願寺との関係が強い地域領主に反する行動をとり、本願寺から折檻を受けるほど独自の路線をとっていた。このことから、地方の一向宗寺院が必ずしも本願寺の意向に添うとは限らないことがわかるが、それは寺院側がその地域で勢力を維持するために、どの地域領主と結ぶべきか、独自に模索していたからではないだろうか。対する地域領主側も、勢力の維持あるいは拡大のために一向宗寺院と親密な関係を構築する必要があった。天文年間から永禄年間(一五五八～七〇)にかけ、飛騨と郡上の地域領主は攻防を繰り返し、やがて郡上では東氏を滅ぼして遠藤氏が、飛騨では三木氏を中心として内ヶ島氏や江馬氏が国衆として台頭する。(29)その背景には一向宗寺院との共存があり、一向宗寺院側もまた勢力維持のために国衆と密接に関わっていくのである。天文八年の段階で安養寺はまだ郡上における地位が不安定で、本願寺の意向に逆らうこともあったが、やがて郡上を統一する遠藤氏と協力することによって、周辺大名からも一目置かれる存在へと発展していくのである。(30)

二　元亀年間における安養寺の動向

永禄二年(一五五九)、郡上は遠藤盛数によって統一された。(31)東氏に代わって郡上の領主となった遠藤氏は、はじめ美濃斎藤氏に帰属したようだが、織田信長が永禄十年に斎藤氏を滅ぼしてからは織田氏に帰属した。遠藤氏が元亀元年(一五七〇)に起きた姉川の戦いに参陣していることからも、織田氏に帰属している様子が確認される(「武藤文書」信長二三三)。

一方、遠藤氏と友好関係にあった安養寺であるが、元亀年間に入って石山合戦が始まる前後から関連史料が散見されるようになる。[32]元亀元年、顕如は次の書状を送っている。

〔史料5〕本願寺顕如書状（切紙）（「安養寺文書」岐阜八九八頁）

（封紙ウワ書）
「濃州郡上
　惣門徒中　　　顕如」

（端裏切封）
「――」

就信長（織田）上洛、此方令迷惑候、去々年以来、懸難題申付而、随分成扱、雖応彼方候、無其専〔詮〕、可被却由、慥告来候、此上不及力候、然者　開山之一流、此時無退転様、各不顧身命、可抽忠節事難有候、若無沙汰輩者、長不可為門徒候、併馳走頼入候、穴賢、

（元亀元年）九月二日　　　顕如（花押）

　濃州郡上
　　惣門徒中江

顕如は郡上の門徒に対し、信長が上洛をしてから本願寺が迷惑し、おととしから難題を押しつけられ、ついには寺を破却するよう命じられたため、抵抗するに至ったと説明している。そして顕如は、開山すなわち親鸞の流れが退転しないように身命をかえりみずに忠節をつくすよう郡上門徒に要求している。この文書が発給されたのは、織田軍による本願寺への攻撃が開始されてから、顕如が挙兵を表明するまでの間であり[33]、顕如が織田氏と対立するにあたって、郡上門徒の蜂起に大きな期待を寄せていた様子がうかがえる。

郡上は織田領国に隣接していることから、郡上門徒の蜂起に顕如が期待したのは当然の流れであろう。しかし、遠藤氏は織田氏に帰属していたことから、安養寺が織田氏に抵抗した場合、遠藤氏の協力を得られず、状況によっては

敵対してしまうと顕如は考えていたのではないだろうか。織田領国を背後から牽制するためには、安養寺のみならず遠藤氏の力も必要であった。そうした顕如の考えが、のちに信長と敵対して本願寺と同盟関係となる大名たちの行動に影響を与えていくのである。

史料5にあるように、元亀元年に顕如は郡上門徒に忠節を求めたが、実際に郡上門徒が蜂起したかについては一次史料では確認できず、おそらく蜂起せずに静観していたものと思われる。織田氏に遠藤氏が帰属している状況では、むやみに動くことができなかったのであろう。また、隣接する東美濃の遠山氏が織田・武田両氏に対して両属の立場を取り、さらに武田氏が織田氏と同盟関係にあった。こうした要因が重なり、当時の安養寺は蜂起できる状況ではなかったとみられる。

しかし、元亀三年になると、状況が一変する。将軍足利義昭と織田氏の関係が悪化し、織田・武田間の同盟にも影響が出てきたのである(本書第三章)。

〔史料6〕足利義昭御内書(切紙)(「安養寺文書」岐阜八九九頁)

至勢州人数共相越候由、如何無心元候、為其見舞、旁差下狩野伊豆守候、次越後使僧、昨日帰来候、輝序〔虎〕言上通、具可演説候、猶異見次第可申下候哉、就中牢人共相催候由候、不実候、於事実者、追々可注進候、委細藤孝(細川)・惟政(和田)可申候也、

五月十二日(元亀三年)　(花押)(足利義昭)

安養寺

冒頭にある「至勢州人数共相越候由」とは、伊勢の長島一向一揆へ安養寺が門徒を援軍として送ったことを意味する。これに対し義昭は、心許ないのではないかと見舞いの使者を送ったと述べている。さらに義昭は越後の上杉輝虎

（謙信）が伝えてきたことにふれ、牢人の動員が実現しなかったとある。義昭は安養寺と長島一向一揆が協力し、織田領国の挟撃を期待していたことがわかる。

安養寺に織田氏への敵対を求めたのは、義昭だけではなかった。本願寺と友好関係にあった武田氏もまた、安養寺への協力を求めている。

〔史料7〕武田信玄書状（切紙）（「安養寺文書」戦武一八九七）

珍札披読、快然ニ候、貴寺・両遠藤別而入魂之由候之間、去比染一翰候キ、自今以後者弥有相談、其表之備、可然様ニ調略　極此一事候、信玄も偏大坂《（本願寺）》へ申合候之上者、無他事可申談候、委曲従土屋右衛門尉所可申候、恐々謹言、

五月廿日《（元亀三年）》　信玄《（武田）》（花押）

安養寺

義昭が発給した史料6の八日後に、武田信玄から安養寺へ発給された文書である。信玄は、安養寺と両遠藤が入魂であることを把握し、今後は武田氏が安養寺・両遠藤と相談して郡上の備えとして調略を行うとし、本願寺とも申し合わせると述べている。両遠藤とは、八幡城を拠点とする遠藤嫡流と、木越城を拠点とする遠藤庶流をあわせた表現である。信玄は、郡上をおさえるためには安養寺と遠藤氏の両方を味方にしなければならないと認識しており、まず安養寺から説得を試みたものとみられる。武田氏は本願寺と友好関係にあったことから、織田氏に帰属していた遠藤氏を味方にするには、先に本願寺を通じて安養寺を味方にする必要があったと考えられる。しかし、この段階で武田氏はまだ織田氏との同盟関係を表面上では継続しており、水面下で織田氏と敵対するための準備を行っていたのである（本書第三章）。

十月になると、武田氏は徳川領国への侵攻を開始し、武田・織田同盟も破綻した。(34) 三方ヶ原で武田軍が徳川軍に勝利したことを受けて、今度は越前の朝倉氏が安養寺に対し、郡上郡のことについて油断ないよう馳走することが肝要と述べている（「安養寺文書」岐阜八九九頁）。ここでの馳走とは、織田軍の侵攻に備えることはもとより、安養寺が遠藤氏を味方に引き入れ、武田氏や朝倉氏が派遣する使者を円滑に通す、いわゆる路次の馳走も含まれる。実際に武田氏と朝倉氏は、織田氏と敵対するために軍事協力を約しており、双方の使者が通過する地域が郡上であった。両氏が安養寺と遠藤氏を味方に引き入れたい理由は、まさにこの点にあったと言える。

そして十一月、遠藤氏は武田氏に使者を送り、味方することを伝えた（内閣文庫所蔵「古今消息集」一二、戦武四二三六）。これを受けて信玄は、自身の戦況を遠藤氏に伝えている。

〔史料8〕武田信玄書状写（「鷲見栄造氏所蔵文書」戦武一九九一）

如前々給先書候、当備近日任存分候、就中去十四日岩村之城請取、籠置候人数、此時無用捨、岐阜江可乱対歟否、可為其馳走専候、又越前陣へ越使者候、路次無相違様、指南可為祝着候、恐々、

（元亀三年）十一月十九日　（武田）信玄　御判

（遠藤胤勝）遠加々守殿へ

信玄は書状の中で、東美濃の岩村城が武田方となり、城に軍勢を入れたことを遠藤氏に知らせている。書状の後半では、越前すなわち朝倉氏の陣への使者に対する路次の馳走を間違いなく行うよう求めている。なお、近江の浅井長政も遠藤氏に対し、遠藤氏の配慮によって無事に武田氏へ使者を派遣することができたと、感謝の意を伝えている（「鷲見栄造氏所蔵文書」岐阜七五八頁）。

こうして、武田・朝倉・浅井の三氏は安養寺を通じて、織田氏に帰属していた遠藤氏を味方に引き入れることに成

功した。武田氏が朝倉氏に宛てた条目の中に「郡上之遠藤向岐阜なたをの取出、早々可築之旨、令催促候」という記述があることから、武田氏が岐阜侵攻に向けて、遠藤氏に鉈尾（岐阜県美濃市）の砦を早急に築くよう催促していたことがわかる（「徳川黎明会所蔵文書」戦武一九九〇）。鉈尾は郡上の南、岐阜城の北東に位置しており、武田軍が信濃を経由して織田領国に侵攻する際、その経路上となる。武田氏が遠藤氏に鉈尾砦を築かせているということは、遠藤氏も織田氏との敵対を想定していたことを意味する。よって、この段階での遠藤氏は武田氏に帰属し、朝倉・浅井両氏とも好を通じていたことになる。

これまでみてきたように、武田氏や朝倉氏といった大名は、遠藤氏の懐柔を安養寺に要請していた。この点から、安養寺と遠藤氏が極めて親密な関係にあるとともに、郡上において安養寺の影響力が非常に強かったことがわかる。つまり、周囲の大名は、遠藤氏を味方にするためにはまず安養寺に協力を求めなければならず、遠藤氏が安養寺や本願寺と入魂であると認識していたということになろう。先に検討したように、三木氏や内ヶ島氏といった飛騨の国衆は、周囲から門下と認識されるほど本願寺と入魂であり、飛騨の有力な一向宗寺院とも友好関係をもっていた。こうした状況は、飛騨と隣接する郡上でも同様であり、安養寺と遠藤氏の友好関係は、周囲の大名権力が増大した元亀年間においても、維持されていたのである。

三　天正年間初頭の郡上と石山合戦

元亀三年（一五七二）十二月、武田氏は前年に三方ヶ原で徳川家康を破り、奥三河の野田城（愛知県新城市）を落城させ、翌同四年二月になると、武田氏の使僧である長延寺師慶が安養寺に対し、次の書状を送っている。

〔史料9〕長延寺師慶書状（切紙）（「安養寺文書」戦武二〇二四）

三州野田城就落居、急度御注進大慶候、殊上方之儀、不実存候得共、御注進之儀候間、先以可然候、吉左右候者、重而被仰越候者、可為本望候、仍包丁一枚送給候、御懇意之段難申謝候、随而任所在うてかけ一筋令進入候、当表之備、堅固候之条、可御心安候、当年敵人数不出一人候、剰築要害、楯籠体候、此方手前陣城拵、猶以備堅固候条、可御心安候、弥其表無油断、御調略専用存候、猶追而可申述候間、不能懇書候、恐々謹言、

（元亀四年）
二月廿五日　　長延寺
　　　　　　　師慶（花押）

安養寺
　御返報

この史料は、『岐阜県史』では天正二年（一五七四）ヵとし、高橋教雄氏や『愛知県史』[35]も天正二年に比定している。しかし、野田城が武田氏によって攻略されたのは元亀四年正月であり、安養寺が野田城落城をうけて武田氏に早急に連絡を取った点を考慮すると、この史料は元亀四年二月の発給とすべきである。

長延寺は安養寺に対し「当表之備、堅固候之条、可御心安候」と述べているが、ここでの「当表之備」とは、野田城を中心とした奥三河方面、つまり対徳川氏に対する備えという意味であろう。さらに長延寺は、今年になって敵は軍勢を一人も出さず、要害を築いて盾籠もっているとし、こちらは陣城を構えて防備を堅固なものにしているので安心してほしいと述べている。その上で安養寺に対し、油断ないように調略を進めるよう求めている。この調略が誰に対するものであるかは定かではないが、織田氏と敵対するにあたって味方に引き入れられそうな者に対し、安養寺が調略を試みるという意味であろう。あるいは、遠藤氏が織田方に寝返らないように、安養寺が説得を続けるという意味とも捉えられる。

しかし、この文書が発給された約二ヶ月後、元亀四年四月に武田信玄が死去したことを受けて(「上杉家文書」上越一一五二)、郡上は緊迫した状況となった。

〔史料10〕安養寺乗了書状(切紙)(「安養寺文書」岐阜九〇五頁)

「(封紙ウワ書)
(頼旦)下間豊前法橋御房　　安養寺
　　　　　　　　　　　　　乗了」
(端裏切封)「――」

追而申上候、親候者、去月廿四日死去仕候、私儀万事無十方儀御座候、併是非共御諚次第と覚悟仕候、以上

貴札拝見畏入存候、殊更御直書被下候、乍恐御報申上候、可然様御取成奉頼候、仍去春者、一色殿御入郡之儀被仰下候キ、則郡内惣御門徒衆御理被申上候処、被分聞召之旨承候、併御取合之故ニ候、随而我等儀見合仕之由被仰下候、近比致迷惑候、当郡之儀者、両遠藤与申談、去四月下旬ニ至国堺構一城、堅固申付候、因茲、郡内惣人質、無残於岐阜五月二日成敗仕候、即其様体両遠、我等ヨリ御本寺様、以使者注進申上候処、一段御懇之御諚共、殊両遠かたへ御音物被下、頂戴忝候由被申候、我等かたへも、御懇被仰下候、其上御上使被差下候、我等式も一段仕合共御座候、然而於其辺、拙者如在之様、御取沙汰之由、驚入存候、聊以不存疎略儀候、何様ニも御諚次第与覚悟仕候、兼又当郡之儀、信長、飛州三木方へ出置、従彼国近日、当表へ可及行ニ相極候、両遠藤・諸御門徒之衆申談、是非可抽粉骨候、但小谷之儀、無仁之仕立可有如何候哉、此段可然様御申頼入奉存候、猶追而可得御意候、恐惶謹言、

(天正元年)八月十六日　　(安養寺)乗了(花押)

(頼旦)下間豊前法橋御房
　貴報

この文書は、安養寺乗了が長島願証寺の下間頼旦に宛てた書状で、郡上の最勝寺専賢からも、ほぼ同様の書状が発給されている（「安養寺文書」岐阜九〇六頁）。『岐阜県史』では年未詳となっているが、岡村守彦氏は信長に通じた三木氏の郡上侵攻について史料でふれられていることから、遠藤氏が織田氏から離反した元亀三年から天正元年初めのことではないかとしている。また谷口研語氏は、安養寺や遠藤氏といった郡上の勢力が信長と敵対していることから、天正元年と比定している。

史料8にあるように、遠藤氏は元亀三年十一月に武田氏らに味方する行動を取っていたことから、史料10が元亀三年八月とは考えられず、翌年の天正元年以降のものであるのは確実である。また、史料本文の前半にみえる「一色殿」を谷口氏は一色藤長の一族を想定しているが、ここでの一色殿は織田氏によって美濃を追われた斎藤龍興と考えられる。龍興について木下聡氏が、龍興が永禄六年の時点で一色姓を名乗っていたこと、元亀三年に斎藤旧臣日根野弘就が長島に入ったこと、同年に龍興（当時は義棟から義糺あるいは義紀へと改名）が美濃入国を予定していたことを明らかにしている。[36] 木下氏が龍興と日根野の動向についての論拠とした元亀三年七月に発給された義紀書状写（「秘聞郡上古日記」愛知一〇五八）には、「縦義紀入国遅々候共」、「義紀入国此節候間、是非共被出人数及行候様ニと両遠達（藤）而申送候而」とあり、義紀（龍興）が美濃に入国するにあたり、遠藤氏に兵を出すよう要請していたことがわかる。龍興の美濃入国が元亀三年であるならば、史料10にみえる去春は元亀三年を示すこととなる。したがって、この史料の年代は翌年の天正元年となろう。

木下氏によると、龍興は永禄十年（一五六七）に美濃を追われたあとに長島へ落ち延び、やがて三好氏のもとに身を寄せたという。『信長公記』巻六には、龍興は越前朝倉氏のもとで織田軍と戦い、天正元年八月の越前刀禰坂（福井県敦賀市)での合戦で討死したとある。史料10に従えば、龍興は郡上を経由して越前に入る計画を立てていたことになる。

そうした状況を受けて乗了は、遠藤氏と申し合わせて、去る四月下旬に国境で城を築き、防備を固めたことを報じている。そして、この行動によって郡上の人質が五月二日に岐阜で成敗されたとある。人質とは、遠藤氏が織田氏に帰属する際に提出した人質であろう[37]。このことから、遠藤氏が織田氏から離反したことが明らかとなり、その背後に安養寺の存在があったことがわかる。乗了と遠藤氏は本願寺に対し、この一件について報告をしたようで、遠藤氏に対し本願寺が「御音物」を下したとある。こうした安養寺や本願寺との親密な関係が、遠藤氏を織田氏から離反させたと言える。また、信長は郡上のことについては飛騨の三木氏に任せるとしたようで、三木氏が近日中に侵入してくるかもしれないので、遠藤氏と一向宗門徒がそれに備えると乗了は述べている。しかし、三木氏が郡上に侵入したかは一次史料では確認することができず、実現しなかった可能性が高い。

史料10が発給された同八月に朝倉氏が、翌九月に朝倉氏が滅亡した。四月に武田信玄が死去したことも加えると、安養寺と遠藤氏は厳しい状況に追い込まれたが、天正二年二月に武田勝頼が東美濃を制圧したことから、事態は一時的に好転した(本書第八章)。そのような中、安養寺と遠藤氏は長島一向一揆と連携し、織田領国の挟撃を試みた。しかし、天正二年九月に願証寺が織田軍に攻略されて長島一向一揆が壊滅し、翌天正三年五月に長篠合戦で武田勝頼が織田・徳川連合軍に大敗すると[38]、安養寺と遠藤氏は圧倒的に不利となった。

長篠で武田氏に勝利した織田氏は、八月になると越前一向一揆攻めを開始した。『信長公記』には、金森長近・原政茂が率いる織田軍が郡上を攻撃したのち、根尾(岐阜県本巣市)・徳山(同揖斐川町)へと進軍し、越前大野郡へと侵入したことが記されている。この織田軍の軍事行動から、越前へ向かう前に郡上を攻撃したこと、越前一向一揆を攻撃する上で郡上の一向一揆勢も制圧する必要があったことがわかる。そして『信長公記』によると、大野郡は十二月に金森と原に与えられたという。この時、遠藤氏は金森の配下とされたようで、天正四年（推定）に遠藤盛枝（慶隆）が金森の命に従って、大野郡の鍛冶衆に移住を禁止する旨を伝えた書状が存在する（「てっぽうや文書」[39]四）。これらの経緯から、遠藤氏は越前一向一揆攻めの際に織田氏へ帰属したことになろう。

一方の安養寺であるが、乗了と本願寺間での音信は続いており、天正八年の石山合戦終結まで織田氏に敵対していた。乗了の動向については小泉義博氏が詳細に検討しており、乗了は最終的に教如を支持することになる。永禄年間以降、密接に関わり続けてきた安養寺と遠藤氏は、長島一向一揆の壊滅と、長篠合戦を契機に協力関係を解消したのである。

おわりに

以上、安養寺を中心に、天文年間から天正年間初頭にかけての郡上をめぐる諸勢力の動向を整理してきた。

天文八年（一五三九）に起きた三木氏による郡上侵入の際、安養寺は本願寺の意志と異なる行動を取ったことで三木氏や内ヶ島氏らから反感を買い、本願寺も安養寺への折檻を内ヶ島氏に依頼したことで六角・土岐氏から抗議を受ける事態となった。これらの経緯から、この時期の安養寺は周辺勢力に警戒される軍事力を有していたと考えられる。郡上での存立を目指すために安養寺は同郡の東氏や遠藤氏と組む必要があり、一向宗寺院であるにもかかわらず本願寺と入魂である飛驒の三木氏や内ヶ島氏と対立せざるを得なかったのである。この点から、この時期の一向宗寺院が本願寺の意向に必ずしも従順ではなかったことがわかる。

その後、安養寺は遠藤氏と友好関係を維持し、永禄年間に遠藤氏が郡上を統一したことで状況は安定したが、石山合戦の勃発によって事態は急変する。安養寺が本願寺と連携して織田信長に敵対する一方、遠藤氏は織田氏への帰属を続けていた。こうした中、織田氏と敵対していた武田氏や朝倉氏といった大名が遠藤氏の離反を企て、その足がかりとして安養寺に連絡を取り、遠藤氏への執り成しを頼んだ。その結果、遠藤氏は織田氏から離反した。

天正年間に入ると朝倉・浅井氏は滅び、安養寺と遠藤氏は武田氏と長島一向一揆と連携しながら織田領国の挟撃を目指した。しかし、長島一向一揆が壊滅すると遠藤氏は織田氏に帰属し、安養寺は石山合戦が終結するまで織田氏と敵対を続けていった。天文年間より入魂の間柄で、ともに郡上の有力者として発展を続けた安養寺と遠藤氏は、長島一向一揆の壊滅と長篠合戦を契機に、異なる道を歩んでいったのである。

安養寺乗了に関しては、織田氏と敵対したことが原因で一時、白川（岐阜県白川村）へ退避していた時期がある。これについては小泉義博氏が乗了の動向に関する検討を行う中でもふれているが、乗了が白川へ退避した時期については明確になっていない。また、竹間芳明氏も天正三年（一五七五）付の織田信長朱印状と菅屋長頼奉書（ともに「安養寺文書」岐阜九〇〇頁）の検討を通じ、乗了が天正三年の長篠合戦前後に白川から郡上へ帰還した可能性を指摘しつつも、本願寺と織田氏の敵対は続いている状況であることから、実情は不明としている。本章では紙幅の都合で検討することができなかったが、今後改めて検討する必要があろう。

戦国期の郡上は、交通の要衝として周辺大名から重視される地域であった一方、一向一揆勢力が強い飛騨の影響を強く受ける地域であった。安養寺はその中核ともいうべき寺院であり、郡上の有力国衆である遠藤氏と入魂となることで、安定した存立を目指した。対する遠藤氏も安養寺の存在を無視することはできず、共存することで郡上の支配を進めていった。一向宗寺院と国衆が密接に関わりながら地域支配を展開していた事例を、今回の検討から見出すことができる。しかし、こうした一向宗寺院と国衆の共存も、織田信長が石山合戦を優位に進めて一向一揆が壊滅していくことにより、次第にみられなくなっていくのである。

註

（1）国衆は、戦国大名に帰属し、軍事的統制を受ける立場にありながらも、地域支配に関しては大名から自立性を認められた領主であり、室町期の国人とは一線を画す領域権力として位置づけられている。この点については、黒田基樹『戦国大名と外様国衆』（文献出版、一九九六年）を参照。

（2）遠郷山安養寺は、岐阜県郡上市に所在する浄土真宗大谷派の寺院である。佐々木高綱の三男高重が出家して親鸞の弟子となり、康正元年（一四五五）近江国蒲生郡に安要寺を建てたのが始まりという。六世仲淳の時、美濃国安八郡大榑庄に移った際に蓮如から安養寺の号を賜り、その後は伊勢・越前と移り、文明年間に東常縁によって郡上へ招かれたという（『角川日本地名大辞典21　岐阜県』一九八〇年）。

（3）『郡上郡史』（郡上郡教育会、一九二二年）。

（4）『郡上八幡町史』上巻（臨川書店、一九六〇年）。

（5）『岐阜県史』通史編　近世上（一九七八年）。

（6）『岐阜県史』史料編　古代・中世一（一九六九年。以下、岐阜と略記する）。

（7）楠祐淳『安養寺の歴史』（安養寺、一九八五年）。

（8）脊古真哉「郡上安養寺の成立と展開―初期真宗門流から本願寺教団への一例―」（水野柳太郎編『日本古代の史料と制度』、岩田書院、二〇〇四年）。

(9) 小泉義博『本願寺教如の研究』下(法藏館、二〇〇七年)。以下、小泉氏の説は同著による。
(10) 竹間芳明「戦国末期の郡上の検討―武田氏、越前一揆・本願寺政権との関わりを中心として―」(『若越郷土研究』六〇―一、二〇一五年)。以下、竹間氏の説は同論考による。
(11) 高橋教雄『郡上の中世と遠藤慶隆』(私家版、一九九八年)。以下、高橋氏の説は同著による。
(12) 「寿楽寺大般若波羅蜜多経奥書」に、一連の三木氏の動向が記されている(『飛騨下呂』史料Ⅱ、下呂町、一九八六年。以下、『飛騨下呂』と略記する)。
(13) 前掲註(3)～(5)等。
(14) 前掲註(3)。
(15) 『明方村史』史料編(一九八二年)。
(16) 寺田敬蔵「北濃一揆考」(『郡上史談』三二、一九七八年)。
(17) 『大系真宗史料　文書記録編8　天文日記Ⅰ』(法藏館、二〇一五年)。
(18) ここにある「親父」とは、同年七月に死去した内ヶ島上野介雅氏のことで、証如も日記の中で雅氏の死去についてふれている。つまり、子の内ヶ島兵庫は父の遺言で証如に刀を贈ったということになる。
(19) 岡村守彦『飛驒中世史の研究』(戎光祥出版、二〇一三年。初版一九七九年)。なお、内ヶ島氏は、照蓮寺と婚姻関係があったともいわれる。以下、岡村氏の説は同著による。
(20) 谷口研語『飛驒三木一族』(新人物往来社、二〇〇七年)。以下、谷口氏の説は同著による。
(21) 前掲註(4)・(5)。
(22) 高牧實「美濃における一向一揆覚書」(『大垣女子短期大学研究紀要』三、一九七二年)。

(23)『岐阜県史』史料編　古代・中世四(一九七三年)。
(24)東氏の系図に関しては、岡村氏が註(19)で、高橋氏が(11)で検討を行っている。
(25)註(2)〜(5)。
(26)鷲見氏の系図に関しては、高橋氏が註(11)で検討を行っている。
(27)多賀秋五郎『飛騨史の研究』(濃飛文化研究会、一九四一年。一九七八年に改訂再版)。
(28)註(3)・(4)、高橋　前掲(11)等。
(29)内ヶ島氏や江馬氏の台頭については、谷口　前掲註(20)を参照。
(30)なお、『郡上郡史』には、天文九・十年に越前の朝倉氏が郡上に侵入して東氏と戦った際、安養寺が東氏に援軍を出したとの記述がある。しかし、その論拠とされる長瀧寺所蔵「荘厳講執事帳」(岐阜県郡上市白鳥)には、安養寺の動向についてはー切ふれられていない。同史料では、朝倉氏の郡上侵入は天文九年八月二十五日から九月二十三日のことであるとしている。寺田敬蔵氏は、「荘厳講執事帳」に記されている天文九年の朝倉氏の郡上侵入の内容が、同十年にも間違って記載されていることを指摘している。
(31)遠藤氏に関する一次史料は、永禄年間以前のものが少なく、遠藤氏の活動を知るには、近世に成立した文献を参考とせざるを得ない。高橋教雄氏によると、遠藤氏関係の文献として成立がもっとも古いもので、天和三年(一六八三)成立の『東家遠藤家記録』、次いで宝暦七年(一七五七)成立の『遠藤記』であるという。『新訂寛政重修諸家譜』第九(続群書類従完成会、一九六六年)の遠藤慶隆(盛枝)の項には「永禄五年遺領を継斎藤龍興に属す。七年八月織田右府美濃国にいり、龍興降るのとき慶隆も右府に属し、十年九月郡上の本領故のごとくたるべきむね、右府より判物をあたふ」と記されている。

(32)『遠藤記』には、永禄十二年(一五六九)に三木氏が郡上に侵攻し、遠藤氏と安養寺が撃退したという記述があるが、一次史料では確認することはできない。

(33)石山合戦の経緯については、神田千里『一向一揆と戦国社会』(吉川弘文館、一九九八年)、同『戦争の日本史14　一向一揆と石山合戦』(吉川弘文館、二〇〇七年)に詳しい。

(34)元亀三年の武田氏による徳川領国侵攻については、鴨川達夫『武田信玄と勝頼—文書にみる戦国大名の実像—』(岩波新書、二〇〇七年)、柴裕之「武田信玄の遠江・三河侵攻と徳川家康」(同『戦国・織豊期大名徳川氏の領国支配』、岩田書院、二〇一四年。初出二〇〇七年)、同「足利義昭政権と武田信玄」(『日本歴史』八一七、二〇一六年)、本多隆成『定本　徳川家康』(吉川弘文館、二〇一〇年)等、多数の成果がある。

(35)『愛知県史』資料編11・織豊1(二〇〇三年)。

(36)木下聡編『論集戦国大名と国衆16　美濃斎藤氏』(岩田書院、二〇一四年)。

(37)前掲註(1)。国衆は大名に帰属する際、人質を提出することでその意を表した。

(38)長篠合戦については、柴裕之「長篠合戦再考—その政治的背景と展開—」(前掲『戦国・織豊期大名徳川氏の領国支配』。初出二〇一〇年)、平山優『敗者の日本史9　長篠合戦と武田勝頼』(吉川弘文館、二〇一四年)、同『検証　長篠合戦』(歴史文化ライブラリー、吉川弘文館、二〇一四年)を参照。

(39)『福井県史』資料編7　中・近世5(一九九二年)。

第十章　武田・徳川両氏の戦争と高天神城小笠原氏

はじめに

元亀三年（一五七二）十二月、武田信玄は三方ヶ原合戦にて徳川家康を破り、元亀四年二月には奥三河へと勢力を拡大した。その後、四月に信玄が死去し、後継となった勝頼は徳川領国への攻勢を強めた。

武田・徳川領国の境目には複数の国衆が存立しており、武田・徳川両氏は国衆に対し軍事的圧力を加え、帰属を促した。二〇一〇年代に入りその過程を明らかにすべく、天正三年（一五七五）に起きた長篠合戦を事例とした研究がさかんになった。主なものとして、奥三河の国衆の内紛を解決すべく軍事介入を行った武田氏と長篠合戦について論じた柴裕之氏や[1]、長篠合戦が足利義昭や本願寺と連携して行われた武田氏の反信長戦略であるとする柴辻俊六氏の成果があり[2]、武田領国の最前線として、また武田・徳川領国との境目として奥三河は注目される地域となっている。

武田・徳川領国の境目としては、駿河・遠江国境に位置する高天神城（静岡県掛川市）も重視すべきである。高天神城は国衆小笠原氏助の居城であり、小笠原氏は永禄十二年（一五六九）に徳川氏へ帰属したのち、元亀三年には三方ヶ原合戦前に武田氏から攻撃を受けている。天正二年にはふたたび武田氏の攻撃を受け、城主の小笠原氏助は武田氏に降伏した。武田氏に帰属した氏助は信興と改名し、武田氏の先方衆（大名に帰属した国衆）として活動するようになる。

高天神城と城主小笠原氏に関する研究は、これまでに多くの蓄積がある。まず、高天神城に関する政治史をまとめたのが小和田哲男氏である③。小和田氏は、今川時代から天正九年にかけての高天神城をめぐる政治情勢と、その城主（福島・小笠原）の変遷について整理している。しかし、近世の記録に依拠した記述が多く、一次史料の検討が不十分な点もあり、再検討の余地がある。続いて、高天神城主の小笠原信興（氏助）について、国衆の概念から基礎的考察を加えたのが黒田基樹氏である④。黒田氏は、信興の関連文書を分析し、小笠原氏が城東郡・浅羽庄・山名庄の一円支配を行っていたことを明らかにし、国衆の地域的領主制が当該領域において戦国大名と同質の領主権力を有していたことを指摘した。黒田氏の研究によって、国衆としての小笠原氏、特に武田氏に帰属してからの小笠原氏の動向、政治的位置が明確に示された。この他に、浅羽地域周辺の領主の変遷を整理したものとして、本多隆成氏の論考がある⑤。

武田・徳川間の抗争については、大塚勲氏が武田勝頼の発給文書を整理・分析することによって両氏の軍事行動を明らかにし、武田・徳川間の抗争が高天神城を中心に展開された感があると述べている⑥。また、柴辻俊六氏は、武田氏の遠江・奥三河支配の画期となったのは元亀二年であると指摘し、天正三年の長篠合戦までは武田氏による北遠江の現地掌握が実現されつつあったとする⑦。

徳川氏関連の研究としては、酒入陽子氏の成果がある⑧。酒入氏は、高天神城攻略で活躍した徳川家臣大須賀康高に関する検討を行い、徳川氏に帰属した小笠原氏助の親類衆を大須賀が家臣化する過程や、家康の部将として活動した大須賀の役割を明らかにしている。

小笠原氏に関する研究は、関連文書の残存状況から、武田氏に帰属した天正二年以降の信興の活動を検討対象としたものが中心である。これまでの先行研究により、信興が先方衆として、高天神城を中心とする領域支配権を武田氏に認められていたことは、すでに明らかにされている。しかし、武田・徳川間の抗争の中で高天神城主である小笠原氏がどのような対応を迫られたのかという点については、本格的な議論がなされていない。長篠合戦に代表される奥三河での武田・徳川間の抗争が、国衆の帰属をめぐるものであったことはすでに指摘されている点であり、高天神城に関しても大名間の抗争とそれに対応する国衆の動向について検討する余地があるものと思われる。

そこで本章では、天正二年の武田氏遠江侵攻と高天神城主小笠原氏助を事例として、大名間の抗争に際し、国衆がどのような対応をとることで自らの存立をはかったのか、検討を行う。小笠原氏助が武田氏に帰属し、先方衆として活動するまでの過程を考察することで、大名領国の最前線に立たされる国衆の実態を明らかにできるものと考える。

一　武田勝頼の高天神城包囲

元亀四年(一五七三)に武田信玄が死去したのち、武田・徳川間の攻防は奥三河を中心に展開した。元亀四年、信玄に野田城(愛知県新城市)を奪われた徳川家康は(「万代家手鑑」戦武二〇二一、「安養寺文書」戦武二〇二四)、奥三河の勢力を回復すべく、天正元年(一五七三)六月に武田方となっていた菅沼氏の居城である長篠城(同新城市)へ進軍した(「松平奥平家古文書写」戦武二一四三)。この徳川軍の動向に呼応したのが作手城(同新城市)の奥平定能・信昌父子で、同年八月、家康に対し武田氏からの離反を約している(「譜牒余録」二十七、静岡8―六五九)。九月になると長篠城が徳川軍によって制圧され、これを機に奥平父子は出奔して徳川方となった(「本成寺文書」戦武二一七七)。一方、奥平定能の父である道紋は武田方に残留しており、武田勝頼が警戒している(「竹重家文書」戦武二一七三)。これらの経緯は、国衆である奥平氏が、武田・徳川という大名間の攻防において家中分裂を起こしたことを示しており、後述する高天神城の小笠原氏について検討する上でも参考となる。翌天正二年二月から四月にかけ、武田軍は東美濃、徳川軍は北遠江へと進軍し、互いに牽制しているが、大規模な戦闘には至っていない（山梨県立図書館所蔵若尾資料「古文書雑集」五・戦武四二九四、『三河物語』等）。

そして同年五月、武田氏は駿河を経由して遠江に進軍し、高天神城を包囲した。前述のとおり、前年に徳川氏が菅沼氏や奥平氏といった国衆へ軍事介入を行ったため、奥三河の情勢は徳川氏が優勢となっていた。武田氏は奥三河の劣勢を受け、同じく対徳川戦の最前線である駿遠国境へ進軍し、高天神城を包囲したとみられる。

高天神城を包囲した武田勝頼は、高天神城主の小笠原氏助に対し降伏を促した。その交渉の様子が確認できるのが次の史料である。

〔史料1〕武田勝頼書状写（「巨摩郡古文書」戦武二二八八）

任小笠原《（氏助）》所望、誓詞遣之候、可被相渡候、其外合力領等之儀も一々令領掌候、条目之通有得心、弥可然様御異見尤候、恐々謹言、

五月廿三日《（天正二年）》　勝頼《（武田）》（花押影）

玄蕃頭《（穴山信君）》

冒頭に「任小笠原所望、誓詞遣之候、可被相渡候」とあるように、勝頼は「小笠原氏助の所望に任せて誓詞を送るので、これを渡すように」と、穴山信君に命じている。史料中にみえる「合力」とは氏助の同心を指すものとみられ、勝頼は氏助の同心と知行地について一つ一つ了承したと穴山に述べている。また勝頼は、条目をよく理解した上で意見を氏助に述べるよう信君に求めている。これらの点から、勝頼は氏助を降伏させるにあたり、信君を交渉役として高天神城に派遣していたことがわかる。

こうした氏助の降伏をめぐる交渉は、信玄期にも行われていた。元亀三年十月、信玄は遠江への侵攻を開始するが、

その途中で高天神城を包囲している。

〔史料2〕武田信玄書状(切紙)(「武市通弘氏所蔵文書」戦武一九七六)

不違兼日之首尾、各忠節誠感入存候、於向後者、追日可令入魂存分候、弥戦功専要候、当城主小笠原(氏助)悃望候間、明日国中へ進陣、五日之内越天竜川向浜松出馬、可散三ヶ年之鬱憤候、猶山県三郎兵衛尉(昌景)可申候、恐々謹言、

(元亀三年)十月廿一日　　信玄(武田)(花押)

道紋(奥平定勝)

この史料は、信玄が奥三河の奥平道紋に送った書状である。当時、武田氏に属していた奥平氏に信玄が遠江の戦況を伝えたものであるが、その中に高天神城の様子が記されている。注目すべきは「当城主小笠原悃望候間」という文言である。これは、信玄が高天神城を包囲している際に小笠原氏助の悃望があったことを示すものであり、氏助が信玄に降伏を願い出ていた様子がうかがえる。しかし、天正二年に勝頼が高天神城を包囲していることから、元亀三年の段階では氏助が武田氏に降伏しなかった可能性がある。

こうして、勝頼は信玄と同様に氏助に対し降伏を促したが、交渉が難航したため、高天神城への攻撃を強め、氏助に降伏するよう迫った。

〔史料3〕武田勝頼書状(「真田家文書」戦武二二八九)

被入于念、節々脚力到来、珍重候、如顕先書候、当城涯分無油断諸口相稼候故、本・二・三之曲輪塀際迄責寄候、落居不可過十日候、昨今者雖種々悃望候、不能許容候、然而僥倖軒医療故、一徳斎(真田幸綱)煩少々被得験気之由、大慶候、猶其城用心無疎略肝煎頼入候、恐々謹言、

(天正二年)五月廿八日　　勝頼(武田)(花押)

（宛名を欠く）

この史料は、史料1の五日後に発給された書状で宛名を欠くが、真田家文書であることと真田一徳斎（幸綱）の容体について言及していることから、おそらく一徳斎の子真田信綱に対し勝頼が発給したものと考えられる。史料中には、武田軍が高天神城の本・二・三曲輪にまで迫っている様子が書かれており、あと十日ほどで落城するであろうと勝頼は述べている。また勝頼は、氏助からの「種々悃望」があるとはいえ、許容することはできないとしている。これは、氏助側が何らかの問題を抱えていたことを示すものである。一方で、勝頼の要望に氏助が応えられる状況になかったと捉えることもできる。

五月に開始された両者の交渉はさらに難航し、長期化した。その様子が確認できるのが次の史料である。

〔史料4〕武田勝頼書状写（「内閣文庫所蔵武州文書四」戦武二二九五）

当陣之様子無心許之旨、跡部大炊助（勝資）所へ態飛脚祝着候、其城用心等無由（油）断之由肝要至極候、当城之儀自去十二日取詰、諸口相稼候故、昨日号塔尾随分之曲輪乗取候、本・二両曲輪斗指構候、但三日之内ニ可責破候、可心安候、城主（小笠原氏助）今日者種々雖悃望候、不能許容、恐々謹言、

（天正二年）六月十一日　勝頼（武田）（花押影）

大井左馬允（高政）入道殿

書状の中で勝頼は大井氏に対し、塔尾曲輪を乗っ取り、あと三日ほどで高天神城は落城するので安心するよう述べている。一方で、氏助の「種々悃望」は許容できないとしており、ここでも氏助側から出された降伏に関する内容に勝頼が難色を示していることがわかる。

史料1・3・4を通じ確認できるのは、氏助と勝頼の間で降伏に関する交渉が数回にわたって行われていた点であ

る。勝頼は少しずつ軍事的圧力を加えながら、氏助に降伏を促していた。対する氏助は、降伏にあたって自らの要求を勝頼に提示していたものとみられる。

一方、高天神城の状況を危惧した徳川家康は、六月五日に織田信長へ援軍を要請した。『信長公記』によると、信長は子の信忠とともに同月十四日に美濃を出立し、十七日に吉田城(愛知県豊橋市)へ入っている。家康は高天神城の氏助との連絡を、遠江の国衆匂坂氏を通じて行っていたようであるが、(9)氏助が武田氏に降伏する恐れが生じたため、信長への援軍要請に踏み切ったのであろう。

しかし、同月十九日に高天神城が落城し、城主の氏助は武田氏に降伏した。この時、織田軍は浜名湖の今切を渡っていたが、そのまま引き返した(『信長公記』)。織田信忠は、武田軍と交戦に至らなかったことについて、無念であると述べている(「真田宝物館所蔵文書」静8―七七二)。憶測の域は出ないが、高天神城が落城しなければ武田軍は織田軍と交戦していたものと思われる。織田軍との交戦を回避するため、勝頼は高天神城への攻撃を強め、氏助を降伏させたのではないだろうか。

以上のように、武田氏は徳川方であった高天神城を包囲したものの、強引に落城させることはせず、城主に降伏を促していた。これは、大名が国衆を帰属させるために、軍事的圧力を加えながら交渉を行っていたことを示す事例である。また、降伏までには時間を要しており、大名・国衆間での交渉が重視されていた様子がうかがえる。大名と国衆は相互に条件を提示し、交渉を重ねることで、降伏の可否を判断していたのではないだろうか。

それでは、氏助が武田氏に降伏するまでに時間を要したのはなぜか。次節において、小笠原氏家中の問題に注目して検討を加えていきたい。

二　帰属先をめぐる小笠原家中の分裂

武田軍の包囲を受けている中、高天神城に籠城していた城主の小笠原氏助や親類衆はどのような対応に追われていたのであろうか。小笠原家中の対立については平山優氏も言及しているが、[10] ここで『信長公記』の記述に注目してみたい。

〔史料5〕『信長公記』（天正二年条）

六月十四日、信長《織田》公御父子濃州岐阜を打立ち、十七日、三州の内吉田の城堺左衛門尉《酒井忠次》所に至つて御着陣、

六月十九日、信長公御父子、今切れの渡り御渡海あるべきの処、小笠原与八郎《氏助》逆心を企て、捴領の小笠原を追出し、武田四郎《勝頼》を引入れたるの由申し来り候、御了簡なく、路次より吉田城迄引帰へさせられ候、

（中略）

六月廿一日、信長御父子濃州、岐阜御帰陣、

『信長公記』には、織田軍が徳川氏の援軍として高天神城を目指した過程が記されているが、その中で注目すべきは六月十九日の文言である。小笠原与八郎とは氏助のことを指すが、[11]『信長公記』には氏助が逆心、すなわち徳川氏からの寝返りを企て、「捴領の小笠原」を追い出して武田勝頼を城に引き入れたとある。

ここで問題となるのが、「捴領の小笠原」である。小和田哲男氏は、「捴領」は惣領と同じで、小笠原氏の家督の意であり、城主であった氏助が惣領であったはずであるため、信長方に間違った情報がもたらされたのではないかと述べている。しかし、『信長公記』の記述を考慮するならば、氏助以外の親類衆で、「捴領の小笠原」にあたる人物がい

た可能性も否定できない。『信長公記』が成立したと言われる慶長三年（一五九八）年の段階で[12]、「捴領の小笠原」は氏助ではなかったと著者の太田牛一が認識していたとも考えられる。

それでは、「捴領の小笠原」とは誰か。近世の編纂ではあるが、『寛政重修諸家譜』（以下、『寛譜』と略記）の記述をもとに考察してみたい。まず、氏助の項を掲げる。

〔史料6〕『寛譜』巻第二二四一（小笠原氏助）

勝頼味方に属せば加恩すべきのむねをいひ贈る、氏助これに同心し志を変じて降参す、勝頼すなわち駿河国富士郡鸜鵒栖（重須）にをいて一万貫の地をあたふ、（以下略）

『寛譜』には、勝頼が氏助に対し武田氏に味方すれば加増すると伝え、氏助がこれに応じたことから、駿河富士郡重須（静岡県富士宮市）に一万貫の地を与えたとある。氏助の転封については後述するが、先述したように高天神城落城までに勝頼・氏助間で交渉が長期化していたことは明白であり、『寛譜』に示されているような談合が行われていた可能性がある。

では、氏助以外の親類衆はどのような動向をとったのであろうか。『寛譜』から、氏助の叔父である義頼の項を確認してみたい。

〔史料7〕『寛譜』巻第二二四一（小笠原義頼）

義頼及び一族のものは先に清広を質として浜松にたてまつりしうへは志を変ずといへども、城中の士あるひは氏助にくみするものもありて評議まちくなりしに、一族雲波斎氏朝すゝみいでゝ、各の評議某にをいては心得ず、父にはなれ子を捨るも武士のならひなれば人質の事は是非にをよばず、数代相伝の今川家滅亡の時に至りてひとたび東照宮の御味方に属し、いくほどなく志を変じ、武田家に降参せる不義にくみせん事思ひもよらずといひし

かば、一族宗三軒朝宗をよび義頼をはじめとしてこれに同ずるともがら、（以下略）

義頼と一族の者は、清広（義頼の兄弟）を人質として家康の居城である浜松に送っていたため、志（ここでは徳川氏に帰属する意志）を変えなかったが、籠城していた者の中には氏助に味方する者もいて、評議が難航したとある。小笠原氏は徳川氏に帰属した段階で同族の清広を人質として提出していたようである。おそらく、小笠原氏が徳川氏に帰属するにあたり、人質の提出を家康から求められたものと思われる。そのような中、城主の氏助が武田氏に降伏すべく勝頼と交渉を行ったため、これに反抗する一族がいたことは十分に想定される。実際に『寛譜』の義頼項には評議で氏助と対立した者の名が列挙されており、義頼や清広の子をはじめ、氏朝・朝宗（いずれも氏助祖父の弟）といった主だった一族の名が確認でき、彼らは徳川氏への帰属を主張している。また、『寛譜』や「大須賀記」には、高天神城を出た彼らが徳川家臣大須賀康高につけられて、のちに馬伏塚城（静岡県袋井市）に入って高天神城と対峙したことが記されている。黒田基樹氏が、大須賀は氏助が徳川氏に帰属した際に指南役を務めていたと指摘していることからも、小笠原氏と密接に関わる人物である。『寛譜』の義頼項によると、氏助が武田氏に降伏した一方で、それに従わなかった親類衆は高天神城を出て、徳川氏にそのまま帰属したようである。彼らは大須賀に従って馬伏塚城に入り、天正六年（一五七八）に大須賀とともに横須賀城（同掛川市）へと移った。横須賀城は徳川領国の最前線に位置し、武田方と

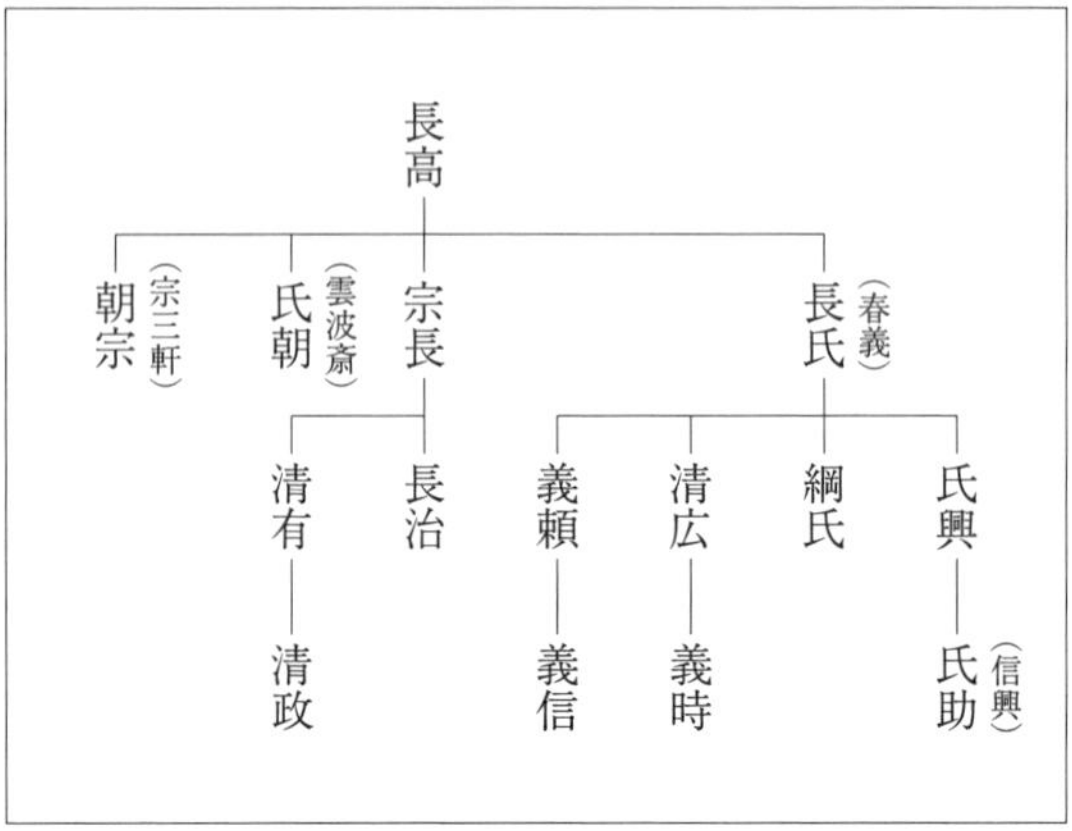

小笠原氏略系図（『寛譜』をもとに作成）

なった高天神城攻略の拠点となった城である(『家忠日記』)。

ここで、大須賀のもとで活動していた小笠原氏についてみていきたい。一次史料・『寛譜』ともに確認できるのが、小笠原与左衛門清有(氏助父氏興の従兄弟)である。まず、清有に関する史料を掲げる。

〔史料8〕徳川家康判物(「小笠原家文書」静岡7―三五八七)

今度宛行知行事

一百貫文　　棚草之郷うつなし山同原共ニ、
　　　　　　　雲林寺領共、
一参百貫文　大坂西方・同浜野村舟共、
一参拾弐貫文　善能寺領一円ニ浅羽之内、

右、今度別而依令馳走、為新知行不入永所宛行之、棟別諸役幷りうし共一円可停止者也、仍如件、

永禄十二年己巳
　正月廿日　　　　(徳川)家康(花押)
　　小笠原与左衛門(清有)殿

この書状は、永禄十二年(一五六九)正月、徳川家康が清有に対し、小笠郡内に所領を与えた際のものである。「今度別而依令馳走」とあるように、清有が家康のために奔走したことがわかる。家康は前年十二月に武田信玄の駿河侵攻に呼応して遠江へと侵攻しており、その際の清有の行動が家康に賞されたのである。『寛譜』には、清有は家康の命を受けて高天神城に赴き、一族の者を味方にしたことから、棚草(静岡県菊川市)、浜野(同掛川市)、浅羽(同袋井市)といった小笠郡の地を家康から直々に与えられたとある。よって、清有は小笠原氏の中でも特に家康との関係が深い

人物であったことがうかがえる。

その後、清有の動向はしばらく確認できないが、徳川氏のもとで継続して活動していた。この点については、酒入陽子氏が大須賀康高の黒印状を挙げ、天正十年、本能寺の変後に徳川氏が甲斐へ侵攻した際、清有が大須賀の奉者として活動していたことを明らかにしている。清有以外の小笠原氏については管見の限り同時代の史料で確認できないが、徳川頼宣に仕えることになった大須賀に従った同心に小笠原氏がいることからも、[13]彼らも清有と同様に徳川氏のもとで活動していたものと思われる。また『寛譜』には、義頼や清有の子孫が紀州藩に仕えていた旨が記されている。

それではここで、『信長公記』にみられる「捴領の小笠原」について改めて考察したい。『信長公記』が成立した慶長三年頃の段階で、「捴領の小笠原」は氏助ではなかったと著者の太田牛一が認識していた可能性があることは先に指摘した。『寛譜』を確認すると、氏助を高天神城主としてはいるものの、家督を意味する黒丸の印を氏助ではなく義頼に付している。また、史料7でも紹介したとおり、義頼の項には小笠原家中が分裂した際の詳細な様子が記されている。『信長公記』と『寛譜』の内容を考慮すると、徳川・織田両氏は氏助の逆心を受け、城主である氏助を「捴領」とは認めず、義頼を「捴領」として認めたのではないだろうか。徳川氏に帰属したのは義頼や清有らであり、彼らが氏助と対立して高天神城から追い出されたため、氏助は「捴領」としての立場を徳川・織田両氏から否定されたものとみられる。徳川氏からすれば、氏助は武田氏に寝返った者であり、忠節を尽くしたのは義頼や清有らであった。それが『信長公記』や『寛譜』の記述に影響したのではないだろうか。

以上みてきたように、城主である氏助は武田氏に降伏する意向であったものの、それが家中分裂の要因となった。武田氏による高天神城包囲によって、小笠原氏は武田氏に降伏するか徳川氏にそのまま帰属するかの選択を迫られたのである。先にも述べたが、史料1・3・4において、武田勝頼は氏助の「種々悃望」について許容できないとしていた。史料には「種々悃望」の内容については書かれていないが、氏助以外の多くの家中が徳川氏に残留したことから、氏助は自身を支持する者のみの降伏を武田氏に申し出たものとみられる。しかし、勝頼は氏助に家中をまとめて降伏するよう促したのであろう。ところが、氏助は家中を取りまとめることができず、交渉が難航したのではないだろうか。また、義頼らが徳川方へ脱出していることを考慮すると、武田軍の包囲は完全なものではなかったものと思われる。

こうして、氏助が武田氏に容易に降伏できなかった背景には、帰属先の選択をめぐる小笠原家中の分裂があったのである。

三　同心本間氏の動向

ここでは、国衆に従う同心が大名の攻撃を受けた際にどのような対応をとったのか、小笠原氏の同心である本間氏を事例として検討を加えていく。本間氏が小笠原氏の同心であることは黒田基樹氏が指摘しているが、改めて両者の関係について確認しておきたい。

〔史料9〕武田家朱印状（「本間家文書」戦武二三八五）

定

本間源右衛門尉頓死、因茲、彼家督以其方可為相続之旨、小笠原弾正少弼（信興）訴訟候間、御領掌候、然則向後為直之御家人、可致奉公之由、被仰出候者也、仍如件、

天正二年甲戌　跡部大炊助（勝資）奉之

十一月二十八日（竜朱印）

本間和泉守殿

内容をみてみると、死去した本間源右衛門尉の家督を、和泉守が継承することを認めてほしいと小笠原氏が武田氏に求めていることがわかる。小笠原氏の訴訟を受け、武田氏は和泉守の家督継承を了承するとともに、今後も「直之御家人」として武田氏に奉公するよう述べている。この文言から、本間氏は武田氏に仕える身であることがわかるが、注目すべきは小笠原氏による訴訟である。この点に関し黒田基樹氏は、武田氏が小笠原氏の意向に基づいて家督の安堵を行っていることから、本間氏が小笠原氏の同心であるとともに、小笠原氏が同心に対して極めて強い統制力を有していたことがうかがえるとしている。

それでは、本間氏は武田・徳川間の抗争に際しどのような対応を取っていたのだろうか。まず、本間八郎三郎という人物に着目し、その動向を追ってみたい。

元亀二年（一五七一）三月、本間八郎三郎は徳川家康より本領を安堵されている。それを示すのが次の史料である。

〔史料10〕徳川家康判物写（「本間家文書」静岡8―三一六）

遠州山名郡之内小野田村之事

右、先判形并任譲状旨、彼地永令扶助畢、只今八郎三郎（本間）妻子雖令死去、彼地之事者、先年過分之以来銭請取、殊本間五郎兵衛進退及困労、彼地於捨置、可他国処爾、過分之以失墜、八郎三郎成遺跡上者、兎角之不可有違乱、両人之息令成人、親之知行之由、何様之以忠節雖申出之、既譲状数通之判形為明鑑之条、不可及其沙汰、同胞房成長之上、進退各別爾就相計者、弐拾貫文之割分、可為八郎三郎儘、此外親類一族、八郎三郎妻子至于死後、雖

有是非之申様、一切不可許容、彼地之寺社領・山野・河原四至境、如前々可知行之、次もろいの内、やさか田畑拾五貫文之所、如先判不可有相違、并高部郷之内、かけの上居屋敷・同門屋鋪、如先判可相計者也、仍如件、

元亀弐辛未年

三月十三　家康（徳川）

本間八郎三郎殿

この史料は、本間八郎三郎が家康から小野田村（静岡県袋井市）における知行を安堵された際に発給されたものである。一族の五郎兵衛による知行が困難となったために八郎三郎がその跡を継いだもので、八郎三郎が家康による安堵を受け、小野田村の支配を維持していた様子がうかがえる。

しかし、天正二年（一五七四）になると、八郎三郎は高天神城の小笠原氏助に同調して徳川氏から離反し、武田氏に帰属したようである。それを示すのが次の史料である。

〔史料11〕武田家朱印状（「本間家文書」戦武二三〇六）

（竜朱印）

定

一、遠州山名庄内小野田村　百貫文
一、同州諸井郷之内やさか村　拾五貫文
一、同州高部郷内かけの上之屋敷壱間　門屋敷共ニ
一、山名庄木原郷内飯尾方　六拾貫文
一、同篠原之里　六拾貫文

右如此、自徳川家康時、被抱来之由候之条、自今以後も、弥不可有御相違候、畢竟嗜武具可被抽戦功者也、仍如件、

天正二年甲戌

七月九日　　跡部大炊（勝資）〔助脱〕奉之

本間八郎三郎殿

追而、有被申掠旨、後日訴人為出来者、重而被聞召合、可被加御下知候、又当知行之内、以先忠有抱置人者、以自余之地可被捕（補）之者也、

史料の内容をみてみると、小野田村や諸井郷（同袋井市）といった地域を、八郎三郎が家康の時と同様に知行することを武田氏が安堵していることがわかる。知行地は史料10と比較すると、ほぼ同一である。これらの点から、小笠原氏が武田氏に帰属したことを受け、八郎三郎もまた武田氏から安堵を受けることで小野田村の支配を維持しようとしていた様子がうかがえる。また、武田氏は八郎三郎に対し戦功を挙げるよう求めていることから、武田氏から安堵を受ける代わりに、八郎三郎に軍役が生じていたことがわかる。

一方、本間氏の中には武田氏に帰属せず徳川氏についた者もいた。そのことを示す史料を確認したい。

〔史料12〕徳川家康書状写（「本間家文書」静8―七八八）

遠江国山名郡石野郷内小野田村之事

右、今度雖令遠州再乱、不存疎略、別走廻云、本領云、任代々証文、彼地如前々一円永補任畢、然者神社仏事〔寺〕領山林野河原等、如先規可令支配、自今以後自余輩如何様之以忠節雖企訴訟、一切不可及許容、守此旨弥可抽忠節之状如件、

天正二年甲戌

七月十日　　　　家康（徳川）（花押）

本間十右衛門尉（政季）殿

宛所の本間十右衛門尉は、史料10・11に登場した八郎三郎の親類とみられる人物である。家康は十右衛門尉に対し、代々の証文に任せて引き続き領地を支配し、忠節を尽くすことを求めている。これは、徳川氏が十右衛門尉を本間氏の当主であると認め、小野田村の支配を安堵したことを示すものである。一方、史料11で確認したとおり、八郎三郎は武田氏から小野田村の支配を安堵されており、こちらも武田氏から本間氏の当主として認められたと言える。このことは、前節でふれた小笠原氏助と義頼の事例と同様である。氏助の降伏を武田氏が受け入れ、義頼を徳川氏が小笠原氏の「捴領」と認めたように、本間氏に関しても武田氏は八郎三郎、徳川氏は十右衛門尉をそれぞれ当主として認めたのである。国衆は大名の安堵を受けることで領域支配を維持したが、この点については同心も同様であったといえる。

先に検討したように、国衆である高天神城の小笠原氏は、大名である武田氏から軍事的圧力を受けたことで家中分裂を起こした。これは、帰属先の選択をめぐって引き起こされた分裂であり、国衆のみならず、その同心にも起こりうることであった。小笠原氏の同心である本間氏もまた、どの大名に帰属するかで分裂し、それぞれが大名から知行安堵を受けることで領地支配を維持していた。大名による軍事的圧力は、国衆やその同心に帰属先の選択を迫るものであったと同時に、家中分裂を引き起こす要因にもなったのである。

四　小笠原信興の転封

天正二年(一五七四)七月、武田氏は降伏した小笠原氏助や高天神衆の知行を安堵し(「本間家文書」戦武二三〇六、「遠州高天神記　上」戦武二三〇七、「駿河伊達文書」戦武二三〇八)、氏助は名を信興と改めた。信興は天正二年七月から翌年二月にかけて領域内の寺社に対し新たに所領安堵を行っており、この点に関し黒田基樹氏は、武田氏への帰属に伴って改めて行われたものと指摘し、信興の武田氏への帰属が代替わり状況として認識されていたとしている。

信興が武田氏に帰属したことにより、高天神城は武田領国にとって対徳川戦の最前線となった。信興は引き続き領域支配を武田氏から許可されたが、その代償として武田氏の期待に応える必要があった。その一端が確認できるのが次の史料である。

〔史料13〕武田家朱印状(「市川家文書」戦武二四四七)

毎月被相渡候御扶持、撰武勇之族被出置、至不用之輩者、可被略之由、有　御下知者也、仍如件、

天正三年乙亥

正月廿九日(竜朱印)　跡部大炊助(勝資)奉之

小笠原弾正少弼(信興)殿

史料の冒頭に「毎月被相渡候御扶持」とあることから、武田氏が信興に対し毎月「御扶持」を与えていたことがわかる。さらに、「武勇之族」を選んで「御扶持」を支給し、「不用之輩」には支給しないよう命じていることから、武

田氏が毎月渡している「御扶持」は信興の軍事強化のための資金であると捉えることができよう。また黒田基樹氏が指摘するように、信興が武家奉公人を雇用するために武田氏から「御扶持」が与えられていた側面もあったと考えられる。このように武田氏が信興に対し軍事強化を求めたのは、対徳川戦を想定していたからに他ならない。対徳川戦の最前線に存立する信興は、武田氏にとって軍事上極めて重要な位置にあった。しかし、徳川氏に帰属した信興の親類衆が高天神城に近い馬伏塚城に入っていたため、武田氏は信興の動向に留意する必要があった。

信興の高天神城主としての地位と領域支配を容認した武田氏であるが、天正三年五月に起きた長篠合戦によって、状況が一変することになる。周知のとおり、この合戦で武田氏は織田・徳川連合軍に大敗し、奥三河の覇権を徳川氏に奪われ、多くの家臣を失った。奥三河については、天正元年九月の段階で長篠城が徳川軍によって攻略され、奥平定能・信昌父子が武田氏から徳川氏へと離反していた。長篠合戦の敗戦により、武田氏は対徳川戦の最前線となっていた奥三河での拠点を失ったのである。また、『三河物語』によると、合戦の翌月には二俣城（浜松市天竜区）が徳川軍によって攻略されたとあり、北遠江においても武田氏は劣勢を強いられていた。そのような中、武田氏は高天神城の防衛体制を強化する必要性に迫られたのである。そこで実施されたと考えられるのが、信興の転封である。それを次の史料で確認したい。

〔史料14〕武田家代官衆連署証文写（「内閣文庫所蔵『判物証文写』附二、戦武二七四一）

小笠原殿（信興）衆屋敷之為替地、青柳分之内、
参貫文　坪ハ塩沢、おき甚六之抱、
右分、高辻ニ而相渡候者也、仍如件、
天正四丙子
野呂瀬十郎兵衛尉
秀次（花押影）

十一月十一日

太田佐渡守
守重(花押影)
鷹野喜三
昌郷(花押影)

篠原尾張守殿

この史料は、武田氏の代官衆が篠原尾張守に対し、「小笠原殿衆屋敷」の替地として富士郡の青柳内(山梨県富士川町)の地を与えることを報じたもので、篠原氏が所有する地に信興らの屋敷が設けられるため、その替地が篠原氏に与えられたことを示す内容となっている。篠原氏は富士郡由野郷(静岡県富士宮市)の在郷被官であり、信興の屋敷建設に伴い青柳に移ったことから、信興が由野郷を与えられたとみてよい。よって、この史料の日付である天正四年十一月までに信興の富士郡転封が決まり、それが実行されつつあったことがわかる。天正三年十月の段階で、信興は高天神城の在番衆に対し乱暴狼藉を禁じていることから(静岡8—九三八)、富士郡への転封は天正三年十月から翌年の十一月までの間ということになる。おそらく、年が変わってから転封が行われたのであろう。

また、天正二年七月九日付武田勝頼判物写(「水月明鑑所収小笠原文書」戦武二三〇五)に「駿州下方ニて壱万貫文之所、遠州城飼郡之引替被下置候」とあるように、信興は武田氏から駿河での加増と領地の「引替」を提示されていたようである。しかし、黒田基樹氏も指摘するように、「城飼郡」という表記は近世文書にみられることから、その点は注意する必要がある。一方、『寛譜』氏助の項(史料6)には、「勝頼すなわち駿河国富士郡鸚鵡栖にをいて一万貫の地をあたふ」とある。いずれも近世に書かれた内容なのですべてを信頼することはできないが、信興と武田氏の間で駿河での加増について話し合われていた可能性はあろう。

それでは、富士郡に移った後の信興の動向を追ってみたい。信興は、天正五年に次の朱印状を発給している。

〔史料15〕小笠原信興朱印状（「遠州高天神城実戦記」戦武二八〇五）

自高天神相返候被官共、何之地雖居住、郷次之諸役等一切有御免候由、被　仰出者也、仍如件、

（天正五年）
丑

五月三日　（小笠原）信興（朱印）

由野之内
孫右衛門

〔史料16〕小笠原信興朱印状（「本間家文書」戦武二八九七）

自高天神引越候被官共、何之地雖居住、諸役等有御免之由、被　仰出者也、仍如件、

（天正五年）
丑

十二月朔日　（小笠原）信興（印文未詳朱印）

由比之内
二郎兵衛

これらの史料は、信興が高天神城周辺より富士郡へ移転してきた被官に対し、いずれの地に居住したとしても諸役を免除すると約したものである。つまり、信興が自らに従った被官を優遇したことになる。おそらく、信興に従わずに高天神城周辺に残った被官がいたため、このような措置を執ったのであろう。被官が必ずしも信興に従ったわけで

はないことが想定される。また、宛所に「由野」「由比」とあり、信興の支配領域が先に出た由野だけでなく由比（静岡市清水区）にもあったことがわかる。

それでは、信興が富士郡に移った後の高天神城はどうなったのであろうか。信興が高天神城を出た後、横田尹松が城代になったが[14]、天正五年二月には、武田勝頼が岡部元信らに高天神城周辺の地を宛行っている（「徳川義親氏所蔵文書」戦武二七六三等）。岡部らが入城したことにより、高天神城は武田氏が直接支配するところとなり、対徳川戦を想定した防衛体制が強化されたことになる。岡部の高天神城入城について黒田基樹氏は、「信興を城主として存続させておくと、国衆の自立的性格から徳川氏に従属する事態が想定されたために信興は転封され、高天神城は武田氏の直轄となった」としている。また柴裕之氏は、「武田氏の興亡が従属下の先方衆「国家」の存亡に直結するものであるという危機意識の合意に基づき、その保護を担う勝頼によって小笠原氏の転封が行われた」としている[15]。黒田氏は国衆の自立性に着目した上で信興の転封を捉え、柴氏は先方衆が治める領域を保護する大名側の視点から信興の転封について述べている。

筆者も両氏の説に同意するが、信興転封の実態を明らかにするためには、小笠原家中の分裂に改めて注目する必要があろう。信興が武田氏に降伏する際、勝頼との交渉は難航し、長期化した。その要因は勝頼が信興の「種々悃望」を許容できなかったことにあり、その根底には武田氏に降伏するかをめぐる小笠原家中の分裂があった。そして、信興の親類衆が高天神城を出て徳川氏に帰属し、大須賀康高に従って馬伏塚城に入ったという状況を考慮すると、信興は高天神城にいる限り、親類衆と対峙することになる。長篠合戦で大敗し、奥三河の拠点を失った武田氏にとって、対徳川戦の最前線である高天神城の信興が離反するようなことになれば、武田領国が危機にさらされる事態となる。そうした危機を回避するため、武田氏は信興を富士郡へと移したものと考えられる。

天正六年以降、高天神城は長期にわたり徳川氏からの攻勢を受けることとなった（本書第六章）。高天神城が徳川氏の攻撃で落城したのは天正九年のことである（『家忠日記』）。その後の信興であるが、『当代記』によると、天正十年に武田氏が滅亡した際、信興は小田原に逃れたが、これを聞いた家康が信長に伝え、信長が北条氏に命じて殺害させたとある。[16]『寛譜』にも北条領国に逃れたところで殺害されたとあるが、一次史料では確認できず、定かではない。

一方、徳川氏に帰属した義頼ら親類衆は大須賀康高のもとで活躍し、のちに大須賀が徳川頼宣に仕えることになったため、共に紀伊へ移転して紀州藩に仕えた（『寛譜』）。帰属先の大名の選択が、国衆小笠原氏の明暗を分けたのである。

おわりに

以上、高天神城主小笠原氏助とその親類衆の動向に着目し、大名間の抗争において境目国衆がいかなる対応に追われたのか、実態に迫った。その中で明らかとなったのは、国衆が大名の軍事介入を受けることにより、帰属先をめぐって家中分裂を起こしていた点である。

天正二年（一五七四）に武田氏から攻撃を受けた際、高天神城主であった氏助は降伏の意志を示したが、親類衆である義頼らは徳川氏のもとに残ることを主張し、氏助と対立した。結果、義頼らは城を脱出して徳川氏につき、氏助は降伏して武田氏に帰属するに至った。武田氏と氏助の交渉が長期化したのは、勝頼に氏助の降伏を受け入れられない理由があったためであり、その背景に小笠原氏の家中分裂があった。氏助は武田氏に降伏して高天神城主として認められた一方、義頼は徳川氏に「捴領」として認められ、それが『信長公記』に「捴領の小笠原」として現れたのではないだろうか。

国衆の家中分裂について黒田基樹氏は、他勢力との外交の取次を行っていた家中の有力者が、外交路線をめぐって家中内における対立や派閥抗争を生じさせることがあり、それが家中分裂として表面化したと指摘している[17]。こうした家中における対立・抗争は、国衆が大名に降伏・帰属する際にも起こりうる問題であった。小笠原氏助と親類衆の一連の動向は、その顕著な事例と言えよう。黒田氏は、国衆の家中で政治対立や派閥抗争が前提に存在し、それが外交路線をめぐって顕在化したとも指摘しており、小笠原氏の場合も、家中でこうした問題を抱えている状況であったがゆえに、武田氏の軍事介入を受けて家中分裂に至ったと考えられる。

家中分裂が起こるのは、国衆に従う同心も同様であった。小笠原氏の同心である本間氏は、小野田村の支配を維持するにあたり、家中の異なる人物が武田・徳川からそれぞれ安堵を受けていた。これは、武田氏と徳川氏のどちらに帰属するかをめぐり、家中が分裂したことを示すものと考えられる。

武田氏に帰属した氏助は信興と改名し、高天神城主としての地位を維持したが、天正三年の長篠合戦以後、富士郡へと転封となった。この点について先行研究では、長篠敗戦後、対徳川戦を想定した勝頼が高天神城を直轄化し、その防衛体制を強化したと指摘されている[18]。軍事的側面からすれば、信興の転封は先行研究が指摘する理由で実行されたと考えられるが、家中分裂の問題もあわせて検討する必要があろう。

高天神城への警戒を強めた家康は、高天神城から近い馬伏塚城に家臣の大須賀康高を入城させた。その際、家康は大須賀に信興の親類衆を従わせ、高天神城の信興と対峙させている。馬伏塚城にいる親類衆の存在は、信興の離反を促す危険があり、武田氏としては脅威であった。おそらく、家康はこの点を考慮して、信興の親類衆を馬伏塚城に入城させたのであろう。

対する信興は武田氏から高天神城周辺の地域を領有することを許されたが、永続的なものではなかった。家中分裂の末、信興は武田氏に、親類衆は徳川氏に帰属した。信興が降伏を申し出た際、武田氏がすぐさま信興を受け入れることができなかったのは、小笠原氏が帰属先をめぐって家中分裂を起こしていたためである。そのような経緯があったため、長篠合戦後、武田氏は高天神城を信興に任せることができなかったものと考えられる。よって、小笠原氏の家中分裂は、信興の富士郡転封に大きな影響を及ぼしたと言えるのではないだろうか。

境目に存立する国衆は、大名に帰属することで地域支配を維持していたものの、境目である以上、大名領国の最前線となることから、他大名から軍事介入を受ける機会が多かった。そのような中、国衆は地域での自立性を保つために、戦況によって帰属先を変えていた。しかし、帰属先は必ずしも城主の意見によって決まるわけではなかった。小笠原氏の場合、城主と異なる帰属先を主張する親類衆が存在し、結果として家中分裂に至った。このことから、大名の軍事介入は、国衆に帰属先の選択を迫るとともに、家中分裂を誘引することもあったと言えよう。

註

（1）柴裕之「長篠合戦再考―その政治的背景と展開―」（同『戦国・織豊期大名徳川氏の領国支配』、岩田書院、二〇一四年。初出二〇一〇年）。

（2）柴辻俊六「元亀・天正初年間の武田・織田氏関係について」（同『戦国期武田氏領の地域支配』、岩田書院、二〇一三年。初出二〇一一年）。

（3）小和田哲男「高天神城の総合的研究」（同『小和田哲男著作集第六巻　中世城郭史の研究』、清文堂出版、初出一九九三年）。なお、本章における小和田氏の見解は、こちらの論考による。

（4）黒田基樹「遠江高天神小笠原信興の考察」（同『戦国期東国の大名と国衆』、岩田書院、二〇〇一年。初出一九九九年）。

なお、本章における黒田氏の見解は、こちらの論考による。

(5) 本多隆成「戦国期の浅羽地域と小笠原氏」(同『近世東海地域史研究』、清文堂出版、二〇〇八年)。

(6) 大塚勲「武田・徳川、攻防の推移」(同『駿遠中世史雑考』、旭出版、二〇〇六年。初出一九九八年)。

(7) 柴辻俊六「戦国期武田氏の遠江支配」(『日本歴史』七七七、二〇一三年)。

(8) 酒入陽子「家康家臣団における大須賀康高の役割」(『日本歴史』六一二、一九九九年)。なお、本章における酒入氏の見解は、こちらの論考による。

(9) 徳川家康判物写「浅羽本系図四十七」(静岡8—七五六)、小笠原氏助書下写「浅羽本系図四十七」(静岡8—七五八)。なお、酒入陽子氏によると、匂坂氏はのちに大須賀康高につけられたという(前掲註(8))。

(10) 平山優『敗者の日本史9　長篠合戦と武田勝頼』(吉川弘文館、二〇一四年)。

(11) 『新訂寛政重修諸家譜』第十九(続群書類従完成会、一九六六年)。

(12) 『史料纂集　義演准后日記』第一(続群書類従完成会、一九七六年)、慶長三年三月十七日条。「太田又助(牛一)来、信長公以来、至当御代記録書之、少々ハ暗誦ノ体也」とある。

(13) 木村礎・藤野保・村上直編『藩史大事典』第五巻　近畿編(雄山閣、一九八九年)。

(14) 横田尹松が高天神城に入った経緯については、小和田氏が註(3)にて詳細を述べている。

(15) 柴裕之「武田氏の領国構造と先方衆」(平山優・丸島和洋編『戦国大名武田氏の権力と支配』、岩田書院、二〇〇八年)。

(16) 『当代記　駿府記』(続群書類従完成会、一九九五年)。

(17) 黒田基樹「戦国期国衆論の課題」(『戦国史研究』四〇、二〇〇〇年)。

(18) 小和田　前掲註(3)、黒田　前掲註(4)等。

終章　戦国大名の外交と戦争―甲斐武田氏を事例として―

以上、甲斐武田氏を事例として、戦国大名の外交・戦争に関する検討を行ってきた。ここでは総括を行うとともに、次の三つの観点から、武田氏の外交と戦争について、論じることとする。

はじめに、信虎・信玄・勝頼期に分類し、武田氏の外交・戦争に伴う大名権力の特質について整理していく。次に、国衆の動向に着目しながら大名と国衆の関係を相対的に比較し、国衆が大名の戦争に及ぼす影響について検討する。そして最後に、なぜ戦国大名が外交・戦争を展開しなければならなかったのか、領国支配にあたってなぜ軍事が必要であったのか、その権力の特質を明らかにしていきたい。

一　武田氏の外交・戦争

一九八〇年代以降、藤木久志氏が「国郡境目相論」を提唱して以降[1]、戦国大名の戦争がどのような状況で引き起こされたのかという意識のもと、大名の軍事動向に関する検討がなされてきた。その多くは、大名間で起きた戦争に関するものであったが、黒田基樹氏が国衆の存在に着目してからは[2]、国衆が大名の戦争を引き起こす存在として注目されるようになった。そこで本書では、甲斐武田氏を研究対象として、室町期守護であった武田氏が地域権力として独立し、戦国大名として領国を維持・拡大していく過程を検討してきた。

1 信虎期

第一章では、武田信虎が家督を継いだ際の武田氏内訌の実情と有力国衆との関係、また今川・北条氏といった対外勢力の軍事介入について論じた。武田氏は、信虎が家督を継ぐ以前より内訌状態にあったが、この問題は武田氏のみの問題にとどまらなかった。周辺の有力国衆をいかにして味方につけ、軍事力を強化できるかが、信虎・父信縄・叔父信恵らの課題であった。一方の国衆側は、味方した勢力が勝利しなければ、自らの領域支配が脅かされる危険性があったため、戦況を優位にさせるべく、今川氏や北条氏といった対外勢力に協力を仰いだ。その結果、武田氏は今川・北条両氏の甲斐侵入を許すことになり、内外とも危機的状況に置かれていたのである。

最終的に信虎は内訌を治め、甲斐統一を成し遂げていくが、その過程で重視したのが国衆を帰属させることであった。その際、積極的に行われたのが婚姻である。信虎は大井・穴山・小山田といった甲斐本国の有力国衆と婚姻を結び、武田氏の一門に準ずる立場に据えることで甲斐の支配体制を整備していった。しかし、こうした国衆は独自に今川・北条氏らと友好関係を構築していたため、状況によっては武田氏から離反する可能性があった。そのため、武田氏としては有力な今川・北条氏らに対抗しうる軍事力を示し、国衆の離反を阻止しなければならなかったのである。黒田氏は、大名は国衆の支配領域が対外勢力から攻撃を受けた際、その救援要請に応えなければならなかった点を指摘しており[3]、武田氏においては、信虎期の段階ですでに黒田氏が指摘するような状況にあったことがわかる。

甲斐統一後の信虎は、諏訪氏の要請で信濃に侵攻したり、扇ヶ谷上杉氏と同盟したりするなど、国外侵出をはかるようになった。その間、今川・北条氏の脅威を回避することは難しく、特に今川氏からはたびたび甲斐への侵入を許した。信虎は、今川・北条氏と和睦せず、両氏と対立している勢力と同盟することで対抗しようとしたが、戦況は好転しなかった。そのような中、武田氏にとって転機となったのが、今川氏輝死去に伴う後継者争いである花蔵の乱の勃発であった。

花蔵の乱の際、信虎は今川義元に外交上の接近を試み、同盟を成立させることに成功した。信虎自身は、武田氏が内訌状態にあった際に今川氏の軍事介入を受けていたが、花蔵の乱の際は逆に今川氏の内訌へ介入を行い、今川氏との同盟成立を試みたのである。この時、今川氏と同盟関係にあった北条氏綱が妨害活動を行ったため、今川氏と北条氏は敵対関係へと転じた。こうして信虎は、花蔵の乱に介入したことで甲駿同盟を成立させ、さらに相駿同盟を破綻させることに成功した。

信虎期の外交・戦争の特徴は、武田氏の内訌へ国衆あるいは今川・北条氏が介入するという状況の中で、いかに国衆を帰属させ、甲斐を統一して対外勢力と対抗していくか模索していた、という点にあろう。甲斐統一前における信虎の軍事行動は、敵対する一族・国衆らの鎮圧に終始しており、帰属した国衆に対しては、彼らの離反を防ぐべく、今川・北条氏に対抗しうる権力があることを示す必要があった。その実現のために、信虎は積極的に対外戦争に臨んだものと考えられる。

しかし、天文十年(一五四一)、信濃から凱旋した信虎は、今川義元と面会すべく駿府へ向かったものの、子晴信(信玄)が退路を封鎖したため、甲斐から追放されてしまった。『勝山記』[4]には「武田大夫殿様(信玄)、ヲヤノ信虎ヲ駿河ノ国ヘヲシ越シ御申候、余ニ悪行ヲ被成候間、カヤウニ被食候、去ル程ニ地家・侍イ・出家・男女共ニ喜、満足至候事無限」とあり、信玄が信虎を駿河に追放したことについて、甲斐の領民が歓喜している様子がうかがえる。史料にみえる信虎の「悪行」とは、度重なる出陣と、それに伴う国衆・民衆への負担加増のことであろう。信虎が置かれていた立場を考慮すれば、対外戦争を繰り返して内外に自らの権力を誇示しなければならなかった。しかし、『勝山記』に記されている領民の様子をみると、信虎の軍事行動がいかに領民にとって負担であったかを知ることができる。信虎の後継となる立場にいた信玄は、こうした状況を打開すべく、信虎の駿河追放を決行したのである。

2 信玄期

信玄期に入ると、武田氏は多方面の勢力と外交関係を持つようになった。信玄は、信虎のように対外戦争を断続的に繰り返すのではなく、有力な大名と協力関係を結ぶことで領国を維持・拡大しようとした。信虎期に頻発した戦争を状況によって回避し、武田領国を支配する。それが、家督を継いだ信玄の課題であった。そこで信玄が重視したのが外交であり、周辺の有力大名との同盟を模索することであった。

武田氏の勢力拡大の礎になったのは、甲相駿三国同盟(三国同盟)である。三国同盟の成立によって、武田氏は信濃への侵攻に集中することが可能となったため、武田領国は飛躍的に拡大した。信虎期に苦しめられてきた今川・北条両氏と相互不可侵を約し、軍事協力を行う関係に発展したことは、信濃侵攻を視野に入れていた武田氏にとって極めて有益な効果をもたらした。その同盟成立に重要な役割を果たしたのが婚姻であった。『勝山記』や『甲陽日記』には、婚姻成立に至るまで、幾度も大名間での交渉と起請文の交換が行われていた様子が記されており、婚約から輿入れまで最低でも一年程度、長くて数年かかることもあった。こうした他大名との婚姻は、信虎期よりも信玄期の方が多く確認されることから、信玄の方が大名間の同盟成立を重視していたと言える。これは、一族や有力国衆との対立や今川・北条といった有力大名からの介入を解決することに追われた信虎期よりも、信玄期の方が戦国大名として成熟し、自立した地域権力であったからこそ、他大名との外交を積極的に行うことが可能であったと考えられる。

三国同盟の成立以降、武田氏の支配領国は拡大した。信玄の軍事行動に関する研究が東国を対象としたものが中心であることは序章でも指摘したが、本書ではその課題を克服すべく、武田氏と石山本願寺・足利義昭・織田信長・徳川家康との外交関係に着目した（第二〜四章）。

まず、武田氏と本願寺の関係についてまとめると、両者は信虎・証如の代から友好関係にあったが、信玄期に共通の敵である越後長尾氏（のち上杉氏）に対抗することを目的として、軍事同盟へと発展した。

両者の同盟は、元亀年間に新たな転機を迎える。元亀三年（一五七二）、武田氏は将軍足利義昭の命により、織田信長と本願寺の和睦仲介を行った。これは、山田康弘氏が指摘する、将軍が調停役として、戦国大名の外交戦略上において有用な「カード」として機能していたことを示すものである。[5]また、敵対していた当事者同士が第三者に調停役を依頼し、和睦を試みるという中世に見られる中人制の事例であるとも評価できる。[6]将軍による調停は、義輝・義昭の頃に多くみられるが、[7]その目的は、和睦後は将軍に協力するよう大名に求めるためである。

では、なぜ将軍は大名に協力を求めたのか。それは、大名が将軍を支援するだけの軍事力および権力を有していたからに他ならない。一方で大名側は、必ずしも将軍の申し出に応じたわけではなかった。永禄元年（一五五八）三月、武田氏は越後長尾氏との対立を続け、義輝から和睦するよう命じられているが、[8]和睦はしていない。大名が将軍の申し出に応じるのは、自身の利害に一致した時に限られるのである。このことから、信玄期の武田氏は、室町期の守護とは異なる自立した地域権力であったと推察される。

本願寺・織田間の和睦仲介後、武田氏は織田氏と手切れすると、遠江へ侵攻を開始し、織田氏の盟友徳川氏と全面的に争った。ところが、三方ヶ原合戦で勝利したのも束の間、元亀四年に信玄が死去したため、子勝頼が武田氏の家督を継いだ。勝頼は、信玄の路線を引き継ぎ、本願寺との同盟を維持して織田・徳川氏に対抗したが、天正二年（一五七四）に長島一向一揆が壊滅し、同三年に長篠合戦にて武田軍が敗北したことで、信長の権力増大を許した。そして、同八年に石山合戦が終結したことで、武田氏は畿内における最大の同盟者を失うこととなり、窮地に立たされた。

武田・本願寺同盟は、当初は信虎と証如との個人的な友好関係に過ぎなかったが、両者の勢力拡大に伴い、信玄・顕如が軍事同盟へと発展させ、勝頼が家督を継いだ際は、織田信長に最も対抗しうる勢力同士の同盟となった。武田氏は、信虎・信玄・勝頼と一貫して本願寺と友好関係を維持し続けたことから、戦争が頻発していた戦国期においては希有な事例であろう。

元亀年間より敵対関係となった武田氏と織田氏であるが、両氏は永禄八年に同盟を成立させ、さらに婚姻を結んでいることから、はじめは強固な協力関係を構築しようとしていた。

武田・織田同盟の成立には、両氏の領国に挟まれていた国衆遠山氏が密接に関わっていた。遠山氏は織田氏と婚姻関係にあるだけでなく、武田勝頼が嫁いだ信長の養女（龍勝寺殿）が、苗木城主遠山直廉の娘であった。当時、遠山氏は武田・織田双方に対して両属の立場をとっており、両氏と友好関係にあったことが、武田・織田同盟の成立につながった。遠山氏の領域支配を認めることで、武田・織田両氏は軍事衝突を回避したのである。

また、武田氏は織田氏と同盟したことで、織田氏が支援した将軍足利義昭と外交上で接する機会を得た。義昭との関係が有効に機能したのは、元亀三年に武田・織田同盟が破綻した時で、織田氏に敵対した本願寺や越前朝倉氏、北近江浅井氏らとの連携が義昭の名のもとに強化された。武田氏の対義昭外交は、名目上は義昭を支援する意向を示していたものの、実際には領国支配および戦局の優位化を図る上で展開された政治的手段であったと言える。

そして、武田・織田同盟を検討する上で欠かせないのが、三河の徳川氏の存在である。永禄十一年、信玄は駿河へ侵攻するにあたり、徳川氏に遠江に侵攻するよう要請し、今川領国挟撃を企てた。しかし、両氏の思惑には相違があり、その内容は『三河物語』でふれられている。

元亀三年、信玄は遠江侵攻を開始する直前、家康に対し天竜川以東を武田に渡すよう要求した。無論、家康はこれを拒否し、信玄から「河切」で今川領国を分割領有することを提案されたと訴え、「河切」の河とは大井川のことではないかと主張した。しかし、信玄は「河切」と述べたに過ぎず、武田としては天竜川であると把握していたと返答したのである。これは、武田・徳川間で今川領国を挟撃する点については共通の認識でいたものの、国分については双方の見解に相違があったことを示している。駿河侵攻を決行するにあたり、信玄は家康に共闘を提案したが、同盟成立までは視野に入れていなかったものと考えられる。別働隊を遠江に侵入させていたことからも、信玄の目標は今川領国全体であり、遠江もその対象に含まれていたのである。

一方、東国に視点を移した場合、信玄期における最大の転機は、三国同盟の崩壊であろう。永禄十一年に信玄が駿河侵攻を開始したことで三国同盟は崩壊したが、武田氏にとって、最大の敵となったのが北条氏であった(第四・五章)。

三国同盟で注目したいのが、北条氏康の主張である。氏康は今川氏真を支援する意思を表明したが、その論理が、武田・北条・今川は親子兄弟同然の間柄であったというのに、信玄がそれを破ったというものである。氏康は、後室となった武田義信室(嶺松院殿)が甲斐から駿河へ帰国する際、武田・今川間交渉の仲介を行っていたことから、いわば三国同盟の維持に奔走した立場にあった。そのため、信玄の駿河侵攻は氏康にとって面目を潰されたに等しく、武田軍の攻撃によって、娘である氏真室(早川殿)が徒歩で懸川城まで逃走したことも重なったため、氏康が武田氏への敵対を表明するには十分な理由があった。丸島和洋氏は、大名の面目が同盟存続の大きな鍵を握っていたと述べており、三国同盟崩壊の過程でもその一端を確認することができる。[9]

信玄の駿河侵攻を機に敵対関係となった武田・北条両氏だったが、元亀二年末にふたたび同盟している。これは武田氏が駿河制圧を遂げたことに加え、北条氏康が死去したことがその要因とされる。この甲相同盟の復活は、武田氏にとって矛先を西に向ける機会を得たに等しかった。甲相同盟復活後、信玄は関係が悪化していた徳川氏の領国である遠江への侵攻を開始する。その間、信玄は織田氏と敵対する勢力と連絡を取り、遠江侵攻の足がかりとした。

信玄の遠江侵攻で論点となるのが、信玄の攻撃目標が徳川氏であったのか、あるいは織田氏であったのかという点である。この議論の発端となったのが、東美濃に侵入させていた別働隊が本線であったと主張した鴨川達夫氏の説である。[10] 鴨川説に異を唱えたのが柴裕之氏で、柴氏は信玄の軍事行動が境目の国衆を武田に寝返らせるためであったと位置づけ、信玄の攻撃目標は徳川領国であったと主張した。[11] この点に関しては、第三・七章でも言及したが、ここで少し私論を付け加えておきたい。

信玄にとって遠江への侵攻は、織田氏との同盟破棄を意味していた。しかし、信玄は織田氏と戦闘状態になることを非常に懸念していたようで、本願寺をはじめ、越前朝倉氏や北近江浅井氏らといった対織田勢力と協力関係を構築している。織田氏と敵対する契機となったのも、東美濃遠山氏で相次いで城主が死去したことに対する織田氏の軍事介入が原因であり、全面的に織田氏と争う姿勢であったかは疑問が残る。信玄としては、徳川領国への侵攻は実行したいものの、信長との衝突は最小限にとどめたかった。それを外交でもって実現しようとした、というのが真相ではないだろうか。また、第十章でもふれたが、信玄の死後、勝頼は奥三河や遠江に積極的に侵攻して、境目の国衆を帰属させようと軍事的圧力をかけていることから、信玄の遠江侵攻もまた、同様の目的で行われたものと考えられる。晩年の信玄は、外交を駆使することによって織田氏との戦闘をできる限り回避しようとしていたのであり、一方で、徳川氏に帰属した国衆を武田方に離反させる目的があったのである。

3　勝頼期

勝頼の最大の課題は、増大する織田氏との敵対であった。織田氏との同盟を破棄したのは父信玄であったが、勝頼はその路線を引き継ぎ、徳川領国への攻勢を強めていった。

ここで注意したいのが、晩年の信玄と勝頼が出陣した先である。信玄は、駿河を経由して遠江に侵攻し、三方ヶ原合戦で徳川軍に勝利してからは奥三河へ進軍して野田城を落としている(第三・七章)。一方、勝頼も信玄と同様に遠江と奥三河への攻撃を続けている。つまり、信玄も勝頼も徳川領国を中心に攻撃しており、織田領国に隣接する東美濃での対織田軍との戦闘と比較すると、その回数が多いことがわかる。これは、信玄・勝頼が攻撃目標としていたのが徳川氏であるとともに、領国の境目に存立する国衆を武田方に寝返らせる機会が、東美濃よりも遠江と奥三河の方が多かったことを示すと言えよう。信玄と勝頼は、織田氏と対抗するよりも、徳川氏と対抗する方がより多くの国衆を帰属させることができると考えていたものとみられる。

天正二年(一五七四)正月、勝頼は織田領国に隣接する東美濃に侵攻し、織田方に帰属していた明知遠山氏の城を攻略した(第八章)。続いて、同年五月には遠江に侵攻し、高天神城主小笠原氏助を降伏させている(第十章)。この時期の勝頼は、積極的に軍事行動を起こし、戦果を挙げていた。その背景には、伊勢の長島一向一揆との連携があった。

武田氏と本願寺の同盟は、勝頼期になっても続いており、その目的は織田氏に対抗するためであった。武田氏の本拠である甲斐と本願寺がある摂津は遠隔であるため、軍事的な支援は期待できない。そこで勝頼が重視したのが、伊勢の長島一向一揆との軍事協力であった(第二章)。長島一向一揆の拠点がある願証寺は、織田領国と隣接しており、たびたび織田氏を苦しめていた。武田氏と長島一向一揆の連携は、信長にしてみれば、武田領国に出陣すれば長島一向一揆に、長島に出陣すれば武田氏に背後を突かれる危険に晒されていたことになる。そこで信長は、同年八月に長島へ侵攻し、一向一揆を壊滅させた。長島一向一揆の壊滅は、武田氏にとって織田領国の挟撃を依頼できる勢力が消滅したことを意味するもので、織田氏の矛先が武田領国に向けられる恐れを生じさせる事件であった。その結果、天正三年になると、勝頼は徳川軍のみならず織田軍とも戦わなければならなくなった。それが、長篠合戦である。

長篠合戦については、最近では平山優氏が詳細な検討を行い、勝頼が長篠での会戦を回避する選択肢があったにもかかわらず、決戦を決断した背景には、信玄の打倒織田・徳川路線を継承した勝頼が、武田氏中における当主としての権威を名実ともに確立させる意図があったからではないかと述べている[12]。さらに、天正十年の武田氏滅亡の契機については、長篠合戦ではなく、天正七年の北条・徳川同盟成立による、外交上の孤立が原因であると指摘している。勝頼が長篠で織田・徳川連合軍と対峙した背景には、武田領国の東側に本拠を持つ北条氏との同盟関係が存在していた。長篠敗戦後、勝頼は北条氏との同盟を重視したようで、天正五年に北条氏政妹(桂林院殿)を正室に迎えている。長島一向一揆が壊滅した後の武田氏にとって、北条氏との同盟は何としても維持しなければならない状況にあったのである。

天正六年になると、越後で上杉謙信死去に伴う大規模な内訌、いわゆる御館の乱が勃発した。謙信甥の景勝と謙信の養子で北条氏康実子の景虎が対立し、勝頼は両者の和睦仲介に乗り出したが、この勝頼の行動が北条氏政の反感を買った[13]。このことは勝頼も自覚したようで、北条氏を警戒して駿豆国境に位置する沼津に三枚橋城を築城したため、武田・北条間の敵対は決定的となり[14]、北条氏は武田氏と対立する徳川氏と同盟するに至った(第六章)。

一方、北条氏と同盟する前の徳川氏は、大岡弥四郎事件や信康事件といった、内訌の危機にあった。長篠で武田氏に勝利した徳川氏であったが、家中では武田方に離反を企んでいた者もおり、油断できない状況にあったのである（第六章）。これは、武田氏の徳川氏に対する影響力の強さを物語っているが、勝頼は徳川氏に介入することなく、上杉氏へ介入した。その後、家康が信康を処断し、北条氏と同盟したため、勝頼は駿河・遠江を北条・徳川両氏に挟撃される事態へと追い込まれた。

長篠合戦後の天正四年、勝頼は駿遠国境に位置する高天神城を直轄化し、国衆小笠原氏を富士郡へと転封させた。長篠の敗戦で奥三河の拠点を失った勝頼は、対徳川戦の最前線として高天神城を重視し、防備を固めたのである（第十章）。その後、天正九年まで、高天神城をめぐる武田・徳川間の攻防戦は続けられた。よって、武田氏の高天神城直轄化から数えると、五年ほど両氏は交戦していたことになる。その間、武田氏が窮地に立たされる要因となったのは、北条・徳川同盟の成立である。その契機となったのは、勝頼の御館の乱への介入であるが、他大名や国衆の内訌へ介入することで相手に対する影響力を強め、自らの権力強化につなげようとする動きは、戦国期においてはたびたび見られる事例である。しかし、勝頼の場合は、御館の乱に介入したことで逆に自身が窮地に立たされてしまったのである。

北条氏との同盟が破綻したことを受け、勝頼は織田氏との和睦を模索するようになる。『甲陽軍鑑』には、元亀三年（一五七二）に東美濃岩村城から甲府へと連行した信長の子御坊丸（信房）を、勝頼が織田氏のもとに返還して和睦を持ちかけようとした様子が記されている。この過程について整理されたのが丸島和洋氏で、天正七年末から八年にかけ、常陸の佐竹義重の仲介で武田・織田間の和睦交渉（甲江和与）が行われたという[15]。結局、この交渉は失敗に終わったが、それだけでは済まず、北条氏が織田氏に服属を申し入れ、それが許諾される事態にもなり、武田氏を取り巻く情勢は、さらに厳しいものになったと丸島氏は述べている。甲江和与交渉は天正九年まで続けられたが実現せず、織内では天正八年に本願寺が織田氏に降伏しており、天正十年に武田氏が滅亡する段階で勝頼に味方していたのは、上杉氏のみであった。

勝頼の外交は、常に織田・徳川両氏を意識したもので、強大化する両氏の勢力にいかに対抗し、領国を維持するかが課題であった。勝頼は長篠で織田・徳川連合軍に大敗を喫したが、両氏と敵対を決めたのは父信玄であった。元亀三年、信玄が遠江に侵攻した際、織田領国に侵攻すると約していた朝倉義景は越前に撤退してしまい、北近江浅井氏も積極的に織田領国へは侵攻しなかった（第三章）。結局、朝倉・浅井両氏は信玄の期待に応える軍事行動を取らず、信玄の死後、両氏は天正元年に織田氏に滅ぼされている。信玄が遂行しようとした織田・徳川両氏と敵対する作戦は、信玄自身の死去によって頓挫したのであり、家督を継いだ勝頼の課題は、頓挫した作戦をいかに円滑に進めていくか、という点にあったと言える。そして、天正十年の武田氏滅亡に至るまで、勝頼は織田・徳川両氏に対抗すべき策を、外交でもって模索したのである。

二　武田氏の戦争と国衆

ここでは、大名間の戦争が引き起こされる要因を考察すべく、国衆の存在に焦点を当てて私見を述べていくこととしたい。また、大名の外交に関わる国衆の役割についても言及していく。

自立的な地域支配を行う領主を国衆と位置づけ、領域内で戦国大名と同様の権力を有していたと述べたのは黒田基樹氏である[16]。黒田氏は、戦国大名の軍事行動について、政治的契機を見ていくと、その大半が従属する国衆からの支援要請に応えたものであると指摘しており、大名間の戦争に国衆が深く関与していたことが明らかにされている[17]。

それでは、逆に国衆が大名間の和睦・同盟に深く関与する事例は存在するのであろうか。国衆が大名間外交の取次を担っていた事例は丸島和洋氏が明らかにしているが、[18]取次ではなく、国衆の存在そのものが影響した大名間の和睦や同盟は果たして存在するのであろうか。

そこで本書第三部では、武田氏の戦争・外交に関する研究が東国を中心に展開しているという状況を受け、武田領国以西の勢力との戦争・外交に着目し、武田氏と織田・徳川氏との関係について詳細な検討を行った。まず、武田・織田同盟についてであるが、この同盟が成立する過程において、重要な位置にいたのが東美濃遠山氏であった(第三・七・八章)。

遠山氏の支配領域である東美濃は、武田・織田領国に挟まれた状態にあり、いつ軍事介入が行われてもおかしくない状況であった。そこで遠山氏は、武田・織田双方に対し両属の立場を取ることで領域支配を維持した。遠山氏は織田氏と姻戚関係にありながら、弘治元年(一五五五)頃より武田氏とも接点を持ち、永禄年間に入ってからは信玄から軍役を課せられるなど、武田氏に帰属していた様子が確認される(第七章)。

そして永禄八年(一五六五)、武田・織田同盟が成立したのであるが、この時、武田勝頼に龍勝寺殿(信長の養女)が嫁いでおり、彼女こそが、同盟成立と遠山氏との関係を示す存在であった。彼女の父は苗木城主遠山直廉であり、その室は信長妹であった。織田・遠山間の友好関係の末に誕生した龍勝寺殿は、勝頼に嫁いで嫡男信勝を産み、武田・織田同盟成立の証としての役割を果たした。彼女が信長の養女として武田氏に嫁いだことにより、武田・織田両氏は遠山氏の両属という立場と東美濃支配を容認したのであり、これこそが武田・織田同盟が維持される条件であったと言える。柴辻俊六氏は、武田・織田同盟の成立に際して、遠山氏は双方の交渉に関与した形跡がみられないことから、遠山氏が武田・織田同盟の成立に関与したとは言えないのではないかとしているが、[19]勝頼と龍勝寺殿の婚姻が行われた点を考慮すれば、遠山氏が同盟成立に関与していたと捉えることは十分可能であると考えられる。

武田・織田同盟は、元亀三年(一五七二)に崩壊するが、その契機となったのが遠山景任・直廉兄弟が相次いで死去したことにあった(第七・八章)。兄弟の死去を受けた信長は、叔母である景任夫人の養子として子御坊丸を入城させ、さらに軍勢も派遣した。その後、岩村城は織田軍を拒絶して武田軍を引き入れるべく、城を自発的に開城しているが、この点について明らかにしたのが柴裕之氏である[20]。柴氏が明らかにした経緯について、国衆の自立性という面から考察すると、次のようになろう。

信長の行動は、当主が不在となった遠山氏に介入することで、遠山氏を完全に織田方に引き込もうとするものであり、遠山氏の東美濃支配を否定するに等しかった。そこで信長に反発した岩村城は、武田軍を味方につけるため、自発的に開城したのではないだろうか。そして、岩村城が武田軍を引き入れたため、結果的に岩村城は武田・織田双方の軍事介入を受けたことになり、武田・織田同盟の崩壊につながったのである。大名の戦争と国衆の関わりについては、先にも述べたとおり黒田基樹氏が指摘するところであるが、国衆の支援要請に大名が応える場合のみならず、二つの大名に対して両属の立場にある国衆に大名が軍事介入を行うことでも同盟崩壊、戦争が引き起こされたことが明らかとなろう。武田氏は岩村城を対織田戦の最前線と位置づけ、元亀四年、家臣秋山虎繁を入城させ、武田氏の直轄とした。これにより、東美濃は武田領国の西端となり、対織田戦の最前線となったのである。

信玄の死後、天正二年(一五七四)に勝頼は東美濃に侵攻し、明知城を中心とした織田方の城を攻略したが、翌年の長篠合戦後に東美濃は織田軍の侵攻を受け、岩村城も落城した。かつて遠山氏の支配領域だった東美濃は、城主を相次いで亡くしたことで武田・織田両氏の介入を受けることになった。これは、国衆内で何らかの問題が生じた際、大名からの軍事介入を許す機会を与えることを意味し、逆に大名は国衆の領域支配を否定し、国衆の領域を奪取あるいは直轄化しようと介入を行ったことがわかる。

武田領国が東美濃にまで拡大したことに伴い、織田氏から武田氏へ帰属先を変えた国衆もいた。それが、郡上の遠藤氏である（第九章）。遠藤氏が支配する郡上は、信濃・美濃・飛騨・越前を結ぶ交通の要衝であった。遠藤氏は有力な一向宗寺院である安養寺と共存するかたちで領域支配をしており、本願寺と入魂であった武田氏が外交上接点を持ちやすい国衆であったと言える。元亀年間、織田氏と対抗することを決意した武田氏は、遠藤氏を味方にすることで、協力関係にある朝倉・浅井氏への連絡路を確保し、織田氏を牽制しようとした。遠藤氏は、武田・朝倉・浅井の三氏から味方になるよう説得され、織田氏から離反するに至る。大名同士の対立の間に挟まれた国衆が、その時の情勢に合わせて帰属先を変えていた実態が、遠藤氏の動向から確認することができる。

一方、黒田氏が述べた「最前線に位置する国衆」として、遠江高天神城の小笠原氏にも注目した（第十章）。天正二年、武田勝頼の軍勢に包囲された高天神城は、城主小笠原氏助が降伏するまでに時間を要した。その要因が、小笠原家中の分裂である。城主氏助が武田氏への降伏を決意する一方、主だった親類衆は徳川方への残留を決定したことで、小笠原氏は分裂した。また、小笠原氏の同心であった本間氏も家中で分裂しており、最前線に立たされた国衆やその同心が、帰属先をめぐって家中で分裂を起こしていたことが明らかとなった。大名の軍事介入による国衆の家中分裂は、奥三河の奥平氏や東美濃の遠山氏でも確認できる事例であり、大名権力が軍事介入という形で国衆に帰属を求めた場合、国衆は地域支配を守るために、家中で分裂して異なる帰属先の大名を選択することもあったのである。逆を言えば、大名から介入を受けるということは、国衆にとっては家中分裂につながりかねない危機的状況であった、ということになろう。

しかし、最前線に立たされる国衆は、大名に地域支配を容認されたとしても、状況によっては転封されることもあった。小笠原氏助の場合、信興と名を変えて武田氏に帰属していたが、天正三年に武田氏が長篠合戦で大敗したのち、富士郡へと転封されている。長篠合戦の際、奥三河の国衆が相次いで徳川氏に帰属したため、勝頼は信興の離反を恐れたのである。信興の転封は、大名が国衆の離反を警戒していたことの表れであり、国衆の動向によっては、大名が軍事行動を起こさなければならない状況が生じる恐れがあったと言える。

以上、遠山氏・遠藤氏・小笠原氏を中心に、大名と国衆の関係を検討してきた。戦国大名と国衆の関係について黒田基樹氏は、大名は国衆を保護し、国衆は大名に対し軍事奉公をする関係にあったと指摘している[21]。今回取り上げた国衆もそのような立場にあったことは、これまで述べてきたとおりである。しかし、それだけではなく、国衆は大名間の外交と戦争に多大な影響を与える存在でもあった。次に、大名と国衆の相違に着目しながら、大名の権力について考察してみたい。

三　大名の外交・戦争と権力

ここでは、これまで検討してきた甲斐武田氏の外交と戦争について整理し、戦国大名の権力がいかなる性質を持つのか、検討を行う。

かつて渡邊世祐氏は、戦国大名について「諸大名は武力によつて相対立して、家族の団結に力を致し、家の子郎等と固く結びて実力の充実に専念した」と述べた[22]。また、杉山博氏は「守護大名とは違って、日本の歴史はじまって以来、はじめて一国内の土地と人民とを一元的に支配した権力である」と戦国大名を位置づけた[23]。これまでの検討を通じて明らかになったのは、大名は武力を優先して領国支配を行う権力でありながらも、常に家中分裂と対外勢力から軍事介入を受ける危険性を抱えていた点である。こうした危険に対し、大名は常に軍備の強化を行う必要があり、それゆえに国衆の軍事奉公を欲し、彼らの領域支配を容認したのである。その方が、国衆を滅亡させるよりも損害が少なく、円滑に軍事力を高めることができたからである。

しかし、度重なる戦争は、領国を疲弊させる。信虎が信玄に追放されたのも、軍事行動を繰り返したことが原因であった。また、黒田基樹氏が指摘しているように[24]、戦国大名は全方位で戦争状態にあったため、あらゆる敵との抗争を視野に入れなければならず、領国が拡大すればするほど、その必要性は高まった。そこで引き出されたのが、外交である。

大名の外交は、常に戦争と関わる状況で行われ、停戦あるいは同盟成立を目的とした。大名の同盟については、藤木久志氏が攻守軍事協定・相互不可侵協定・領土協定・縁組の四つに分類されるとしているが[25]、大名間で展開された外交は、戦争回避、もしくは軍事協力を目的としたものにと分けることができる。

そして、武田氏の場合、外交対象は大名にとどまらず、石山本願寺や将軍にまで及んだ。本願寺との友好関係は、徐々に軍事同盟としての性格を強め、将軍からの停戦令に対しては、状況に応じてその意に従う意思を見せた。武田氏と本願寺は一貫して友好関係にあり、これは戦国期としては極めて稀な事例である。しかし、将軍に対しては、友好的な態度を取りながらも、場合によっては停戦令に応じないこともあった。これは、将軍の調停力に一定の効果があったことを示す一方で、その効果が発揮されるのは、大名が自らの利害を考え、停戦令が有効だと判断した時に限られたことを示す。この点は、戦国大名が守護とは異なる自立性を有する権力であったことを意味するのではないだろうか。山田康弘氏が、将軍と大名は互いに補完しあう関係にあったものの、大名は将軍の上意にその行動を完全に規律されることはなかったと述べており[26]、筆者もおおむね同意する。武田氏の場合、大名側から将軍に対して調停役を依頼するというのではなく、将軍が出す停戦令に従うかどうかはあくまで大名側の判断であった。したがって、外交上ではあくまで将軍の方が立場は上であったものの、主導権は大名側にあったと評価することができよう。ここに、守護とは異なる戦国大名独自の権力を見出すことができる。

大名は、先にも述べたように、戦争を回避する手段として外交を駆使し、停戦・同盟を模索した。しかし、大名間の停戦・同盟は決して永続的なものではなかった。その鍵となるのが、藤木久志氏が提唱した「国郡境目相論」[27]である。

境目相論が発生する要因について検討した則竹雄一氏は、境目紛争が大名間の抗争を生じさせたというよりも、同盟関係の破綻による大名間の対立が、抗争領域としての境目を生み出したとしている[28]。大名同士が支配領国の境界線をどこで引くかで意見が対立すると、戦争が起きるという見解である。では、なぜ大名間で境目をめぐって対立が起きるのだろうか。そこで注目したいのが、国衆の存在である。

大名の戦争と国衆の関わりについて検討した黒田基樹氏は、大名の軍事行動の大半が、従属する国衆の支援要請によるものであると述べている[29]。本書では黒田氏の指摘をふまえ、大名間の戦争・外交がどのような状況で引き起こされるのか、国衆の存在に着目して検討を行った。

国衆は大名の直臣と異なり、自立的な地域支配を展開しており、その実現のために大名に帰属していた。国衆は大名の命に従って軍役を果たさなければならなかったが、状況によっては、大名を脅かすほどの影響力を持った。武田氏の場合、信虎期に激しい内訌があったが、この時の戦況を左右したのは穴山・小山田氏といった甲斐国内の国衆であった（第一章）。信虎が自身の権力を高めるためには彼らを味方につけ、軍事的な協力を得る必要があったのである。つまり、武田氏が大名として甲斐本国の支配を達成するためには、国衆の支持を得なければならなかったと言える。

そこで信虎は穴山・小山田氏らと婚姻を結び、彼らを一門化して軍事を強化していったのである。

甲斐を統一した後の武田氏は、積極的な国外侵出を展開していった。その中で武田領国は信濃・西上野・東美濃へと拡大していったが、その過程において武田氏が行ったのが、敵方に帰属する国衆にあらかじめ使者を送り、離反してこちらに味方するよう交渉を行うことであった。大名はむやみに国衆を攻撃せず、まずは味方につくかどうか交渉を行い、相手が応じなかった場合のみ、武力行使に出た。そして、敵から離反するか、降伏してきた国衆に対して、領域支配を認める代わりに軍事奉公をするよう求めた。大名が国衆の自立性を認めるということは、状況によっては国衆がまた離反する可能性があるということになり、大名は国衆が離反することがないよう権力を示す必要があった。その手段こそが対外勢力との戦争だったのである。そして大名には、国衆が対外勢力から攻撃を受けた際、救援を行う義務が生じたのである。

この国衆の自立性は、時に大名間の外交にも大きな影響を与えた。本書で検討した遠山氏は、武田・織田同盟の成立・破綻いずれにも深く関与しており、大名の戦争が大名同士の争いにとどまらないものであったことがわかる（第三・七章）。しかし、小笠原氏のように、武田・徳川間の抗争の中で存立を図ろうとする中で家中分裂が起きる場合もあり、大名間の戦争は、国衆にとって危機的状況でもあった。大名も国衆も地方における自立的な支配権力であることには変わりないが、両者の決定的な違いは、帰属の有無を武力行使によって求める側であるのか、求められる側であるのか、という点にあろう。

また、大名に帰属した国衆は、大名の戦争・外交に伴う軍事編成の影響を強く受けた。その一例が、第十章で検討した小笠原氏である。高天神城主だった小笠原信興は、武田氏が長篠合戦で大敗したことを受け、富士郡に転封されたが、武田氏は離反の恐れのある信興を配置換えすることで高天神城を直轄化し、対徳川戦の防衛体制を整備したのである。大名に帰属した国衆が、基本的に自身の領域支配を大名に安堵されることを考慮すると、武田氏がいかに危機感を持って信輿を転封させたかがわかる。換言すれば、大名にとって境目の国衆は、他大名との戦争を誘引しかねない存在であると認識していたということになろう。

一方、国衆をめぐる争いのみならず、大名間の同盟が崩壊した末に引き起こされた戦争も存在した。永禄十一年（一五六八）、武田氏の駿河侵攻によって起きた甲相駿三国同盟の崩壊である。三国同盟崩壊の契機は、信玄の主張で言えば、今川・上杉氏の結託による武田領国挟撃の危険性であるし、北条氏康の主張で言えば、武田・今川間交渉の仲介を北条がしたにもかかわらず、信玄が理不尽に今川を攻めたことであった（第五章）。婚姻を結び、互いに姻戚関係にありながら、三氏は外交上で疑心を抱く事態となったのである。そもそも、今川氏真が上杉氏と結託しようとしたのは、信玄が謀反の疑いがあった嫡男義信を殺害し、その室であった今川義元女（嶺松院殿）を甲府に留めていたからである。この頃、信玄は四男勝頼の室に織田信長養女（龍勝寺殿）を迎え、織田氏と同盟しており、織田氏と敵対する氏真としては、信玄に対して疑念を抱かざるを得なかった。こうした状況に際し、嶺松院殿の駿府帰国交渉を仲介したのが北条氏であり、武田・今川間の交渉を仲介することで両氏の動向を監視していたのである。丸島和洋氏は、交渉の仲介を行う中人は保証人の役割を果たすため、仲介を拒絶したり盟約を破棄したりすることは、中人の面目を潰すことになると述べている[30]。つまり、信玄の駿河侵攻は氏康の面目を潰す行動であり、氏康が信玄に敵対を表明するには十分な理由であったことがわかる。大名間の同盟は、停戦が実現して婚姻も結ばれ、非常に友好的かつ平和的な印象があるものの、その実態は互いに不穏な動きがないか監視しあう関係であった。言うまでもなく、同盟の本来の目的は相互不可侵と軍事協力を約すことであるが、大名が軍事を優先する権力である以上、相手が不審な行動を起こせば戦争になる危険性があった。大名がこのような対処を行わざるを得なかったのは、将軍の大名に対する抑止力が低下していたからに他ならない。先にも述べたように、将軍は停戦令を出すことはできても、大名はそれに必ずしも応じるとは限らなかった。将軍に、各地で起きる大名間の戦争を抑止する権力がなかったが故に、大名は外交および戦争を展開したのである。

最後に、武田氏と織田権力の関係について私見を述べたい。武田氏は、天正十年（一五八二）に織田軍の攻撃を受け、天目山で勝頼が自害したことで滅亡する。武田氏が衰退した原因については、大敗の印象が強いことから、天正三年の長篠合戦が契機であるという認識が根強くあったが、この点について最近では平山優氏が否定をしており、武田領国衰退の原因は長年同盟関係にあった北条氏との決別にあると述べている(31)。

また平山氏は、天正九年の高天神城落城も重視しており、勝頼が徳川軍に包囲された高天神城を見殺しにした状況を信長が演出したと指摘している(32)。勝頼が高天神城を救援できなかったのは、沼津方面で北条軍と対峙していたためである（第六章）。こうした勝頼の不利な戦況を利用して、信長は勝頼の評判を悪化させたのである。この点について神田千里氏は、戦争は敵を物理的に滅ぼす方法である以上に、評判を創出する情報操作の手段であるとし、高天神城の敗北が単に遠江国内の拠点を失うのみでなく、命取りになりかねない「天下の面目」の失墜へとつながっていったと述べている(33)。神田氏の指摘どおり、天正十年二月に開始された織田・徳川連合軍による武田領国侵攻の際、穴山信君や木曾義昌といった信玄の娘を室としている者ですら武田氏から離反しており、勝頼が天目山で自害するまで一ヶ月ほどしか経過していない。

長篠合戦も高天神城攻めも、本来は武田・徳川間での抗争であった。しかし、徳川軍単独では武田軍を圧倒できるほどの戦力はなかった（第六章）。武田氏の敗北には、必ずと言って良いほど、徳川軍に対する織田氏の援軍があった。つまり、武田氏滅亡の背景には、織田・徳川間の軍事協力が存在し、勝頼にはそれに対抗しうる同盟者が、天正三年の長島一向一揆壊滅と長篠合戦敗北以降、いなかったということになろう。大名の外交は、停戦・同盟を目的として行われることが大半であるが、状況によっては他勢力との関係を悪化させる危険もあり、家をも滅亡させかねない手段だったのである。

以上、大名の外交と戦争と権力について論じてきた。戦国大名は、将軍からの上意に左右されない守護とは異なる権力であるとともに、対外戦争を積極的に展開することで家中や国衆をはじめとする地域領主の支持を集め、領国支配を推進していた権力、いわば国家の支配者であると、位置づけることができよう。そして、恒常的な戦争状態の中で、将軍・大名・寺院・国衆といったあらゆる勢力と外交を行うことで、停戦・同盟を模索し、戦況を優位にすべく取り計らった。こうした外交が展開できたのも、大名が地方に分立していた国家を支配する権力であったからである。永原慶二氏は、十五～十六世紀の日本には、守護大名領国の発展上にある戦国大名領国が分立していたと指摘しているが[34]、戦国大名が独自の外交権を有していた点を考慮すると、守護大名よりも独立性が極めて高かったと評価できよう。

では、なぜ大名は常に戦争状態に置かれ、外交を展開しなければならなかったのであろうか。渡邊世祐氏は、「武家政治の特徴は武力により国民を統一するにあつたのであるが、政治の中心となるべき将軍の威力がなくなつては既にその意味は全く喪はれたのである」と述べているが[35]、これは、将軍の権威が健在あるならば、各地で起こりうる紛争を停止、あるいは抑止することができたが、将軍の権威が失墜すると、それができなくなることを示している。

戦国期における将軍は停戦令を出すことは可能ではあったが、それが実際に有効となるのは大名が応じた時に限られた。一方、大名は他大名や国衆らと和睦・同盟を模索する際、自発的に外交を展開していた。将軍の停戦令がなくとも、大名はみずから外交を駆使して戦争を回避できたのである。しかし、大名には将軍のように全国の戦争を停止あるいは抑止するほどの権力はなかったため、戦国期は各地で戦争状態となっていたのである。本来、将軍が果たすべき停戦令が常に有効的に実行されず、大名が独自の外交でもって停戦・同盟を模索していたというのが、戦国期の実像であろう。

そのような中、勢力を拡大して和睦調停を行う権力を有しつつあったのが織田氏であった。しかし、その織田氏も天正十年に本能寺の変で信長が横死したために内部抗争が起きてしまう。結果として、全国における戦争を停止・抑止することができる権力が生まれるのは、豊臣秀吉の登場を待たねばならなかったということになろう。織田・豊臣の権力が増大するにしたがって、大名は独自の外交を駆使して和睦・同盟することが不可能となっていく。各地の大名が有していた独自の外交権は、信長によって吸収され始め、秀吉によって一元化・統一化されたのである。丸島和洋氏は、戦国大名同士が独自に行っていた国分を、室町将軍による「強制力のない」和睦調停を経て信長が軍事的強制力を得て国分調停として実施し、それを秀吉が再度復活させたものと位置づけている㊱。筆者も丸島氏の説に賛同するが、付言するならば、豊臣政権は大名が持つ外交権そのものを否定したということになろう。

丸島氏は、天正三年の長篠合戦以降、信長が自身の政権を天下と呼び、東国の大名・国衆に対し、武田領国侵攻の際は「一味」するよう呼びかけていることを指摘している。それでは、他大名に対して和睦調停を行うようになっていく信長が、武田氏との徹底抗戦を望んだのは何故か。それは、武田氏の東国における影響力の大きさを考慮したからであると考えられる。長篠敗戦後、北条氏との同盟が崩壊した勝頼は、織田氏との和睦を模索しているが、信長はこれを拒絶しており、信長が武田氏を滅亡させる意向であったことがわかる。信長が勝頼と和睦せず、徹底抗戦に臨んだのは、武田領国を解体して織田領国に組み込むことで、東国の大名・国衆に対して自らの権力を示し、彼らに降伏を要求しようとしたからではないだろうか。こうした手段は秀吉に受け継がれ、天正十八年（一五九〇）に秀吉は北条氏を滅亡させ、関東や東北の諸勢力に降伏を促している。東国に織田権力を浸透させるために、信長は武田氏を滅亡させる必要があったのである。

東国において、甲斐を本拠として領国を拡大し、周辺勢力に対し多大な影響力を有した戦国大名武田氏は、他大名や国衆と外交・戦争を展開することで、その権力を維持してきた。国家を支配する大名は、将軍の停戦令が絶対的でなかった状況下で独自に外交権を有し、内外にその権力を浸透させるために戦争を展開した。武田氏の戦争・外交は、まさに室町期守護から戦国大名へと発展した地域国家の支配権力による、独自の政治的手段の典型であったと位置づけることができよう。しかし、領国拡大の途上で、将軍に代わる、大名間の戦争を停止・抑止する強大な軍事力を持つ権力として織田氏が台頭し、その潮流の中で武田氏は滅亡の一途を辿ったのである。武田氏の滅亡は、中世から近世へ移行する一つの象徴的事象であり、のちの秀吉による小田原征伐も、その延長線上にあったと言えよう。

註

(1) 藤木久志「戦国大名の和平と国分」(同『豊臣平和令と戦国社会』、東京大学出版会、一九八五年。初出一九八三年)。
(2) 黒田基樹「宣戦と和睦」(同『中世移行期の大名権力と村落』、校倉書房、二〇〇三年。初出二〇〇〇年)。
(3) 黒田 前掲註(2)、黒田基樹『戦国大名 政策・統治・戦争』(平凡社新書、二〇一四年)。
(4) 『山梨県史』資料編6中世3上 県内記録(二〇〇一年)。
(5) 山田康弘「戦国期における将軍と大名」(『歴史学研究』七七二、二〇〇三年)、同「戦国期大名間外交と将軍」(『史学雑誌』一一二―一一、二〇〇三年)。
(6) 中人制については、丸島和洋『戦国大名の「外交」』(講談社選書メチエ、二〇一三年)を参照。

（7）武田氏での事例を挙げると、永禄元年三月、足利義輝が信玄に対し、前年に越後長尾氏と戦闘に及んだ件（第三次川中島合戦）について詰問を行い（「本法寺文書」戦武六一〇）、北条氏康・今川義元と相談して、長尾氏と和睦するよう申し入れている（「天理大学図書館所蔵『大館記七』所収『武家儀条々』紙背文書」戦武四〇一九）。また、将軍の停戦令に関する研究として、註（5）、山田康弘『戦国時代の足利将軍』（歴史文化ライブラリー、吉川弘文館、二〇一一年）、柴裕之「今川・松平両氏の戦争と室町幕府将軍」（同『戦国・織豊期大名徳川氏の領国支配』、岩田書院、二〇一四年。初出二〇〇五年）等がある。

（8）前掲註（7）。

（9）丸島　前掲註（6）。

（10）鴨川達夫『武田信玄と勝頼―文書にみる戦国大名の実像―』（岩波新書、二〇〇七年）。

（11）柴裕之「武田信玄の遠江・三河侵攻と徳川家康」（前掲『戦国・織豊期大名徳川氏の領国支配』。初出二〇〇七年）。

（12）平山優『敗者の日本史9　長篠合戦と武田勝頼』（吉川弘文館、二〇一四年）、同『検証　長篠合戦』（歴史文化ライブラリー、吉川弘文館、二〇一四年）。

（13）丸島和洋「武田勝頼の外交政策」（柴辻俊六・平山優編『武田勝頼のすべて』、新人物往来社、二〇〇七年）。

（14）則竹雄一「戦国期駿豆境界地域の大名権力と民衆―天正年間を中心に―」、同「戦国期『国郡境目相論』について」（いずれも同『戦国大名領国の権力構造』、吉川弘文館、二〇〇五年。初出一九九九年）。

（15）丸島　前掲註（13）、丸島和洋「甲佐同盟に関する一考察―武田勝頼を対象として―」（同『戦国大名武田氏の権力構造』、思文閣出版、二〇一一年。初出二〇〇〇年）。

（16）黒田基樹「戦国期外様国衆論」（同『戦国大名と外様国衆』、文献出版、一九九七年）。

(17) 黒田　前掲註(3)。
(18) 丸島　前掲註(6)。
(19) 柴辻俊六「武田信玄の東美濃進攻と快川国師」(同『戦国期武田氏領の地域支配』、岩田書院、二〇一三年。初出二〇一二年)。
(20) 柴　前掲註(11)。
(21) 黒田　前掲註(3)。
(22) 渡邊世祐「群雄の争覇」(国史研究会編輯『岩波講座　日本歴史』、岩波書店、一九三四年)。
(23) 杉山博『日本の歴史11　戦国大名』(中央公論社、一九六五年)。
(24) 黒田　前掲註(3)著者。
(25) 藤木　前掲註(1)。
(26) 山田康弘「戦国期における将軍と大名」(『歴史学研究』七七二、二〇〇三年)、同「戦国期大名間外交と将軍」(『史学雑誌』一一二―一一、二〇〇三年)。
(27) 藤木　前掲註(1)。
(28) 則竹雄一「戦国期「国郡境目相論」について」(同『戦国大名の権力構造』、吉川弘文館、二〇〇五年。初出一九九九年)。
(29) 黒田　前掲註(3)。
(30) 丸島　前掲註(6)。
(31) 平山　前掲註(12)。

(32) 平山優「武田勝頼の再評価―勝頼はなぜ滅亡に追い込まれたのか―」(網野善彦監修『新府城と武田勝頼』、新人物往来社、二〇〇一年)、同「同時代史料からみた武田勝頼の評価」(萩原三雄・本中眞監修『新府城の歴史学』新人物往来社、二〇〇八年)。
(33) 神田千里『織田信長』(ちくま新書、二〇一四年)。
(34) 永原慶二「大名領国制論」(同『永原慶二著作選集第五巻　大名領国制　中世後期の社会と経済』、吉川弘文館、二〇〇七年。初出一九六七年)。
(35) 杉山　前掲註(23)。
(36) 丸島　前掲註(6)。

初出一覧

収録論文は、新稿を除き、原論文を改題の上、表記の訂正を加えている。論文によっては、改題していないものもある。以下、各章の原論文と加筆・改稿の旨を示す。

序　章　戦国大名の外交と戦争に関する研究と課題　（新稿）
　※ただし、一部は「武田氏の外交と戦争—武田・織田同盟と足利義昭—」（平山優・丸島和洋編『戦国大名武田氏の権力と支配』、岩田書院、二〇〇八年）の「はじめに」を補筆。

第一部　大名の外交・同盟

第一章　武田信虎と今川・北条氏　（新稿）

第二章　武田氏と石山本願寺
「戦国大名武田氏と石山本願寺」（『駒沢史学』九〇、二〇一八年）に加筆。

第三章　武田・織田同盟の成立と足利義昭
「武田氏の外交と戦争—武田・織田同盟と足利義昭—」（平山優・丸島和洋編『戦国大名武田氏の権力と支配』、岩田書院、二〇〇八年）を改稿。

第二部　大名間の戦争

第四章　武田氏の駿河侵攻と徳川氏
「武田氏の駿河侵攻と徳川氏」（『地方史研究』三三六、二〇〇八年）に加筆。

第五章　武田氏の小田原侵攻と三増合戦
「戦国大名武田氏の小田原侵攻と三増合戦」（『駒沢史学』六六、二〇〇六年）を改稿。
付論　武田氏の小田原侵攻における放火と進軍経路
「武田氏の小田原侵攻における放火と進軍経路」（『戦国史研究』六〇、二〇一〇年）
第六章　駿遠国境における武田・徳川両氏の戦争
「駿遠国境をめぐる徳川・武田間の攻防」（久保田昌希編『松平家忠日記と戦国社会』、岩田書院、二〇一一年）

第三部　大名の戦争と国衆

第七章　武田氏の東美濃攻略と遠山氏
「武田氏の東美濃攻略と遠山氏」（柴辻俊六編『戦国大名武田氏の役と家臣』、岩田書院、二〇一一年）に加筆。
第八章　元亀・天正年間における武田・織田間の戦争と東美濃
「武田・織田間の抗争と東美濃―元亀・天正年間を中心に―」（『武田氏研究』五三、二〇一六年）
第九章　美濃国郡上安養寺と遠藤氏
「美濃国郡上安養寺と遠藤氏」（戦国史研究会編『戦国期政治史論集　西国編』、岩田書院、二〇一七年）
第十章　武田・徳川両氏の戦争と高天神城小笠原氏
「武田氏の戦争と境目国衆―高天神城小笠原氏を中心に―」（小笠原春香・小川雄・小佐野浅子・長谷川幸一『戦国大名武田氏と地域社会』、岩田書院、二〇一四年）
終　章　戦国大名の外交と戦争―甲斐武田氏を事例として―　（新稿）

あとがき

本書は、平成二十六(二〇一四)年度に駒澤大学大学院に提出した博士論文「戦国大名武田氏の外交と権力」(主査・久保田昌希先生、副査・湯淺隆先生、中野達哉先生、永村眞先生)を基に構成し、加筆および修正を行ったものである。刊行にあたり、多くの方々からお力添えをいただいた。紙幅に制限があるため、お一人ずつお名前を記すことは叶わないが、はじめに御礼を申し上げたい。

私が歴史に興味を抱いたのは、小学校高学年の時であった。地元に縄文期の著名な遺跡があったこともあり、小学校の授業で考古学にふれる機会が多かったことが影響している。この頃、好きだったのは考古と古代で、戦国期への関心は低く、「武士が戦いを繰り返す野蛮な時代」という印象すら抱いていた。

戦国期に目が向くようになったのは、中学三年に進級する直前の春休みのことであった。進学した女子中学に馴染めずに成績が落ち込み、鬱屈した生活を送っていた私が書店で偶然手に取ったのが、山岡荘八の小説『織田信長』であった。ふと立ち読みして、素行が悪く描かれた信長の幼少期が妙に面白く感じられて、一気に全冊を購入した。それから戦国期への興味が湧いてきて、信長や戦国期に関する歴史関係の本を手にするようになった。

高校一年の終わり、学校へ進路希望調査の紙を提出することになった私は、水彩画が得意だったので、はじめ美大への進学を考えた。しかし、絵を描くことよりも戦国期への関心の方が強いのではないかと思い、用紙に四年制大学・史学科への進学希望を記して提出した。当時の担任は私の劣悪な成績を憂慮して他の進路も検討するよう勧めてきたが、言い出した以上はこちらも引っ込みがつかず、史学科一本で進学を目指すことになった。

それから二年、それまでの遅れを取り戻しつつ受験勉強をし、一九九九年、運良く日本女子大学文学部史学科に合格することができた。中学・高校と、ろくでもない成績で生活態度も悪かったからだろう。大学合格は良い意味で家族の期待を裏切ったようで、合格を知った父と姉は泣いて喜び、母は安堵の表情を浮かべ、兄はゲームソフト『信長の野望』の最新作をプレゼントしてくれた。大学入学後は、自分で言うのも可笑しな話だが、大学の授業は真面目に授業に出席し、興味のある史跡や博物館へ積極的に足を運んでいるうちに、次第と大学院への進学を意識するようになった。戦国期に限らず、ジェンダー論にも興味があったことから女子大を選んだのだが、興味は次第に「戦国大名はなぜ戦争を繰り返すのか」という点に絞られていった。

大学四年になって古代・中世のゼミに入ると、永村眞先生のご指導を仰ぐことになった。はじめ、桶狭間合戦を扱おうしたが、自宅から古戦場が近い三増合戦も候補にし、どちらにするか悩んだ。すると、永村先生が「三増？聞いたことないなぁ。やってみたら？」とおっしゃり、三増合戦を扱うことに決めた。その後、ゼミの夏合宿を経て、永村先生のご指導のおかげで拙いながらも論文を書き進めることができ、このまま日本女子大で研究を続けたいと思うようになった。その旨を伝えると、永村先生は「戦国期の研究をしたいのなら駒澤を受験しなさい。久保田さんなら大丈夫」と念を押された。思えば、中世の真言密教や聖教をご専門にされている永村先生に、戦国期の政治史を扱う自分は研究指導の面で多大なご負担を強いていたのかもしれない。そして卒論提出後に駒澤大学大学院を受験し、修士課程に進むことになった。

二〇〇三年、駒澤の修士課程に進学した私は、小学校以来の共学という環境に困惑しつつ、久保田昌希先生のご指導を仰ぐことになった。入学後、いきなり衝撃の事実を知ることになる。それは、初めてのゼミが終わった後に訪れた中華料理店「三友軒」でのことだった。久保田先生に通学時間を訊かれ、自宅の位置を答えると、先生が「すごい近所だよ」とおっしゃったのである。それも、自転車で十五分ほどの距離だった。また、久保田先生と永村先生が『静岡県史』の編纂でご一緒して以来、ご昵懇であることもこの時初めて知らされた。この日、私は勝手ながら久保田先生とのご縁を強く感じたのを覚えている。

大学院での久保田ゼミでは、『家忠日記』の輪読を通じ、ゼミ生同士で逐条解釈や当時の政治情勢などについて議論を交わした。この時のゼミ長が鈴木将典氏で、徳川の史料を扱うということで柴裕之氏も参加されていた。そのほか、駒澤の研究サークル戦国史研究会や織田信長研究会出身の先輩や同期に囲まれ、私はいかに史料そのものに向き合ってこなかったのかということを思い知らされ、ひどく落ち込んだ。そして、夏休みに入る頃には研究に対する熱意が薄れてしまった。

ろくに努力もしないまま修士二年の四月を迎えてしまった私は、博士課程への進学でなく就職を考え始めた。そうした矢先、学部一年生のオリエンテーション旅行に同行することになり、途中で静岡の久能山を訪れた際、おみくじを引いてみることにした。徳川家康に訊いてみよう。大吉なら研究を続ける、それ以外なら就職だ、と。

結果は大吉。絶句した。家康に言われたのなら、研究を続けるべきなのかもしれない。何とも奇妙な話だが、このことをきっかけに徳川氏のことを意識するようになり、修論で武田氏と徳川氏の対立過程を扱ってみたいと思うようになった。おみくじの一件は伏せて久保田先生に相談し、武田氏の駿河侵攻を修論で扱うことにした。その頃、『戦国遺文　武田氏編』や『山梨県史』の刊行が進み、武田氏の史料を目にする機会も増えていたことも追い風となり、修論の準備を進めるうちに研究の面白さを少しずつ実感していった。

修論では、主査が久保田先生、副査が廣瀬良弘先生と湯淺先生であった。駒澤の口頭試問は、各先生方とのマンツーマン形式の面談で行われるのだが、もっとも印象的だったのが湯淺先生による質問だった。まず、先生は「外交」という言葉を戦国大名間の交渉で使うことの意味を問われた。そして、「外交」という言葉が国家間の交渉時に使われるものであると指摘され、「果たして戦国大名は国家の代表と呼べるものなのか」とおっしゃられたのである。先生のご指摘は、のちに私が大名の「国家論」と向き合うきっかけとなり、大名が戦争を繰り返すことの意味を解く上で、欠かせない要素となった。

二〇〇五年、博士後期課程に進むと、戦国史研究会で研究報告をさせていただくことになった。一時間近い質疑応答を終え、大名の動向にばかり注目していた自分の研究の甘さを痛感したのを鮮明に記憶している。研究会では、駒澤の先輩でもある浅倉直美氏、長塚孝氏、吉田政博氏をはじめ、山田邦明先生、平野明夫氏、大石泰史氏といった研究者の方々と接する機会を得ることができ、現在でも大変お世話になっており、研究で多くの刺激を受けている。翌年には、研究会で交流のあった佐藤貴浩氏が修士課程で久保田ゼミに入ってきたこともあり、他大学から駒澤の大学院に入学した者同士、よく励ましあった。

また、柴氏と鈴木氏の勧めで武田氏研究会のワーキンググループ（WG）に参加させていただけたことも、研究をする上で大きな転機となった。WGでは、平山優氏と丸島和洋氏が中心となり、二〇〇六年開催の武田氏研究会シンポジウムに向けた勉強会を行い、さまざまな議論が展開された。WGには黒田基樹氏をはじめ、海老沼真治氏や小川雄氏、年齢が近い小佐野浅子氏や長谷川幸一氏も参加されており、先行研究の整理を通じて課題を見つけ、戦国大名武田氏を政治・経済・国衆・村落・宗教等、あらゆる視点から捉えることを目的とした。私が東美濃遠山氏の研究をすることになったのは、平山氏のご助言によるところが大きく、大名間の戦争を検討する上で国衆に注目するようになったのもＷＧでの活動だった。大名が戦争を繰り返す要因として、また戦争を回避する存在として、国衆が重要な位置を占めていたことに気づけたのは、大きな収穫だった。

しかし、二〇〇八年に博士後期課程を満期退学してからは自分の研究活動に不安を覚え、辞めようかと悩むようになった。そのような中、今度は二〇一三年開催の武田氏シンポジウムに自分がパネラーとして参加することとなったため、勉強会で不出来な報告をしてお叱りを受けることを何度も繰り返してしまった。今思えば、この時期が研究をしていて一番苦しかった時期かもしれない。それでもＷＧの皆さんからお力添えをいただいて、何とか自身で納得のいく成果を出すことができた。ＷＧに参加できたことは、私にとって幸甚なことだった。

二〇一三年には学位取得を目指し、博士後期課程に再入学した。この年は、一年限定で中野達哉先生のゼミでお世話になった。本来、中野先生のゼミは近世なのだが、この年は中世から近代のゼミ生が一堂に会していた。普段なかなか研究報告を聞くことのない他の時代を専門とするゼミ生との意見交換は実に新鮮で、それまで自身が気づいていなかった視点を新たに見つけることができた。

そして二〇一四年、ふたたび久保田先生のご指導を受け、博士論文提出に向けての最終段階に入った。先生のご指導はこれまで以上に熱心で、先生の穏やかな口調とは裏腹に出される課題は山積みとなり、それを解決することに必死だった。ゼミや「三友軒」で先生がゼミ生たちに私の学位について言及されるたび、重圧を強く感じていたが、どうにか提出期限に間にあい、語学試験および口頭試問を経て、学位をいただくことができた。先に記したとおり、主査は久保田先生、副査は湯淺先生、中野先生、永村先生であった。学位授与式で学位記を授与してくださったのは、当時学長を務められていた廣瀬先生で、大変感慨深いものがあった。

こうして長々と自身の研究活動を振り返ってきたが、怠慢ばかりが目立ち、大変恥ずかしい限りである。本書の内容についても、叱責を受ける点が多々あるのは重々承知している。しかし、本書の刊行を迎えるにあたって強く思うのは、いかに自分が恵まれた環境で、多くの人びととのご縁と支えによって研究を続けてこられたのか、という点である。特に久保田先生には公私ともに大変お世話になり、先生から受けた学恩は数え切れない。今後、研究活動を続けていく中で、成果を出すかたちで恩返しできればと思う。

最後に、本書を刊行することを快く引き受けてくださった岩田書院の岩田博氏に、心より御礼申し上げる。論文の初出一覧をお見せした際、岩田氏が「岩田書院の子どものようなものだ」とおっしゃったことが妙に嬉しかった。私の論文が、岩田書院から刊行された書籍や岩田書院発刊の雑誌に収録されているものが多かったことから、岩田氏はそうおっしゃったのだが、岩田氏のお力添えもあって研究を続けられたのだと改めて実感した。記して、深謝の意を表したい。また、本書刊行にあたり、入稿準備や索引作成等でご尽力いただいた、座間市教育委員会市史編さん調査員の伊藤喜会氏、兎澤善子氏にも心より御礼申し上げる。

そして私事ながら、ここまで支えてくれた両親、叱咤激励してくれた姉兄、そばで見守ってくれた夫に、感謝の言葉を伝え、結びとしたい。

二〇一八年八月

小笠原　春香

戦国史研究叢書　②後北条領国の地域的展開（品切）

①	黒田　基樹	戦国大名北条氏の領国支配	5900円	1995.08
③	荒川　善夫	戦国期北関東の地域権力	7600円	1997.04
④	山口　　博	戦国大名北条氏文書の研究	6900円	2007.10
⑤	大久保俊昭	戦国期今川氏の領域と支配	6900円	2008.06
⑥	栗原　　修	戦国期上杉・武田氏の上野支配	8400円	2010.05
⑦	渡辺　大門	戦国期赤松氏の研究	7900円	2010.05
⑧	新井　浩文	関東の戦国期領主と流通	9500円	2012.01
⑨	木村　康裕	戦国期越後上杉氏の研究	7900円	2012.04
⑩	加増　啓二	戦国期東武蔵の戦乱と信仰	8200円	2013.08
⑪	井上　恵一	後北条氏の武蔵支配と地域領主	9900円	2014.10
⑫	柴　　裕之	戦国織豊期大名徳川氏の領国支配	9400円	2014.11
⑬	小林　健彦	越後上杉氏と京都雑掌	8800円	2015.05
⑭	鈴木　将典	戦国大名武田氏の領国支配	8000円	2015.11
⑮	小川　　雄	徳川権力と海上軍事	8000円	2016.09
⑯	須藤　茂樹	武田親類衆と武田氏権力	8600円	2018.03

著者紹介

小笠原 春香（おがさわら　はるか）

1980年　神奈川県生まれ
2003年　日本女子大学文学部史学科卒業
2015年　駒澤大学大学院人文科学研究科歴史学専攻博士後期課程修了
現　在　駒澤大学非常勤講師、座間市教育委員会市史編さん編集員、博士(歴史学)

戦国大名武田氏の外交と戦争　　戦国史研究叢書 17

2019年(平成31年)4月9日　第1刷　350部発行　　**定価[本体 7900 円＋税]**

著　者　小笠原 春香

発行所　有限会社岩田書院　代表：岩田　博　　http://www.iwata-shoin.co.jp
〒157-0062　東京都世田谷区南烏山 4-25-6-103　電話 03-3326-3757　FAX 03-3326-6788
組版・印刷・製本：三陽社

ISBN978-4-86602-068-6 C3321　¥7900E

コピーOK

索　引

Ⅰ 人　名

あ行

か行

さ行

た行

な行

は行

ま行

や行

ら行

II　地名・寺社名

さ行

た行

な行

は行

ま行

や行

わ行

III 事 項

あ行

か行

さ行

た行

な行

は行

ま行

ら・わ行